HISTOIRE

DE LA

RÉVOLUTION

FRANÇAISE

IMPRIMERIE DE CLAYE, TAILLEFER ET Cⁱᵉ
RUE SAINT-BENOIT, 7

JEMMAPES.

HISTOIRE
DE LA
RÉVOLUTION
FRANÇAISE

PAR

M. A. THIERS
DE L'ACADÉMIE FRANÇAISE

TREIZIÈME ÉDITION

TOME TROISIÈME

PARIS

FURNE ET Cie, LIBRAIRES-ÉDITEURS
RUE SAINT-ANDRÉ-DES-ARTS, 55

1847

HISTOIRE
DE LA
RÉVOLUTION
FRANÇAISE

LIVRE IX.

CONVENTION NATIONALE.

Nouveaux massacres des prisonniers à Versailles. — Abus de pouvoir et dilapidations de la commune. — Élection des députés à la Convention. — Composition de la députation de Paris. — Position et projets des girondins; caractère des chefs de ce parti; du fédéralisme. — État du parti parisien et de la commune. — Ouverture de la Convention nationale le 20 septembre 1792; abolition de la royauté; établissement de la république. — Première lutte des girondins et des montagnards; dénonciations de Robespierre et de Marat. — Déclaration de l'unité et de l'indivisibilité de la république. — Distribution et force des partis dans la Convention. — Changements dans le pouvoir exécutif. — Danton quitte le ministère. — Création de divers comités administratifs et du comité de constitution.

Tandis que les armées françaises arrêtaient la marche des coalisés, Paris était toujours dans le trouble et la confusion. On a déjà été témoin des débordements de la commune, des fureurs si prolongées de septembre, de l'impuissance des autorités et de l'inaction de la force publique pendant ces journées désastreuses : on a vu avec quelle audace le comité de surveillance avait avoué les massacres, et en avait recommandé l'imitation aux autres communes de France. Cependant les commissaires envoyés par la commune avaient été partout repoussés, parce que la France ne partageait pas les fureurs que le danger avait excitées dans la capitale. Mais, dans les environs de Paris, tous les meurtres ne s'étaient pas bornés à ceux dont on a déjà lu le récit. Il s'était formé dans cette ville une troupe d'assassins que les massacres de septembre avaient familiarisés avec le sang, et qui avaient besoin d'en répandre encore. Déjà quelques cents hommes étaient partis pour extraire des prisons d'Orléans les accusés de haute trahison. Ces malheureux, par un dernier décret, devaient être conduits à Saumur. Cependant leur destination fut changée en route, et ils furent acheminés vers Paris. Le 9 septembre on apprit qu'ils devaient arriver le 10 à Versailles. Aussitôt, soit que de nouveaux ordres fussent donnés à la bande des égorgeurs, soit que la nouvelle de cette arrivée suffît pour éveiller leur ardeur sanguinaire, ils envahirent Versailles du 9 au 10. A l'instant le bruit se répandit que de nouveaux massacres allaient être commis.

Le maire de Versailles prit toutes les précautions pour empêcher de nouveaux malheurs. Le président du tribunal criminel courut à Paris avertir le ministre Danton du danger qui menaçait les prisonniers; mais il n'obtint qu'une réponse à toutes ses instances : « *Ces hommes-là sont bien coupables.* — Soit, ajouta le président Alquier, mais la loi seule doit en faire justice. — Eh! ne voyez-vous pas, reprit Danton d'une voix terrible, que je vous aurais déjà répondu d'une autre manière si je le pouvais! Que vous importent ces prisonniers? Retournez à vos fonctions, et ne vous occupez plus d'eux..... »

<small>Septembre 1792.</small>

Le lendemain, les prisonniers arrivèrent à Versailles. Une foule d'hommes inconnus se précipitèrent sur les voitures, parvinrent à les entourer et à les séparer de l'escorte, renversèrent de cheval le commandant Fournier, enlevèrent le maire, qui voulait généreusement se faire tuer à son poste, et massacrèrent les infortunés prisonniers, au nombre de cinquante-deux. Là périrent Delessart et d'Abancourt, mis en accusation comme ministres, et Brissac, comme chef de la garde constitutionnelle, licenciée sous la Législative. Immédiatement après cette exécution les assassins coururent aux prisons de la ville, et renouvelèrent les scènes des premiers jours de septembre, en employant les mêmes moyens, et en parodiant, comme à Paris,

<small>Massacres dans les prisons de Versailles.</small>

— les formes judiciaires. Ce dernier événement, arrivé à cinq jours d'intervalle du premier, acheva de produire une terreur universelle. A Paris, le comité de surveillance ne ralentit point son action : tandis que les prisons venaient d'être vidées par la mort, il recommença à les remplir en lançant de nouveaux mandats d'arrêt. Ces mandats étaient en si grand nombre, que le ministre de l'intérieur, Roland, dénonçant à l'Assemblée ces nouveaux actes arbitraires, put en déposer cinq à six cents sur le bureau, les uns signés par une seule personne, les autres par deux ou trois au plus, la plupart dépourvus de motifs, et beaucoup fondés sur le simple soupçon d'*incivisme*.

Pendant que la commune exerçait sa puissance à Paris, elle envoyait des commissaires dans les départements pour y justifier sa conduite, y conseiller son exemple, y recommander aux électeurs des députés de son choix, et y décrier ceux qui la contrariaient dans l'Assemblée législative. Elle se procurait ensuite des valeurs immenses, en saisissant les sommes trouvées chez le trésorier de la liste civile, Septeuil, en s'emparant de l'argenterie des églises et du riche mobilier des émigrés, en se faisant délivrer enfin par le trésor des sommes considérables, sous le prétexte de soutenir la caisse de secours, et de faire achever les travaux du camp. Tous les effets des malheureux massacrés dans les prisons de Paris et sur la route de Versailles avaient été séquestrés et déposés dans les vastes salles du comité de surveillance. Jamais la commune ne voulut représenter ni les objets, ni leur valeur, et elle refusa même toute réponse à cet égard, soit au ministère de l'intérieur, soit au directoire du département, qui, comme on sait, avait été converti en simple commission de contributions. Elle fit plus encore, et elle se mit à vendre de sa propre autorité le mobilier des grands hôtels, sur lesquels les scellés étaient restés apposés depuis le départ des propriétaires. Vainement l'administration supérieure lui faisait-elle des défenses : toute la classe des subordonnés chargés de l'exécution des ordres, ou appartenait à la municipalité, ou était trop faible pour agir. Les ordres ne recevaient ainsi aucune exécution.

La garde nationale, recomposée sous la dénomination de sections armées, et remplie d'hommes de toute espèce, était dans une désorganisation complète. Tantôt elle se prêtait au mal, tantôt elle le laissait commettre par négligence. Des postes étaient complétement abandonnés, parce que les hommes de garde, n'étant pas relevés, même après quarante-huit heures, se retiraient épuisés de dégoût et de fatigue. Tous les citoyens paisibles avaient quitté ce corps, naguère si régulier, si utile, et Santerre, qui le commandait, était trop

Septembre 1792

Désorganisation de la garde nationale.

faible et trop peu intelligent pour le réorganiser.

La sûreté de Paris était donc livrée au hasard, et d'une part la commune, de l'autre la populace, y pouvaient tout entreprendre. Parmi les dépouilles de la royauté, les plus précieuses, et par conséquent les plus convoitées, étaient celles que renfermait le Garde-Meuble, riche dépôt de tous les effets qui servaient autrefois à la splendeur du trône. Depuis le 10 août, ce dépôt avait éveillé la cupidité de la multitude, et plus d'une circonstance excitait la surveillance de l'inspecteur de l'établissement. Celui-ci avait fait réquisitions sur réquisitions pour obtenir une garde suffisante; mais soit désordre, soit difficulté de suffire à tous les postes, soit enfin négligence volontaire, on ne lui fournissait point les forces qu'il demandait. Pendant la nuit du 16 septembre, le Garde-Meuble fut volé, et la plus grande partie de ce qu'il contenait passa dans des mains inconnues, que l'autorité fit depuis d'inutiles efforts pour découvrir. On attribua ce nouvel événement aux hommes qui avaient secrètement ordonné les massacres. Cependant ils n'étaient plus excités ici ni par le fanatisme, ni par une politique sanguinaire; et, en leur supposant le motif du vol, ils avaient dans les dépôts de la commune de quoi satisfaire la plus grande ambition. On a dit, à la vérité, qu'on fit cet enlèvement pour payer la retraite du roi de Prusse, ce qui est absurde, et pour fournir aux dépenses du parti, ce qui est plus vraisemblable, mais ce qui n'est nullement prouvé. Au reste, le vol du Garde-Meuble doit peu influer sur le jugement qu'il faut porter de la commune et de ses chefs. Il n'en est pas moins vrai que, dépositaire de valeurs immenses, la commune n'en rendit jamais aucun compte : que les scellés apposés sur les armoires furent brisés, sans que les serrures fussent forcées, ce qui indique une soustraction et non un pillage populaire, et que tant d'objets précieux disparurent à jamais. Une partie fut impudemment volée par des subalternes, tels que Sergent, surnommé *Agathe* à cause d'un bijou précieux dont il s'était paré ; une autre partie servit aux frais du gouvernement extraordinaire qu'avait institué la commune. C'était une guerre faite à l'ancienne société, et toute guerre est souillée du meurtre et du pillage.

Telle était la situation de Paris, pendant qu'on faisait les élections pour la Convention nationale. C'était de cette nouvelle Assemblée que les citoyens honnêtes attendaient la force et l'énergie nécessaires pour ramener l'ordre : ils espéraient que les quarante jours de confusion et de crimes, écoulés depuis le 10 août, ne seraient qu'un accident de l'insurrection, accident déplorable mais passager. Les députés même, siégeant avec tant de faiblesse dans l'Assemblée législative, ajournaient l'énergie

Septembre 1792.

Élection des députés à la Convention.

à la réunion de cette Convention, espérance commune de tous les partis.

On s'agitait pour les élections dans la France entière. Les clubs exerçaient à cet égard une grande influence. Les jacobins de Paris avaient fait imprimer et répandre la liste de tous les votes émis pendant la session législative, afin qu'elle servît de documents aux électeurs. Les députés qui avaient voté contre les lois désirées par le parti populaire, et surtout ceux qui avaient absous Lafayette, étaient particulièrement désignés. Néanmoins, dans les provinces où les discordes de la capitale n'avaient pas encore pénétré, les girondins, même les plus odieux aux agitateurs de Paris, étaient nommés à cause de leurs talents reconnus. Presque tous les membres de l'Assemblée actuelle étaient réélus. Beaucoup de constituants, que le décret de non-réélection avait exclus de la première législature, furent appelés à faire partie de cette Convention. Dans le nombre on distinguait Buzot et Pétion. Parmi les nouveaux membres figuraient naturellement les hommes qui, dans leurs départements, s'étaient signalés par leur énergie et leur exaltation, ou les écrivains qui, comme Louvet, s'étaient fait connaître par leurs talents, à la capitale et aux provinces.

Composition de la députation de Paris.

A Paris, la faction violente qui avait dominé depuis le 10 août, se rendit maîtresse des élections, et mit en avant tous les hommes de son choix. Robespierre, Danton, furent les premiers nommés.

Les jacobins, le conseil de la commune, accueillirent cette nouvelle par des applaudissements. Après eux furent élus Camille Desmoulins, fameux par ses écrits; David, par ses tableaux; Fabre d'Églantine, par ses ouvrages comiques et une grande participation aux troubles révolutionnaires; Legendre, Panis, Sergent, Billaud-Varennes, par leur conduite à la commune. On y ajouta le procureur-syndic Manuel, Robespierre jeune, frère du célèbre Maximilien; Collot-d'Herbois, ancien comédien; le duc d'Orléans, qui avait abdiqué ses titres et s'appelait Philippe-Égalité. Enfin, après tous ces noms, on vit paraître avec étonnement le vieux Dusaulx, l'un des électeurs de 1789, qui s'était tant opposé aux fureurs de la multitude, qui avait tant versé de larmes sur ses excès, et qui fut réélu par un dernier souvenir de 89, et comme un être bon et inoffensif pour tous les partis. Il manquait à cette étrange réunion le cynique et sanguinaire Marat. Cet homme étrange avait, par l'audace de ses écrits, quelque chose de surprenant, même pour des gens qui venaient d'être témoins des journées de septembre. Le capucin Chabot, qui dominait aux Jacobins par sa verve, et y cherchait les triomphes qui lui étaient refusés dans l'Assemblée législative, fut obligé de faire l'apologie de Marat; et, comme c'était chez les jacobins que toute chose se délibérait d'avance, son élection proposée chez eux fut bientôt consommée dans l'assemblée électorale. Marat, un autre journaliste, Fréron, et quelques individus obscurs, complétèrent cette députation fameuse, qui, renfermant des commerçants, un boucher, un comédien, un graveur, un peintre, un avocat, trois ou quatre écrivains, un prince déchu, représentait bien la confusion et la variété des existences qui s'agitaient dans l'immense capitale de la France.

Les députés arrivaient successivement à Paris, et à mesure que leur nombre devenait plus grand, et que les journées qui avaient produit une terreur si profonde s'éloignaient, on commençait à se rassurer, et à se prononcer contre les désordres de la capitale. La crainte de l'ennemi était diminuée par la contenance de Dumouriez dans l'Argonne : la haine des *aristocrates* se changeait en pitié, depuis l'horrible sacrifice qu'on en avait fait à Paris et à Versailles. Ces forfaits, qui avaient trouvé tant d'approbateurs égarés ou tant de censeurs timides, ces forfaits, devenus plus hideux par le vol qui venait de se joindre au meurtre, excitaient la réprobation générale. Les girondins, indignés de tant de crimes, et courroucés de l'oppression personnelle qu'ils avaient subie pendant un mois entier, devenaient plus fermes et plus énergiques. Brillants de talent et de courage aux yeux de la France, invoquant la justice et l'humanité, ils devaient avoir l'opinion publique pour eux, et déjà ils en menaçaient hautement leurs adversaires.

Septembre 1792.

Cependant, si les girondins étaient également prononcés contre les excès de Paris, ils n'éprouvaient et n'excitaient pas tous ces ressentiments personnels qui enveniment les haines de parti. Brissot, par exemple, en ne cessant aux Jacobins de lutter d'éloquence avec Robespierre, lui avait inspiré une haine profonde. Avec des lumières, des talents, Brissot produisait beaucoup d'effet; mais il n'avait ni assez de considération personnelle ni assez d'habileté pour être le chef du parti, et la haine de Robespierre le grandissait en lui imputant ce rôle. Lorsqu'à la veille de l'insurrection, les girondins écrivirent une lettre à Bose, peintre du roi, le bruit d'un traité se répandit, et l'on prétendit que Brissot, chargé d'or, allait partir pour Londres. Il n'en était rien; mais Marat, à qui les bruits les plus insignifiants, ou même les mieux démentis, suffisaient pour établir ses accusations, n'en avait pas moins lancé un mandat d'arrêt contre Brissot, lors de l'emprisonnement général des prétendus conspirateurs du 10 août. Une grande rumeur s'en était suivie, et le mandat d'arrêt ne fut pas exécuté. Mais les jacobins n'en disaient pas moins que Brissot était vendu à Brunswick; Robespierre le répétait et le croyait, tant sa fausse intelligence était portée à

Brissot.

croire coupables ceux qu'il haïssait. Louvet lui avait inspiré tout autant de haine, en se faisant le second de Brissot aux Jacobins et dans le journal *la Sentinelle*. Louvet, plein de talent et de hardiesse, s'attaquait directement aux hommes. Ses personnalités virulentes, reproduites chaque jour par la voie d'un journal, en avaient fait l'ennemi le plus dangereux et le plus détesté du parti Robespierre.

Le ministre Roland avait déplu à tout le parti jacobin et municipal par sa courageuse lettre du 3 septembre, et par sa résistance aux empiétements de la commune; mais, n'ayant rivalisé avec aucun individu, il n'inspirait qu'une colère d'opinion. Il n'avait offensé personnellement que Danton, en lui résistant dans le conseil, ce qui était peu dangereux, car de tous les hommes il n'y en avait pas dont le ressentiment fût moins à craindre que celui de Danton. Mais dans la personne de Roland c'était principalement sa femme qu'on détestait, sa femme, fière, sévère, courageuse, spirituelle, réunissant autour d'elle ces girondins si cultivés, si brillants, les animant de ses regards, les récompensant de son estime, et conservant dans son cercle, avec la simplicité républicaine, une politesse odieuse à des hommes obscurs et grossiers. Déjà ils s'efforçaient de répandre contre Roland un bas ridicule. Sa femme, disaient-ils, gouvernait pour lui, dirigeait ses amis, les récompensait même de ses faveurs.

Dans son ignoble langage, Marat l'appela la *Circé* du parti.

Septembre 1792.

Guadet, Vergniaud, Gensonné, quoiqu'ils eussent répandu un grand éclat dans la Législative, et qu'ils se fussent opposés au parti jacobin, n'avaient cependant pas éveillé encore toute la haine qu'ils excitèrent plus tard. Guadet même avait plu aux républicains énergiques par ses attaques hardies contre Lafayette et la cour. Guadet, vif, prompt à s'élancer en avant, passait du plus grand emportement au plus grand sang-froid; et, maître de lui à la tribune, il y brillait par l'à-propos et les mouvements. Aussi devait-il, comme tous les hommes, aimer un exercice dans lequel il excellait, en abuser même, et prendre trop de plaisir à abattre avec la parole un parti qui lui répondrait bientôt avec la mort.

Guadet.

Vergniaud n'avait pas aussi bien réussi que Guadet auprès des esprits violents, parce qu'il ne montra jamais autant d'ardeur contre la cour; mais il avait été moins exposé aussi à les blesser, parce que, dans son abandon et sa nonchalance, il heurtait moins les personnes que son ami Guadet. Les passions éveillaient peu ce tribun, le laissaient sommeiller au milieu des agitations de parti, et, ne le portant pas au-devant des hommes, ne l'exposaient guère à leur haine. Cependant il n'était point indifférent. Il avait un cœur noble, une belle et lucide

Vergniaud.

intelligence; et le feu oisif de son être, s'y portant par intervalle, l'échauffait, l'élevait jusqu'à la plus sublime énergie. Il n'avait pas la vivacité des reparties de Guadet, mais il s'animait à la tribune, il y répandait une éloquence abondante, et, grâce à une souplesse d'organe extraordinaire, il rendait ses pensées avec une facilité, une fécondité d'expression, qu'aucun homme n'a égalées. L'élocution de Mirabeau était, comme son caractère, inégale et forte; celle de Vergniaud, toujours élégante et noble, devenait, avec les circonstances, grande et énergique. Mais toutes les exhortations de l'épouse de Roland ne réussissaient pas toujours à éveiller cet athlète, souvent dégoûté des hommes, souvent opposé aux imprudences de ses amis, et peu convaincu surtout de l'utilité des paroles contre la force.

Gensonné.

Gensonné, plein de sens et de probité, mais doué d'une facilité d'expression médiocre, et capable seulement de faire de bons rapports, avait peu figuré encore à la tribune. Cependant des passions fortes, un caractère obstiné, devaient lui valoir chez ses amis beaucoup d'influence, et chez ses ennemis la haine, qui atteint le caractère toujours plus que le talent.

Condorcet.

Condorcet, autrefois marquis et toujours philosophe, esprit élevé, impartial, jugeant très-bien les fautes de son parti, peu propre aux terribles agitations de la démocratie, se mettait rarement en avant, n'avait encore aucun ennemi direct pour son compte, et se réservait pour tous les genres de travaux qui exigeaient des méditations profondes.

Septembre 1792.

Buzot, plein de sens, d'élévation d'âme, de courage, joignant à une belle figure une élocution ferme et simple, imposait aux passions par toute la noblesse de sa personne, et exerçait autour de lui le plus grand ascendant moral.

Buzot.

Barbaroux, élu par ses concitoyens, venait d'arriver du Midi, avec un de ses amis député comme lui à la Convention nationale. Cet ami se nommait Rebecqui. C'était un homme peu cultivé, mais hardi, entreprenant, et tout dévoué à Barbaroux. On se souvient que ce dernier idolâtrait Roland et Pétion ; qu'il regardait Marat comme un fou atroce, Robespierre comme un ambitieux, surtout depuis que Panis le lui avait proposé comme un dictateur indispensable. Révolté des crimes commis depuis son absence, il les imputait volontiers à des hommes qu'il détestait déjà, et il se prononça, dès son arrivée, avec une énergie qui rendit toute réconciliation impossible. Inférieur à ses amis par l'esprit, mais doué d'intelligence et de facilité, beau, héroïque, il se répandit en menaces, et en quelques jours il obtint autant de haine que ceux qui pendant toute la Législative n'avaient cessé de blesser les opinions et les hommes.

Barbaroux.

Le personnage autour duquel se rangeait tout le

parti, et qui jouissait d'une considération universelle, était Pétion. Maire pendant la Législative, il avait, par sa lutte avec la cour, acquis une popularité immense. A la vérité il avait, le 9 août, préféré une délibération à un combat; depuis, il s'était prononcé contre septembre, et s'était séparé de la commune, comme Bailly en 1790; mais cette opposition tranquille et silencieuse, sans le brouiller encore avec la faction, le lui avait rendu redoutable. Plein de lumières, de calme, parlant rarement, ne voulant jamais rivaliser de talent avec personne, il exerçait sur tout le monde, et sur Robespierre lui-même, l'ascendant d'une raison froide, équitable et universellement respectée. Quoique réputé girondin, tous les partis voulaient son suffrage, tous le redoutaient, et dans la nouvelle Assemblée, il avait pour lui non-seulement le côté droit, mais toute la masse moyenne, et beaucoup même du côté gauche.

Telle était donc la situation des girondins en présence de la faction parisienne : ils avaient pour eux l'opinion générale, qui réprouvait les excès; ils s'étaient emparés d'une grande partie des députés qui arrivaient chaque jour à Paris; ils avaient tous les ministres, excepté Danton, qui souvent dominait le conseil, mais ne se servait pas de sa puissance contre eux; enfin ils montraient à leur tête le maire de Paris, l'homme le plus respecté du moment.

Mais à Paris ils n'étaient pas chez eux, ils se trouvaient au milieu de leurs ennemis, et ils avaient à redouter la violence des classes inférieures, qui s'agitaient au-dessous d'eux, et surtout la violence de l'avenir, qui allait croître avec les passions révolutionnaires.

Septembre 1792.

Le premier reproche qu'on leur adressa fut de vouloir sacrifier Paris. Déjà on leur avait imputé de vouloir se réfugier dans les départements et au delà de la Loire. Les torts de Paris à leur égard étant plus grands depuis les 2 et 3 septembre, on leur supposa d'autant plus l'intention de l'abandonner, et l'on prétendit qu'ils avaient voulu réunir la Convention ailleurs. Peu à peu les soupçons s'arrangeant prirent une forme plus régulière. On leur reprochait de vouloir rompre l'unité nationale, et composer, des quatre-vingt-trois départements, quatre-vingt-trois États, tous égaux entre eux, et unis par un simple lien fédératif. On ajoutait qu'ils voulaient par là détruire la suprématie de Paris, et s'assurer une domination personnelle dans leurs départements respectifs. C'est alors que fut imaginée la calomnie du fédéralisme. Il est vrai que, lorsque la France était menacée par l'invasion des Prussiens, ils avaient songé, en cas d'extrémité, à se retrancher dans les départements méridionaux; il est encore vrai qu'en voyant les excès et la tyrannie de Paris, ils avaient quelquefois reposé leur

Les girondins accusés de fédéralisme.

pensée sur les départements ; mais de là à un projet de régime fédératif il y avait loin encore. Et d'ailleurs, entre un gouvernement fédératif et un gouvernement unique et central, toute la différence consistant dans le plus ou moins d'énergie des institutions locales, le crime d'une telle idée était bien vague, s'il existait. Les girondins, n'y voyant au reste rien de coupable, ne s'en défendaient pas, et beaucoup d'entre eux, indignés de l'absurdité avec laquelle on poursuivait ce système, demandaient si, après tout, la Nouvelle-Amérique, la Hollande, la Suisse, n'étaient pas heureuses et libres sous un régime fédératif, et s'il y aurait une grande erreur ou un grand forfait à préparer à la France un sort pareil. Buzot surtout soutenait souvent cette doctrine, et Brissot, grand admirateur des Américains, la défendait également, plutôt comme opinion philosophique que comme projet applicable à la France. Ces conversations divulguées donnèrent plus de poids à la calomnie du fédéralisme. Aux Jacobins, on agita vivement la question du fédéralisme, et on souleva mille fureurs contre les girondins. On prétendit qu'ils voulaient détruire le faisceau de la puissance révolutionnaire, lui enlever cette unité qui en faisait la force, et cela, pour se faire rois dans leurs provinces.

Les girondins répondirent de leur côté par des reproches plus réels, mais qui malheureusement étaient exagérés aussi, et qui perdaient de leur force en perdant de leur vérité. Ils reprochaient à la commune de s'être rendue souveraine, d'avoir par ses usurpations empiété sur la souveraineté nationale, et de s'être arrogé à elle seule une puissance qui n'appartenait qu'à la France entière. Ils lui reprochaient de vouloir dominer la Convention, comme elle avait opprimé l'Assemblée législative; ils disaient qu'en siégeant auprès d'elle, les mandataires nationaux n'étaient pas en sûreté, et qu'ils siégeraient au milieu des assassins de septembre. Ils l'accusaient d'avoir déshonoré la révolution pendant les quarante jours qui suivirent le 10 août, et de n'avoir rempli la députation de Paris que d'hommes signalés pendant ces horribles saturnales. Jusque-là tout était vrai. Mais ils ajoutaient des reproches aussi vagues que ceux de fédéralisme dont eux-mêmes étaient l'objet. Ils accusaient hautement Marat, Danton et Robespierre, d'aspirer à la suprême puissance; Marat, parce qu'il écrivait tous les jours qu'il fallait un dictateur pour purger la société des membres impurs qui la corrompaient; Robespierre, parce qu'il avait dogmatisé à la commune, et parlé avec insolence à l'Assemblée, et parce que, à la veille du 10 août, Panis l'avait proposé à Barbaroux comme dictateur; Danton, enfin, parce qu'il exerçait sur le ministère, sur le

Septembre 1792

Accusations contre Marat, Danton, et Robespierre.

peuple, et partout où il se montrait, l'influence d'un être puissant. On les nommait les triumvirs, et cependant il n'y avait guère d'union entre eux. Marat n'était qu'un systématique insensé; Robespierre n'était encore qu'un jaloux, mais il n'avait pas assez de grandeur pour être un ambitieux; Danton enfin était un homme actif, passionné pour le but de la révolution, et qui portait la main sur toutes choses, par ardeur plus que par ambition personnelle. Mais parmi ces hommes il n'y avait encore ni un usurpateur, ni des conjurés d'accord entre eux; et il était imprudent de donner à des adversaires, déjà plus forts que soi, l'avantage d'être accusés injustement. Cependant les girondins ménageaient plus Danton, parce qu'il n'y avait rien de personnel entre lui et eux, et ils méprisaient trop Marat pour l'attaquer directement; mais ils se déchaînaient impitoyablement contre Robespierre, parce que le succès de ce qu'on appelait sa vertu et son éloquence les irritait davantage; ils avaient pour lui le ressentiment qu'éprouve la véritable supériorité contre la médiocrité orgueilleuse et trop vantée.

Cependant on essaya de s'entendre avant l'ouverture de la Convention nationale, et il y eut diverses réunions dans lesquelles on proposa de s'expliquer franchement, et de terminer des disputes funestes. Danton s'y prêtait de très-bonne foi [1], parce qu'il n'y apportait aucun orgueil, et qu'il souhaitait avant tout le succès de la révolution. Pétion montra beaucoup de froideur et de raison, mais Robespierre fut aigre comme un homme blessé; les girondins furent fiers et sévères comme des hommes innocents, indignés, et qui croient avoir dans les mains leur vengeance assurée. Barbaroux dit qu'il n'y avait aucune alliance possible *entre le crime et la vertu*, et de part et d'autre on se retira plus éloigné d'une réconciliation qu'avant de s'être vu. Tous les jacobins se rangèrent autour de Robespierre, les girondins et la masse sage et modérée autour de Pétion. L'avis de celui-ci et des hommes sensés était de cesser toute accusation, puisqu'il était impossible de saisir les auteurs des massacres de septembre et du vol du Garde-Meuble; de ne plus parler des triumvirs, parce que leur ambition n'était ni assez prouvée ni assez manifeste pour être punie; de mépriser une vingtaine de mauvais sujets introduits dans l'Assemblée par les élections de Paris; enfin de se hâter de remplir le but de la Convention, en faisant une Constitution et en décidant du sort de Louis XVI. Tel était l'avis des hommes froids; mais d'autres moins calmes firent, comme d'usage, des projets qui, ne pouvant être

Septembre 1792

Projets des girondins.

1. Voyez Durand-Maillanne, Dumouriez, Meilhan et tous les contemporains.

encore exécutés, avaient le danger d'avertir et d'irriter leurs adversaires. Ils proposèrent de casser la municipalité, de déplacer au besoin la Convention, de transporter son siége ailleurs qu'à Paris, de la former en cour de justice, pour juger sans appel les conspirateurs, de lui composer enfin une garde particulière prise dans les quatre-vingt-trois départements. Ces projets n'eurent aucune suite et ne servirent qu'à irriter les passions. Les girondins s'en reposèrent sur la conscience publique, qui, suivant eux, allait se soulever aux accents de leur éloquence et au récit des crimes qu'ils devaient dénoncer. Ils se donnèrent rendez-vous à la tribune de la Convention pour y écraser leurs adversaires.

Enfin, le 20 septembre, les députés à la Convention se réunirent aux Tuileries pour constituer la nouvelle Assemblée. Leur nombre étant suffisant, ils se constituèrent provisoirement, vérifièrent leurs pouvoirs, et procédèrent tout de suite à la nomination du bureau. Pétion fut presque à l'unanimité proclamé président. Brissot, Condorcet, Rabaud Saint-Étienne, Lasource, Vergniaud et Camus, furent élus secrétaires. Ces choix prouvent quelle était alors dans l'Assemblée l'influence du parti girondin.

L'assemblée législative, qui depuis le 10 août avait été en permanence, fut informée, le 21, par une députation, que la Convention nationale était formée, et que la législature était terminée. Les deux Assemblées n'eurent qu'à se confondre l'une dans l'autre, et la Convention alla occuper la salle de la Législative.

Septembre 1792.

Dès le 21, Manuel, procureur-syndic de la commune, suspendu après le 20 juin avec Pétion, devenu très-populaire à cause de cette suspension, enrôlé dès lors avec les furieux de la commune, mais depuis éloigné d'eux, et rapproché des girondins à la vue des massacres de l'Abbaye; Manuel fait le jour même une proposition qui excite une grande rumeur parmi les ennemis de la gironde : « Citoyens représentants, dit-il, il faut ici que tout « respire un caractère de dignité et de grandeur qui « impose à l'univers. Je demande que le *président* « *de la France* soit logé dans le palais national des « Tuileries, qu'il soit précédé de la force publique « et des signes de la loi, et que les citoyens se « lèvent à son aspect ». A ces mots, le capucin Chabot, le secrétaire de la commune Tallien, s'élèvent avec véhémence contre ce cérémonial, imité de la royauté. Chabot dit que les représentants du peuple doivent s'assimiler aux citoyens des rangs desquels ils sortent, aux sans-culottes qui forment la majorité de la nation. Tallien ajoute qu'on ira chercher le président de la Convention à un cinquième étage, et que c'est là que logent le génie et la vertu. La proposition de Manuel est donc rejetée, et les ennemis de la gironde prétendent qu'elle a

Motion de Manuel.

voulu décerner à son chef Pétion les honneurs souverains.

Après cette proposition, une foule d'autres se succèdent sans interruption. De toutes parts on veut constater par des déclarations authentiques les sentiments qui animent l'Assemblée et la France. On demande que la nouvelle Constitution ait pour base l'égalité absolue, que la souveraineté du peuple soit décrétée, que haine soit jurée à la royauté, à la dictature, au triumvirat, à toute autorité individuelle, et que la peine de mort soit décrétée contre quiconque en proposerait une pareille. Danton met fin à toutes les motions, en faisant décréter que la nouvelle Constitution ne sera valable qu'après avoir été sanctionnée par le peuple. On ajoute que les lois existantes continueront provisoirement d'avoir leur effet, que les autorités non remplacées seront provisoirement maintenues, et que les impôts seront perçus comme par le passé, en attendant les nouveaux systèmes de contribution. Après ces propositions et ces décrets, Manuel, Collot-d'Herbois, Grégoire, entreprennent la question de la royauté, et demandent que son abolition soit prononcée sur-le-champ. Le peuple, disent-ils, vient d'être déclaré souverain, mais il ne le sera réellement que lorsque vous l'aurez délivré d'une autorité rivale, celle des rois. L'Assemblée, les tribunes se lèvent pour exprimer une réprobation unanime contre la royauté. Cependant Bazire voudrait, dit-il, une discussion solennelle sur une question aussi importante. « Qu'est-il besoin de discuter, reprend Grégoire, lorsque tout le monde est d'accord? Les « cours sont l'atelier du crime, le foyer de la corruption; l'histoire des rois est le martyrologe des « nations. Dès que nous sommes tous également « pénétrés de ces vérités, qu'est-il besoin de discuter? »

<small>Septembre 1792.</small>

La discussion est en effet fermée. Il se fait un profond silence, et, sur la déclaration unanime de l'Assemblée, le président déclare que la royauté est abolie en France. Ce décret est accueilli par des applaudissements universels; la publication en est ordonnée sur-le-champ, ainsi que l'envoi aux armées et à toutes les municipalités.

<small>Abolition de la royauté. — Institution de la république.</small>

Lorsque cette institution de la république fut proclamée, les Prussiens menaçaient encore le territoire. Dumouriez, comme on l'a vu, s'était porté à Sainte-Menehould, et la canonnade du 21, si heureuse pour nos armes, n'était pas encore connue à Paris. Le lendemain 22, Billaud-Varennes proposa de dater, non plus de l'an 4 de la liberté, mais de l'an 1er de la république. Cette proposition fut adoptée. L'année 1789 ne fut plus considérée comme ayant commencé la liberté, et la nouvelle ère républicaine s'ouvrit ce jour même, 22 septembre 1792.

<small>Ère républicaine.</small>

Le soir on apprit la canonnade de Valmy, et la

joie commença à se répandre. Sur la demande des citoyens d'Orléans, qui se plaignaient de leurs magistrats, il fut décrété que tous les membres des corps administratifs et des tribunaux seraient réélus, et que les conditions d'éligibilité, fixées par la Constitution de 91, seraient considérées comme nulles. Il n'était plus nécessaire de prendre les juges parmi les légistes, ni les administrateurs dans une certaine classe de propriétaires. Déjà l'Assemblée législative avait aboli le marc d'argent, et attribué à tous les citoyens en âge de majorité la capacité électorale. La Convention acheva d'effacer les dernières démarcations, en appelant tous les citoyens à toutes les fonctions les plus diverses. Ainsi fut commencé le système de l'égalité absolue.

Le 23, tous les ministres furent entendus. Le député Cambon fit un rapport sur l'état des finances. Les précédentes Assemblées avaient décrété la fabrication de deux milliards sept cents millions d'assignats; deux milliards cinq cents millions avaient été dépensés; restaient deux cents millions, dont cent soixante-seize étaient encore à fabriquer, et dont vingt-quatre se trouvaient en caisse. Les impôts étaient retenus par les départements pour les achats de grains ordonnés par la dernière Assemblée; il fallait de nouvelles ressources extraordinaires. La masse des biens nationaux s'augmentant tous les jours par l'émigration, on ne craignait pas d'émettre le papier qui les représentait, et l'on n'hésita pas à le faire : une nouvelle création d'assignats fut donc ordonnée.

Septembre 1792.

Nouvelle création d'assignats.

Roland fut entendu sur l'état de la France et de la capitale. Aussi sévère et plus hardi encore qu'au 3 septembre, il exposa avec énergie les désordres de Paris, les causes et les moyens de les prévenir. Il recommanda l'institution prompte d'un gouvernement fort et vigoureux, comme la seule garantie d'ordre dans les États libres. Son rapport, entendu avec faveur, fut couvert d'applaudissements, et n'excita cependant aucune explosion chez ceux qui se regardaient comme accusés dès qu'il s'agissait des troubles de Paris.

Mais à peine ce premier coup d'œil était-il jeté sur la situation de la France, qu'on apprend la nouvelle de la propagation du désordre dans certains départements. Roland écrit une lettre à la Convention pour lui dénoncer de nouveaux excès, et en demander la répression. Aussitôt cette lecture achevée, les députés Kersaint, Buzot, s'élancent à la tribune pour dénoncer les violences de tout genre qui commencent à se commettre partout. « Les assassinats, disent-ils, sont imités dans les départements. Ce n'est pas l'anarchie qu'il faut en accuser, mais des tyrans d'une nouvelle espèce, qui s'élèvent sur la France à peine affranchie. C'est de Paris que partent tous les jours ces funestes

Motion contre les provocateurs au meurtre.

inspirations du crime. Sur tous les murs de la capitale, on lit des affiches qui provoquent aux meurtres, aux incendies, aux pillages; et des listes de proscription où sont désignées chaque jour de nouvelles victimes. Comment préserver le peuple d'une affreuse misère, si tant de citoyens sont condamnés à cacher leur existence? Comment faire espérer à la France une Constitution, si la Convention, qui doit la décréter, délibère sous les poignards? Il faut, pour l'honneur de la révolution, arrêter tant d'excès, et distinguer entre la bravoure civique qui a bravé le despotisme au 10 août, et la cruauté servant, aux 2 et 3 septembre, une tyrannie muette et cachée. »

En conséquence, les orateurs demandent l'établissement d'un comité chargé,

1° De rendre compte de l'état de la république et de Paris en particulier;

2° De présenter un projet de loi contre les provocateurs au meurtre et à l'assassinat;

3° De rendre compte des moyens de donner à la Convention nationale une force publique à sa disposition, prise dans les quatre-vingt-trois départements.

A cette proposition, tous les membres du côté gauche, où s'étaient rangés les esprits les plus ardents de la nouvelle Assemblée, poussent des cris tumultueux. On exagère, suivant eux, les maux de la France. Les plaintes hypocrites qu'on vient d'entendre partent du fond des cachots, où ont été justement plongés les suspects qui, depuis trois ans, appelaient la guerre civile sur leur patrie. Les maux dont on se plaint étaient inévitables ; le peuple est en état de révolution, et il devait prendre des mesures énergiques pour son salut. Aujourd'hui ces moments critiques sont passés, et les déclarations que vient de faire la Convention suffiront pour apaiser les troubles. D'ailleurs, pourquoi une juridiction extraordinaire? Les anciennes lois existent, et suffisent pour réprimer les provocations au meurtre. Serait-ce encore une nouvelle loi martiale qu'on voudrait établir?....

Septembre 1792.

Par une contradiction bien ordinaire chez les partis, ceux qui avaient demandé la juridiction extraordinaire du 17 août, ceux qui allaient demander le tribunal révolutionnaire, s'élevaient contre une loi qui, disaient-ils, était une loi de sang ! « Une loi de sang, répond Kersaint, lorsque je veux au contraire en prévenir l'effusion ! » Cependant l'ajournement est vivement demandé. « Ajourner la répression des meurtres, s'écrie Vergniaud, c'est les ordonner ! Les ennemis de la France sont en armes sur notre territoire, et l'on veut que les citoyens français, au lieu de combattre, s'entr'égorgent comme les soldats de Cadmus !.... »

Enfin la proposition de Kersaint et Buzot est

—————— adoptée tout entière. On décrète qu'il sera préparé des lois pour la punition des provocateurs au meurtre et pour l'organisation d'une garde départementale.

Septembre 1792.

Cette séance du 24 septembre avait causé une grande émotion dans les esprits; cependant aucun nom n'avait été prononcé, et les accusations étaient restées générales. Le lendemain, on s'aborde avec les ressentiments de la veille, et d'une part on murmure contre les décrets rendus, de l'autre on éprouve le regret de n'avoir pas assez dit contre la faction appelée *désorganisatrice*. Tandis qu'on attaque les décrets, ou qu'on les défend, Merlin, autrefois huissier et officier municipal à Thionville, puis député à la Législative, où il se signala parmi les patriotes les plus prononcés, Merlin, fameux par son ardeur et sa bravoure, demande la parole. « L'ordre du jour, dit-il, est d'éclaircir si, comme Lasource me l'a assuré hier, il existe, au sein de la Convention nationale, une faction qui veuille établir un triumvirat ou une dictature : il faut ou que les défiances cessent, ou que Lasource indique les coupables, et je jure de les poignarder en face de l'Assemblée. » Lasource, si vivement sommé de s'expliquer, rapporte sa conversation avec Merlin, et désigne de nouveau, sans les nommer, les ambitieux qui veulent s'élever sur les ruines de la royauté détruite. « Ce sont ceux qui ont provoqué

Merlin de Thionville dénonce le triumvirat.

DANTON.

Publié par Furne, Paris.

le meurtre et le pillage, qui ont lancé des mandats d'arrêt contre des membres de la Législative, qui désignent aux poignards les membres courageux de la Convention, et qui imputent au peuple les excès qu'ils ordonnent eux-mêmes. Lorsqu'il en sera temps, il arrachera le voile qu'il ne fait que soulever, dût-il périr sous leurs coups. »

Septembre 1792.

Cependant les triumvirs n'étaient pas nommés. Osselin monte à la tribune et désigne la députation de Paris, dont il est membre ; il dit que c'est contre elle qu'on s'étudie à exciter des défiances, qu'elle n'est ni assez profondément ignorante, ni assez profondément scélérate, pour avoir conçu des projets de triumvirat et de dictature ; qu'il fait serment du contraire, et demande l'anathème et la mort contre le premier qui serait surpris méditant de pareils projets. « Que chacun, ajoute-t-il, me suive à la tribune, et y fasse la même déclaration. — Oui, s'écrie Rebecqui, le courageux ami de Barbaroux ; oui, ce parti accusé de projets tyranniques existe, et je le nomme : c'est le parti de Robespierre. Marseille le connaît et nous envoie ici pour le combattre. »

Cette apostrophe hardie cause une grande rumeur dans l'Assemblée. Les yeux se dirigent sur Robespierre. Danton se hâte de prendre la parole pour apaiser ces divisions, et écarter des accusations qu'il savait en partie dirigées contre lui-même. « Ce sera, dit-il, un beau jour pour la république que

Paroles de Danton

celui où une explication franche et fraternelle calmera toutes ces défiances. On parle de dictateurs, de triumvirs; mais cette accusation est vague, et doit être signée. — Moi je la signerai, s'écrie de nouveau Rebecqui en s'élançant au bureau. — Soit, répond Danton; s'il est des coupables, qu'ils soient immolés, fussent-ils les meilleurs de mes amis. Pour moi, ma vie est connue. Dans les sociétés patriotiques, au 10 août, au conseil exécutif, j'ai servi la cause de la liberté sans aucune vue personnelle, et avec *l'énergie de mon tempérament*. Je ne crains donc pas les accusations pour moi-même; mais je veux les épargner à tout le monde. Il est, j'en conviens, dans la députation de Paris, un homme qu'on pourrait appeler le *Royou* des républicains : c'est Marat. Souvent on m'a accusé d'être l'instigateur de ses placards; mais j'invoque le témoignage du président et je lui demande de déclarer si, dans la commune et les comités, il ne m'a pas vu souvent aux prises avec Marat. Au reste, cet écrivain tant accusé a passé une partie de sa vie dans les souterrains et les cachots. La souffrance a altéré son humeur, il faut excuser ses emportements. Mais laissez là des discussions tout individuelles, et tâchez de les faire servir à la chose publique. Portez la peine de mort contre quiconque proposera la dictature ou le triumvirat. » Cette motion est couverte d'applaudissements. « Ce n'est pas tout, reprend Danton; il est une autre crainte répandue dans le public, et il faut la dissiper. On prétend qu'une partie des députés médite le régime fédératif, et la division de la France en une foule de sections. Il nous importe de former un tout. Déclarez donc par un autre décret l'unité de la France et de son gouvernement. Ces bases posées, écartons nos défiances, soyons unis, et marchons à notre but! »

Septembre 1792.

Buzot répond à Danton que la dictature se prend, mais ne se demande pas, et que porter des lois contre cette demande est illusoire; que, quant au système fédératif, personne n'y a songé; que la proposition d'une garde départementale est un moyen d'unité, puisque tous les départements seront appelés à garder en commun la représentation nationale; qu'au reste, il peut être bon de faire une loi sur ce sujet, mais qu'elle doit être mûrement réfléchie, et qu'en conséquence il faut renvoyer les propositions de Danton à la commission des six, décrétée de la veille.

Robespierre, personnellement accusé, demande à son tour la parole. D'abord il annonce que ce n'est pas lui qu'il va défendre, mais la chose publique, attaquée dans sa personne. S'adressant à Rebecqui : « Citoyen, lui dit-il, qui n'avez pas craint de m'accuser, je vous remercie. Je reconnais à votre courage la cité célèbre qui vous a député. La patrie, vous et moi, nous gagnerons tous à cette accusation.

Défense de Robespierre.

Septembre 1792.

« On désigne, continue-t-il, un parti qui médite une nouvelle tyrannie, et c'est moi qu'on en nomme le chef. L'accusation est vague; mais, grâce à tout ce que j'ai fait pour la liberté, il me sera facile d'y répondre. C'est moi qui, dans la Constituante, ai pendant trois ans combattu toutes les factions, quelque nom qu'elles empruntassent; c'est moi qui ai combattu contre la cour, dédaigné ses présents; c'est moi... — Ce n'est pas la question, s'écrient plusieurs députés. — Il faut qu'il se justifie, répond Tallien. — Puisqu'on m'accuse, reprend Robespierre, de trahir la patrie, n'ai-je pas le droit d'opposer ma vie tout entière? » Il recommence alors l'énumération de ses doubles services contre l'aristocratie et contre les faux patriotes qui prenaient le masque de la liberté. En disant ces mots, il montrait le côté droit de la Convention. Osselin lui-même, fatigué de cette énumération, interrompt Robespierre, et lui demande de donner une explication franche. « Il ne s'agit pas de ce que tu as fait, dit Lecointe-Puiravaux, mais de ce qu'on t'accuse de faire aujourd'hui. » Robespierre se replie alors sur la liberté des opinions, sur le droit sacré de la défense, sur la chose publique, aussi compromise que lui-même dans cette accusation. On l'invite encore à être plus bref, mais il continue avec la même diffusion. Rappelant les fameux décrets qu'il a fait rendre contre la réélection des constituants et contre la nomination des députés à des places données par le gouvernement, il demande si ce sont là des preuves d'ambition. Récriminant ensuite contre ses adversaires, il renouvelle l'accusation de fédéralisme ; il finit en demandant l'adoption des décrets proposés par Danton et un examen sérieux de l'accusation intentée contre lui. Barbaroux, impatient, s'élance à la barre : « Barbaroux de Marseille, s'écrie-t-il, se « présente pour signer la dénonciation faite par « Rebecqui contre Robespierre ». Alors il raconte une histoire fort insignifiante et souvent répétée : c'est qu'avant le 10 août, Panis le conduisit chez Robespierre, et qu'en sortant de cette entrevue Panis lui présenta Robespierre comme le seul homme, le seul dictateur capable de sauver la chose publique ; et qu'à cela lui, Barbaroux, répondit que jamais les Marseillais ne baisseraient la tête devant un roi ni devant un dictateur.

Déjà nous avons rapporté ces faits, et l'on a pu juger si ces vagues ou insignifiants propos des amis de Robespierre pouvaient servir de base à une accusation. Barbaroux reprend une à une les imputations adressées aux girondins ; il demande qu'on proscrive le fédéralisme par un décret ; que tous les membres de la Convention nationale jurent de se laisser bloquer dans la capitale, et d'y mourir plutôt que de la quitter. Après beaucoup d'applaudissements, Barbaroux reprend, et dit que, quant

aux projets de dictature, on ne saurait les contester; que les usurpations de la commune, les mandats lancés contre les membres de la représentation nationale, les commissaires envoyés dans les départements, tout prouve un projet de domination; mais que la ville de Marseille veille à la sûreté de ses députés; que, toujours prompte à devancer les bons décrets, elle envoya le bataillon des fédérés, malgré le *veto* royal, et que maintenant encore elle envoie huit cents de ses citoyens, auxquels leurs pères ont donné deux pistolets, un sabre, un fusil, et un assignat de cinq cents livres; qu'elle y a joint deux cents hommes de cavalerie, bien équipés, et que cette force servira à commencer la garde départementale proposée pour la sûreté de la Convention !
« Pour Robespierre, ajoute Barbaroux, j'éprouve
« un vif regret de l'avoir accusé, car je l'aimais, je
« l'estimais autrefois. Oui, nous l'aimions, et nous
« l'estimions tous, et cependant nous l'avons ac-
« cusé ! Mais qu'il reconnaisse ses torts et nous nous
« désistons. Qu'il cesse de se plaindre; car, s'il a
« sauvé la liberté par ses écrits, nous l'avons défen-
« due de nos personnes. Citoyens, quand le jour du
« péril sera arrivé, alors on nous jugera, alors nous
« verrons si les faiseurs de placards sauront mourir
« avec nous ! » De nombreux applaudissements accompagnent Barbaroux jusqu'à sa place. Au mot de placards, Marat réclame la parole. Cambon la

MARAT.

demande après lui, et obtient la préférence. Il dénonce alors des placards où la dictature est proposée comme indispensable, et qui sont signés du nom de Marat. A ces mots, chacun s'éloigne de celui-ci, et il répond par un sourire aux mépris qu'on lui témoigne. A Cambon succèdent d'autres accusateurs de Marat et de la commune. Marat fait de longs efforts pour obtenir la parole; mais Panis l'obtient encore avant lui, pour répondre aux allégations de Barbaroux. Panis nie maladroitement des faits vrais, mais peu probants, et qu'il valait mieux avouer, en se repliant sur leur peu de valeur. Il est alors interrompu par Brissot, qui lui demande raison du mandat d'arrêt lancé contre sa personne. Panis se replie sur les circonstances, qu'on a, dit-il, trop facilement oubliées, sur la terreur et le désordre qui régnaient alors dans les esprits, sur la multitude des dénonciations contre les conspirateurs du 10 août, sur la force des bruits répandus contre Brissot, et sur la nécessité de les éclaircir.

Après ces longues explications, à tout moment interrompues et reprises, Marat, insistant toujours pour avoir la parole, l'obtient enfin, lorsqu'il n'est plus possible de la lui refuser. C'était la première fois qu'il paraissait à la tribune. Son aspect produit un mouvement d'indignation, et un bruit affreux s'élève contre lui. *A bas! à bas!* est le cri général. Négligemment vêtu, portant une casquette, qu'il dépose sur la tribune, et promenant sur son auditoire un sourire convulsif et méprisant : « J'ai, « dit-il, un grand nombre d'ennemis personnels « dans cette Assemblée... — Tous ! tous ! s'écrient « la plupart des députés. — J'ai dans cette As-« semblée, reprend Marat avec la même assu-« rance, un grand nombre d'ennemis personnels, je « les rappelle à la pudeur. Qu'ils s'épargnent les « clameurs furibondes contre un homme qui a « servi la liberté, et eux-mêmes, plus qu'ils ne « pensent.

« On parle de triumvirat, de dictature, on en « attribue le projet à la députation de Paris ; eh « bien ! je dois à la justice de déclarer que mes « collègues, et notamment Robespierre et Danton, « s'y sont toujours opposés, et que j'ai toujours « eu à les combattre sur ce point. Moi le premier, « et le seul en France, entre tous les écrivains po-« litiques, j'ai songé à cette mesure, comme au « seul moyen d'écraser les traîtres et les conspira-« teurs. C'est moi seul qu'il faut punir ; mais avant « de punir il faut entendre. » Ici quelques applaudissements éclatent, mais peu nombreux. Marat reprend : « Au milieu des machinations éternelles « d'un roi perfide, d'une cour abominable, et des « faux patriotes qui, dans les deux Assemblées, « vendaient la liberté publique, me reprocherez-« vous d'avoir imaginé le seul moyen de salut, et

« d'avoir appelé la vengeance sur les têtes crimi-
« nelles? non, car le peuple vous désavouerait.
« Il a senti qu'il ne lui restait plus que ce moyen,
« et c'est en se faisant dictateur lui-même qu'il s'est
« délivré des traîtres.

« J'ai frémi plus qu'un autre à l'idée de ces mou-
« vements terribles, et c'est pour qu'ils ne fussent
« pas éternellement vains que j'aurais désiré qu'ils
« fussent dirigés par une main juste et ferme! Si,
« à la prise de la Bastille, on eût compris la né-
« cessité de cette mesure, cinq cents têtes scélé-
« rates seraient tombées à ma voix, et la paix eût
« été affermie dès cette époque. Mais, faute d'avoir
« employé cette énergie aussi sage que nécessaire,
« cent mille patriotes ont été égorgés, et cent mille
« sont menacés de l'être! Au reste, la preuve que
« je ne voulais point faire de cette espèce de dicta-
« teur, de tribun, de triumvir (le nom n'y fait rien),
« un tyran tel que la sottise pourrait l'imaginer,
« mais une victime dévouée à la patrie, dont nul
« ambitieux n'aurait envié le sort, c'est que je vou-
« lais en même temps que son autorité ne durât
« que peu de jours, qu'elle fût bornée au pouvoir
« de condamner les traîtres, et même qu'on lui
« attachât durant ce temps un boulet au pied, afin
« qu'il fût toujours sous la main du peuple. Mes
« idées, quelque révoltantes qu'elles vous parus-
« sent, ne tendaient qu'au bonheur public. Si vous

« n'étiez point vous-mêmes à la hauteur de m'en-
« tendre, tant pis pour vous ! »

Le profond silence qui avait régné jusque-là est
interrompu par quelques éclats de rire, qui ne dé-
concertent point l'orateur, beaucoup plus effrayant
que risible. Il continue : « Telle était mon opinion,
« écrite, signée, publiquement soutenue. Si elle
« était fausse, il fallait la combattre, m'éclairer, et
« ne point me dénoncer au despotisme.

« On m'a accusé d'ambition ! mais voyez, et
« jugez-moi. Si j'avais seulement voulu mettre un
« prix à mon silence, je serais gorgé d'or, et je
« suis pauvre ! Poursuivi sans cesse, j'ai erré de
« souterrains en souterrains, et j'ai prêché la vérité
« sur le billot !

« Pour vous, ouvrez les yeux ; loin de consu-
« mer votre temps en discussions scandaleuses,
« perfectionnez la Déclaration des Droits, établissez
« la Constitution, et posez les bases du gouverne-
« ment juste et libre, qui est le véritable objet de
« vos travaux. »

Une attention universelle avait été accordée à
cet homme étrange, et l'Assemblée, stupéfaite d'un
système aussi effrayant et aussi calculé, avait gardé
le silence. Quelques partisans de Marat, enhardis
par ce silence, avaient applaudi ; mais ils n'avaient
pas été imités, et Marat avait repris sa place sans
recevoir ni applaudissements, ni marques de colère.

Vergniaud, le plus pur, le plus sage des giron- — Septembre 1792. — dins, croit devoir prendre la parole pour réveiller l'indignation de l'Assemblée. Il déplore le malheur d'avoir à répondre à un homme chargé de décrets!... Chabot, Tallien, se récrient à ces mots et demandent si ce sont les décrets lancés par le Châtelet pour avoir dévoilé Lafayette. Vergniaud insiste, et déplore d'avoir à répondre à un homme qui n'a pas purgé les décrets dont il est chargé, à un homme tout dégouttant de calomnies, de fiel et de sang ! Les murmures se renouvellent, mais il continue avec fermeté, et après avoir distingué, dans la députation de Paris, David, Dusaulx et quelques autres membres, il prend en main la fameuse circulaire de la commune que nous avons déjà citée et la lit tout entière. Cependant, comme elle était déjà connue, elle ne produit pas autant d'effet qu'une autre pièce, dont le député Boileau fait à son tour la lecture. C'est une feuille imprimée par Marat le jour même, et dans laquelle il dit : Une « seule réflexion m'accable, c'est que tous mes « efforts pour sauver le peuple n'aboutiront à rien « sans une nouvelle insurrection. A voir la trempe « de la plupart des députés à la Convention natio- « nale, je désespère du salut public. Si dans les « huit premières séances les bases de la Constitu- « tion ne sont pas posées, n'attendez plus rien de « cette Assemblée. Cinquante ans d'anarchie vous

Septembre 1792.

« attendent, et vous n'en sortirez que par un dic-
« tateur, vrai patriote et homme d'État... *O peuple*
« *babillard! si tu savais agir!* ... »

La lecture de cette pièce est souvent interrompue par des cris d'indignation. A peine est-elle achevée, qu'une foule de membres se déchaînent contre Marat. Les uns le menacent et crient : *A l'Abbaye! à la guillotine!* D'autres l'accablent de paroles de mépris. Il ne répond que par un nouveau sourire à toutes les attaques dont il est l'objet. Boileau demande un décret d'accusation, et la plus grande partie de l'Assemblée veut aller aux voix. Marat insiste avec sang-froid pour être entendu. On ne veut l'écouter qu'à la barre; enfin il obtient la tribune. Selon son expression accoutumée, *il rappelle ses ennemis à la pudeur*. Quant aux décrets qu'on n'a pas rougi de lui opposer, il s'en fait gloire parce qu'ils sont le prix de son courage. D'ailleurs le peuple, en l'envoyant dans cette Assemblée nationale, a purgé les décrets, et décidé entre ses accusateurs et lui. Quant à l'écrit dont on vient de faire la lecture, il ne le désavouera pas, car le mensonge, dit-il, n'approcha jamais de ses lèvres, et la crainte est étrangère à son cœur. « Me de-
« mander une rétractation, ajoute-t-il, c'est exiger
« que je ne voie pas ce que je vois, que je ne
« sente pas ce que je sens, et il n'est aucune
« puissance sous le soleil qui soit capable de ce

« renversement d'idées : je puis répondre de la
« pureté de mon cœur, mais je ne puis changer
« mes pensées ; elles sont ce que la nature des
« choses me suggère. »

Marat apprend ensuite à l'Assemblée que cet écrit, imprimé en placard, il y a dix jours, a été réimprimé, contre son gré, par son libraire ; mais qu'il vient de donner, dans le premier numéro du *Journal de la République*, un nouvel exposé de ses principes, dont assurément l'Assemblée sera satisfaite, si elle veut l'écouter.

On consent en effet à lire l'article, et l'Assemblée apaisée par les expressions modérées de Marat, dans cet article intitulé *Sa nouvelle marche*, le traite avec moins de rigueur ; il obtient même quelques marques de satisfaction. Mais il remonte à la tribune avec son audace ordinaire, et prétend donner une leçon à ses collègues sur le danger de l'emportement et de la prévention. Si son journal n'avait pas paru le jour même, pour le disculper, on l'envoyait aveuglément dans les fers. « Mais, dit-il en montrant un pistolet qu'il portait toujours dans sa poche, et qu'il s'applique sur le front, j'avais de quoi rester libre, et si vous m'aviez décrété d'accusation, je me brûlais la cervelle à cette tribune même. Voilà le fruit de mes travaux, de mes dangers, de mes souffrances ! Eh bien, je resterai parmi vous pour braver vos fureurs ! » A ce dernier mot de Marat, ses collègues, rendus à leur indignation, s'écrient que c'est un fou, un scélérat, et se livrent à un long tumulte.

La discussion avait duré plusieurs heures, et cependant qu'avait-on appris?... Rien sur le projet prétendu d'une dictature au profit d'un triumvirat, mais beaucoup sur le caractère des partis et sur leur force respective. On avait vu Danton facile et plein de bonne volonté pour ses collègues, à condition qu'on ne l'inquiéterait pas sur sa conduite; Robespierre, plein de fiel et d'orgueil; Marat, étonnant de cynisme et d'audace, repoussé même par son parti, mais tâchant d'habituer les esprits à ses atroces systèmes : tous trois enfin réussissant dans la révolution par des facultés et des vices différents, n'étant point d'accord les uns avec les autres, se désavouant réciproquement, et n'ayant évidemment que ce goût pour l'influence, naturel à tous les hommes, et qui n'est point encore un projet de tyrannie. On s'accorda avec les girondins pour proscrire septembre et ses horreurs : on leur décerna l'estime due à leurs talents et à leur probité; mais on trouva leurs accusations exagérées et imprudentes; et l'on ne put s'empêcher de voir dans leur indignation quelques sentiments personnels. Dès ce moment l'Assemblée se distribua en côté droit et côté gauche, comme dans les premiers jours de la Constituante. Au côté droit se placèrent tous les girondins, et ceux qui, sans être aussi personnellement liés à leur sort, partageaient cependant leur indignation généreuse. Au centre s'accumulèrent en nombre considérable tous les députés honnêtes, mais paisibles, qui, n'étant portés ni par leur caractère, ni par leur talent, à prendre part à la lutte des partis autrement que par leur vote, cherchaient, en se confondant dans la multitude, l'obscurité et la sécurité. Leur grand nombre dans l'Assemblée, le respect encore très-grand qu'on avait pour elle, l'empressement que le parti jacobin et municipal mettait à se justifier à ses yeux, tout les rassurait. Ils aimaient à croire que l'autorité de la Convention suffirait, avec le temps, pour dompter les agitateurs; ils n'étaient pas fâchés d'ajourner l'énergie, et de pouvoir dire aux girondins que leurs accusations étaient hasardées. Ils ne se montraient encore que raisonnables et impartiaux, parfois un peu jaloux de l'éloquence trop fréquente et trop brillante du côté droit; mais bientôt, en présence de la tyrannie, ils allaient devenir faibles et lâches. On les nomma *la Plaine*, et par opposition on appela *la Montagne*, le côté gauche, où tous les jacobins s'étaient amoncelés les uns au-dessus des autres. Sur les degrés de cette Montagne, on voyait les députés de Paris et ceux des départements qui devaient leur nomination à la correspondance des clubs, ou qui avaient été

Septembre 1792.

Le centre reçoit le nom de *la Plaine*, la gauche celui de *la Montagne*.

gagnés, depuis leur arrivée, par l'idée qu'il ne fallait faire aucun quartier aux ennemis de la révolution. On y comptait aussi quelques esprits distingués, mais exacts, rigoureux, positifs, auxquels les théories et la philanthropie des girondins déplaisaient comme de vaines abstractions. Cependant les montagnards étaient peu nombreux encore. La Plaine, unie au côté droit, composait une majorité immense, qui avait donné la présidence à Pétion, et qui approuvait les attaques des girondins contre septembre, sauf les personnalités qui semblaient trop précoces et trop peu fondées [1].

On avait passé à l'ordre du jour sur les accusations réciproques des deux partis; mais on avait maintenu le décret de la veille, et trois objets demeuraient arrêtés : 1° demander au ministère de l'intérieur un compte exact et fidèle de l'état de Paris; 2° rédiger un projet de loi contre les provocateurs au meurtre et au pillage; 3° aviser au moyen de réunir autour de la Convention une garde départementale. Quant au rapport sur l'état de Paris, on savait avec quelle énergie et dans quel sens il serait fait, puisqu'il était confié à Roland : la commission chargée de deux projets contre les provocations écrites et pour la composition d'une garde, ne donnait pas moins d'espoir puisqu'elle

1. Voyez un extrait des *Mémoires de Garat*, note 1, à la fin du volume.

était toute composée de girondins. Buzot, Lasource, Kersaint, en faisaient partie.

Octobre 1792.

C'est surtout contre ces deux derniers projets que les montagnards étaient le plus soulevés. Ils demandaient si on voulait renouveler la loi martiale et les massacres du Champ-de-Mars, si la Convention voulait se faire des satellites et des gardes du corps, comme le dernier roi. Ils renouvelaient ainsi, comme le disaient les girondins, toutes les raisons données par la cour contre le camp sous Paris.

Beaucoup de membres du côté gauche, et même les plus ardents, étaient, en leur qualité de membres de la Convention, très-prononcés contre les usurpations de la commune; et, à part les députés de Paris, aucun ne la défendait lorsqu'elle était attaquée, ce qui avait lieu tous les jours. Aussi les décrets se succédèrent-ils vivement. Comme la commune tardait à se renouveler, en exécution du décret qui prescrivait la réélection de tous les corps administratifs, on ordonna au conseil exécutif de veiller à son renouvellement, et d'en rendre compte à l'Assemblée sous trois jours. Une commision de six membres fut nommée pour recevoir la déclaration signée de tous ceux qui avaient déposé des effets à l'Hôtel de Ville, et pour rechercher l'existence de ces effets, ou vérifier l'emploi qu'en avait fait la municipalité. Le directoire du département,

Décrets de la Convention contre la commune.

Octobre 1792.

que la commune insurrectionnelle avait réduit au titre et aux fonctions de simple commission administrative, fut réintégré dans toutes ses attributions, et reprit son titre de directoire. Les élections communales pour la nomination du maire, de la municipalité, et du conseil général, que les jacobins avaient récemment imaginé de faire à haute voix, pour intimider les faibles, furent de nouveau rendues secrètes par une confirmation de la loi existante. Les élections déjà opérées d'après ce mode illégal furent annulées, et les sections se soumirent à les recommencer dans la forme prescrite. On décréta enfin que tous les prisonniers enfermés sans mandat d'arrêt seraient élargis sur-le-champ. C'était là un grand coup porté au comité de surveillance, acharné surtout contre les personnes.

Tous ces décrets avaient été rendus dans les premiers jours d'octobre, et la commune, vivement poussée, se voyait obligée à plier sous l'ascendant de la Convention. Cependant le comité de surveillance n'avait pas voulu se laisser battre sans résistance. Ses membres s'étaient présentés à l'Assemblée, disant qu'ils allaient confondre leurs ennemis. Dépositaires des papiers trouvés chez Laporte, intendant de la liste civile, et condamné, comme on s'en souvient, par le tribunal du 17 août, ils avaient découvert, disaient-ils, une lettre où il était parlé de ce qu'avaient coûté certains décrets, rendus dans les précédentes Assemblées. Ils venaient démasquer les députés vendus à la cour, et prouver la fausseté de leur patriotisme. « Nommez-les ! s'était écriée l'Assemblée avec indignation. — Nous ne pouvons les désigner encore, avaient répondu les membres du comité. » Sur-le-champ, pour repousser la calomnie, il fut nommé une commission de vingt-quatre députés, étrangers à la Constituante et à la Législative, chargés de vérifier ces papiers et d'en faire leur rapport. Marat, inventeur de cette ressource, publia dans son journal qu'il avait rendu aux *Rolandistes*, accusateurs de la commune, la *monnaie de leur pièce;* et il annonça la prétendue découverte d'une trahison des girondins. Cependant, les papiers examinés, aucun des députés actuels ne se trouva compromis, et le comité de surveillance fut déclaré calomniateur. Les papiers étant trop volumineux pour que les vingt-quatre députés en continuassent l'examen à l'Hôtel de Ville, on les transporta dans l'un des comités de l'Assemblée. Marat, se voyant ainsi privé de riches matériaux pour ses accusations journalières, s'en irrita beaucoup, et prétendit, dans son journal, qu'on avait voulu détruire la preuve de toutes les trahisons.

Après avoir ainsi réprimé les débordements de la commune, l'Assemblée s'occupa du pouvoir exécutif, et décida que les ministres ne pourraient plus être pris dans son sein. Danton, obligé d'opter entre

Octobre 1792.

Changement dans le pouvoir exécutif.

les fonctions de ministre de la justice et de membre de la Convention, préféra, comme Mirabeau, celles qui lui assuraient la tribune, et quitta le ministère sans rendre compte des dépenses secrètes, disant qu'il avait rendu ce compte au conseil. Ce fait n'était pas très-exact; mais on n'y regarda pas de plus près, et l'on passa outre. Sur le refus de François de Neufchâteau, Garat, écrivain distingué, idéologue spirituel, et devenu fameux par l'excellente rédaction du *Journal de Paris*, occupa la place de ministre de la justice. Servan, fatigué d'une administration laborieuse, et au-dessus non de ses facultés, mais de ses forces, préféra le commandement de l'armée d'observation qu'on formait le long des Pyrénées. Le ministre Lebrun fut provisoirement chargé d'ajouter le portefeuille de la guerre à celui des affaires étrangères. Roland enfin offrit aussi sa démission, fatigué qu'il était d'une anarchie si contraire à sa probité et à son inflexible amour de l'ordre. Les girondins proposèrent à l'Assemblée de l'inviter à garder le portefeuille. Les montagnards, et particulièrement Danton, qu'il avait beaucoup contrariés, s'opposèrent à cette démarche comme peu digne de l'Assemblée. Danton se plaignit de ce qu'il était faible et gouverné par sa femme; on répondit à ce reproche de faiblesse par la lettre du 3 septembre, et l'on aurait pu répondre encore en citant l'opposition que lui,

Danton, avait rencontrée dans le conseil. Cependant on passa à l'ordre du jour. Pressé par les girondins et tous les gens de bien, Roland demeura au ministère. « J'y reste, écrivit-il noblement à « l'Assemblée, puisque la calomnie m'y attaque, « puisque des dangers m'y attendent, puisque la « Convention a paru désirer que j'y fusse encore. « Il est trop glorieux, ajouta-t-il en finissant sa « lettre, qu'on n'ait eu à me reprocher que mon « union avec le courage et la vertu. »

Octobre 1792.

L'Assemblée se partagea ensuite en divers comités. Elle créa un comité de surveillance composé de trente membres; un second de la guerre, de vingt-quatre; un troisième des comptes, de quinze; un quatrième de législation criminelle et civile, de quarante-huit; un cinquième des assignats, monnaies et finances, de quarante-deux. Un sixième comité, plus important que tous les autres, fut chargé du principal objet pour lequel la Convention était réunie, c'est-à-dire, de préparer un projet de Constitution. On le composa de neuf membres diversement célèbres, et presque tous choisis dans les intérêts du côté droit. La philosophie y eut ses représentants dans la personne de Sieyès, de Condorcet, et de l'Américain Thomas Payne, récemment élu citoyen français et membre de la Convention nationale; la Gironde y fut particulièrement représentée par Gensonné, Vergniaud, Pétion et

Création de divers comités administratifs et d'un comité de Constitution.

Brissot; le centre par Barrère, et la Montagne par Danton. On est sans doute étonné de voir ce tribun si remuant, mais si peu spéculatif, placé dans ce comité tout philosophique, et il semble que le caractère de Robespierre, sinon ses talents, aurait dû lui valoir ce rôle. Il est certain que Robespierre ambitionnait bien davantage cette distinction, et qu'il fut profondément blessé de ne pas l'obtenir. On l'accorda de préférence à Danton, que son esprit naturel rendait propre à tout, et qu'aucun ressentiment profond ne séparait encore de ses collègues. Ce fut cette composition du comité qui fit renvoyer si longtemps le travail de la Constitution.

Après avoir pourvu de la sorte au rétablissement de l'ordre dans la capitale, à l'organisation du pouvoir exécutif, à la distribution des comités et aux préparatifs de la Constitution, il restait un dernier objet à régler, l'un des plus graves dont l'Assemblée eût à s'occuper, le sort de Louis XVI et de sa famille. Le plus profond silence avait été observé à cet égard dans l'Assemblée, et l'on en parlait partout, aux Jacobins, à la commune, dans tous les lieux particuliers ou publics, excepté seulement à la Convention. Des émigrés avaient été saisis les armes à la main, et on les conduisait à Paris pour leur appliquer les lois criminelles. A ce sujet, une voix s'éleva (c'était la première), et demanda si, au lieu de s'occuper de ces coupables subalternes, on ne songerait pas à ces coupables plus élevés renfermés au Temple. A ce mot, un profond silence régna dans l'Assemblée. Barbaroux prit le premier la parole, et demanda qu'avant de savoir si la Convention jugerait Louis XVI, on décidât si la Convention serait corps judiciaire, car elle avait d'autres coupables à juger que ceux du Temple. En élevant cette question, Barbaroux faisait allusion au projet d'instituer la Convention en cour extraordinaire, pour juger elle-même *les agitateurs, les triumvirs, etc.* Après quelques débats, la proposition fut renvoyée au comité de législation pour examiner les questions auxquelles elle donnait naissance.

FIN DU LIVRE NEUVIÈME.

LIVRE X.

JEMMAPES.

Situation militaire à la fin d'octobre 1792. — Bombardement de Lille par les Autrichiens; prise de Worms et de Mayence par Custine. — Faute de nos généraux. — Mauvaises opérations de Custine. — Armée des Alpes. — Conquête de la Savoie et de Nice. — Dumouriez se rend à Paris; sa position à l'égard des partis. — Influence et organisation du club des Jacobins. — État de la société française; salons de Paris. — Entrevue de Marat et de Dumouriez. — Anecdote. — Seconde lutte des girondins avec les montagnards; Louvet dénonce Robespierre; réponse de Robespierre; l'assemblée ne donne pas suite à son accusation. — Première proposition sur le procès de Louis XVI. — Suite des opérations militaires de Dumouriez. — Modification dans le ministère. Pache ministre de la guerre. — Victoire de Jemmapes. — Situation morale et politique de la Belgique; conduite politique de Dumouriez. — Prise de Gand, de Mons, de Bruxelles, de Namur, d'Anvers; conquête de la Belgique jusqu'à la Meuse. — Changements dans l'administration militaire; mésintelligence de Dumouriez avec la Convention et les ministres. — Notre position aux Alpes et aux Pyrénées.

Dans ce moment, la situation militaire de la France était bien changée. On touchait à la mi-octobre; déjà l'ennemi était repoussé de la Champagne et de la Flandre, et le sol étranger envahi sur trois points, le Palatinat, la Savoie et le comté de Nice.

On a vu les Prussiens se retirant du camp de la

Lune, reprenant la route de l'Argonne, jonchant les défilés de morts et de malades, et n'échappant à une perte totale que par la négligence de nos généraux, qui poursuivaient chacun un but différent. Le duc de Saxe-Teschen n'avait pas mieux réussi dans son attaque sur les Pays-Bas. Tandis que les Prussiens marchaient sur l'Argonne, ce prince, ne voulant pas rester en arrière, avait cru devoir essayer quelque entreprise éclatante. Cependant, quoique notre frontière du Nord fût dégarnie, ses moyens n'étaient pas beaucoup plus grands que les nôtres, et il put à peine réunir quinze mille hommes avec un matériel médiocre. Feignant alors de fausses attaques sur toute la ligne des places fortes, il provoqua la déroute de l'un de nos petits camps, et se porta tout à coup sur Lille, pour essayer un siége que les plus grands généraux n'avaient pu exécuter avec de puissantes armées et un matériel considérable. Il n'y a que la possibilité du succès qui justifie à la guerre les entreprises cruelles. Le duc ne put aborder qu'un point de la place, et y établit des batteries d'obusiers, qui la bombardèrent pendant six jours consécutifs, et incendièrent plus de deux cents maisons. On dit que l'archiduchesse Christine voulut assister elle-même à ce spectacle horrible. S'il en est ainsi, elle ne put être témoin que de l'héroïsme des assiégés, et de l'inutilité des barbaries autrichiennes. Les Lillois, résistant avec

Octobre 1792.

Bombardement de Lille par les Autrichiens.

une noble obstination, ne consentirent jamais à se rendre; et, le 8 octobre, tandis que les Prussiens abandonnaient l'Argonne, le duc Albert était obligé de quitter Lille. Le général Labourdonnaie, arrivant de Soissons, Beurnonville, revenant de la Champagne, le forcèrent à s'éloigner rapidement de nos frontières, et la résistance des Lillois, publiée par toute la France, ne fit qu'augmenter l'enthousiasme général.

A peu près à la même époque, Custine tentait dans le Palatinat des entreprises hardies, mais d'un résultat plus brillant que solide. Attaché à l'armée de Biron, qui campait le long du Rhin, il était placé avec dix-sept mille hommes à quelque distance de Spire. La grande armée d'invasion n'avait que faiblement protégé ses derrières, en s'avançant dans l'intérieur de la France. De faibles détachements couvraient Spire, Worms et Mayence. Custine s'en aperçut, marcha sur Spire, et y entra sans résistance le 30 septembre. Enhardi par le succès, il pénétra le 5 octobre dans Worms, sans rencontrer plus de difficultés, et obligea une garnison de deux mille sept cents hommes à mettre bas les armes. Il prit ensuite Franckenthal, et songea sur-le-champ à l'importante place de Mayence, qui était le point de retraite le plus important pour les Prussiens, et dans lequel ils avaient eu l'imprudence de ne laisser qu'une médiocre garnison. Custine, avec dix-sept mille hommes et sans matériel, ne pouvait tenter un siége, mais il essaya d'un coup de main. Les idées qui avaient soulevé la France agitaient toute l'Allemagne et particulièrement les villes à université; Mayence en était une, et Custine y pratiqua des intelligences. Il s'approcha des murs, s'en éloigna sur la fausse nouvelle de l'arrivée d'un corps autrichien, s'y reporta de nouveau, et, faisant de grands mouvements, trompa l'ennemi sur la force de son armée. On délibéra dans la place. Le projet de capitulation fut fortement appuyé par les partisans des Français, et le 21 octobre les portes furent ouvertes à Custine. La garnison mit bas les armes, excepté huit cents Autrichiens qui rejoignirent la grande armée. La nouvelle de ces succès se répandit avec éclat, et causa une sensation extraordinaire. Ils avaient sans doute bien peu coûté; ils étaient bien peu méritoires, comparés à la constance des Lillois et au magnanime sang-froid déployé à Sainte-Menehould; mais on était enchanté de passer de la simple résistance à la conquête. Jusque-là tout était bien de la part de Custine, si, appréciant sa position, il eût su terminer la campagne par un mouvement, qui était possible et décisif.

Octobre 1792.

En cet instant, les trois armées de Dumouriez, de Kellermann et de Custine, étaient, par la plus heureuse rencontre, placées de manière à détruire les Prussiens et à conquérir par une seule marche

Faute des généraux français.

toute la ligne du Rhin jusqu'à la mer. Si Dumouriez, moins préoccupé d'une autre idée, eût gardé Kellermann sous ses ordres, et eût poursuivi les Prussiens avec ses quatre-vingt mille hommes; si en même temps Custine, descendant le Rhin de Mayence à Coblentz, se fût jeté sur leurs derrières, on les aurait accablés infailliblement. Suivant ensuite le cours du Rhin jusqu'en Hollande, on prenait le duc Albert à revers, on l'obligeait à déposer les armes ou à se faire jour, et tous les Pays-Bas étaient soumis. Trèves et Luxembourg, compris dans la ligne que nous avions décrite, tombaient nécessairement; tout était France jusqu'au Rhin, et la campagne se trouvait terminée en un mois. Le génie abondait chez Dumouriez, mais ses idées avaient pris un autre cours. Brûlant de retourner en Belgique, il ne songeait qu'à y marcher directement, pour secourir Lille et pousser de front le duc Albert. Il laissa donc Kellermann seul à la poursuite des Prussiens. Celui-ci pouvait encore se porter sur Coblentz, en passant entre Luxembourg et Trèves, tandis que Custine descendrait de Mayence. Mais Kellermann, peu entreprenant, ne présuma pas assez de ses troupes, qui paraissaient harassées, et se cantonna autour de Metz. Custine, de son côté, voulant se rendre indépendant et faire des incursions brillantes, n'avait aucune envie de se joindre à Kellermann et de se renfermer dans la limite du Rhin.

Il ne pensa donc jamais à venir à Coblentz. Ainsi fut négligé ce beau plan, si bien saisi et développé par le plus grand de nos historiens militaires [1].

<small>Octobre 1792.</small>

Custine, avec de l'esprit, était hautain, emporté et inconséquent. Il tendait surtout à se rendre indépendant de Biron et de tout autre général, et il eut l'idée de conquérir autour de lui. Prendre Manheim, l'exposait à violer la neutralité de l'électeur palatin, ce qui lui était défendu par le conseil exécutif; il songea donc à désemparer le Rhin pour s'avancer en Allemagne. Francfort, placé sur le Mein, lui sembla une proie digne d'envie, et il résolut de s'y porter. Cependant cette ville libre, commerçante, toujours neutre dans les diverses guerres, et bien disposée pour les Français, ne méritait pas cette fâcheuse préférence. N'étant point défendue, il était facile d'y entrer, mais difficile de s'y maintenir, et par conséquent inutile de l'occuper. Cette excursion ne pouvait avoir qu'un but, celui de frapper des contributions, et il n'y avait aucune justice à les imposer à un peuple habituellement neutre, comptant tout au plus par ses vœux, et par ses vœux mêmes méritant la bienveillance de la France, dont il approuvait les principes et souhaitait les succès. Custine commit la faute d'y entrer. Ce fut le 27 octobre. Il leva des contributions, indisposa les habitants, dont il fit des ennemis pour les Français, et

<small>Mauvaises opérations de Custine.</small>

---

[1]. Jomini.

s'exposa, en se jetant ainsi sur le Mein, à être coupé du Rhin, ou par les Prussiens, s'ils fussent remontés jusqu'à Bingen, ou par l'électeur palatin, si, rompant la neutralité, il fût sorti de Manheim.

La nouvelle de ces courses sur le territoire ennemi continua de causer une grande joie à la France, qui était tout étonnée de conquérir, quelques jours après avoir tant craint d'être conquise elle-même. Les Prussiens, alarmés, jetèrent un pont volant sur le Rhin, pour remonter le long de la rive droite, et chasser les Français. Heureusement pour Custine, ils mirent douze jours à passer le fleuve. Le découragement, les maladies, et la séparation des Autrichiens, avaient réduit cette armée à cinquante mille hommes. Clerfayt, avec ses dix-huit mille Autrichiens, avait suivi le mouvement général de nos troupes vers la Flandre, et se portait au secours du duc Albert. Le corps des émigrés avait été licencié, et cette brillante milice s'était réunie au corps de Condé, ou avait passé à la solde étrangère.

Armée du Midi. Tandis que ces événements se passaient à la frontière du Nord et du Rhin, nous remportions d'autres avantages sur la frontière des Alpes. Montesquiou, placé à l'armée du Midi, envahissait la Savoie et faisait occuper le comté de Nice par un de ses lieutenants. Ce général, qui avait fait voir dans la Constituante toutes les lumières d'un homme d'État, et qui n'eut pas le temps de montrer les qualités d'un militaire, dont on assure qu'il était doué, avait été mandé à la barre de la Législative pour rendre compte de sa conduite, accusée de trop de lenteur. Il était parvenu à convaincre ses accusateurs que ses retards tenaient au défaut de moyens, et non au manque de zèle, et il était retourné aux Alpes. Cependant il appartenait à la première génération révolutionnaire, et se trouvait ainsi incompatible avec la nouvelle. Mandé encore une fois, il allait être destitué, lorsqu'on apprit enfin son entrée en Savoie. Sa destitution fut alors suspendue, et on lui laissa continuer sa conquête.

Octobre 1792.

D'après le plan conçu par Dumouriez, lorsqu'en qualité de ministre des affaires étrangères il régissait à la fois la diplomatie et la guerre, la France devait pousser ses armées jusqu'à ses frontières naturelles, le Rhin et la haute chaîne des Alpes. Pour cela, il fallait conquérir la Belgique, la Savoie et Nice. La France avait ainsi l'avantage, en rentrant dans les principes naturels de sa politique, de ne dépouiller que les deux seuls ennemis qui lui fissent la guerre, la maison d'Autriche et la cour de Turin. C'est de ce plan, manqué en avril dans la Belgique, et différé jusqu'ici dans la Savoie, que Montesquiou allait exécuter sa partie. Il donna une division au général Anselme, pour passer le Var et se porter sur Nice à un signal donné; il marcha lui-même, avec la plus grande partie de son armée, de Grenoble sur Cham-

Conquête de la Savoie.

béry; il fit menacer les troupes sardes par Saint-Geniès; et, s'avançant lui-même du fort Barraux sur Montmeillan, il parvint à les diviser et à les rejeter dans les vallées. Tandis que ses lieutenants les poursuivaient, il se porta sur Chambéry, le 28 septembre, et y fit son entrée triomphale, à la grande satisfaction des habitants, qui aimaient la liberté en vrais enfants des montagnes, et la France comme des hommes qui parlent la même langue, ont les mêmes mœurs et appartiennent au même bassin. Il forma aussitôt une assemblée de Savoisiens, pour y faire délibérer sur une question qui ne pouvait pas être douteuse, celle de la réunion à la France.

Au même instant, Anselme, renforcé de six mille Marseillais, qu'il avait demandés comme auxiliaires, s'était approché du Var, torrent inégal, comme tous ceux qui descendent des hautes montagnes, tour à tour immense ou desséché, et ne pouvant pas même recevoir un pont fixe. Anselme passa très-hardiment le Var, et occupa Nice que le comte Saint-André venait d'abandonner, et où les magistrats l'avaient pressé d'entrer pour arrêter les désordres de la populace, qui se livrait à d'affreux pillages. Les troupes sardes se rejetèrent vers les hautes vallées; Anselme les poursuivit; mais il s'arrêta devant un poste redoutable, celui de Saorgio, dont il ne put jamais chasser les Piémontais. Pendant ce temps, l'escadre de l'amiral Truguet combinant ses mouvements avec ceux du général Anselme, avait obtenu la reddition de Villefranche, et s'était portée devant la petite principauté d'Oneille. Beaucoup de corsaires trouvaient ordinairement un asile dans ce port, et par cette raison il n'était pas inutile de le réduire. Mais, tandis qu'un canot français s'avançait pour parlementer, plusieurs hommes furent, en violation du droit des gens, tués par une décharge générale. L'amiral, embossant alors ses vaisseaux devant le port, l'écrasa de ses feux, y débarqua ensuite quelques troupes, qui saccagèrent la ville et firent un grand carnage des moines qui s'y trouvaient en grand nombre, et qui étaient, dit-on, les instigateurs de ce manque de foi. Telle est la rigueur des lois militaires, et la malheureuse ville d'Oneille les subit sans aucune miséricorde. Après cette expédition l'escadre française retourna devant Nice, où Anselme, séparé par les crues du Var du reste de son armée, se trouvait dangereusement compromis. Cependant, en se gardant bien contre le poste de Saorgio, et en ménageant les habitants plus qu'il ne le faisait, sa position était tenable, et il pouvait conserver sa conquête.

Sur ces entrefaites, Montesquiou s'avançait de Chambéry sur Genève, et allait se trouver en présence de la Suisse, très-diversement disposée pour les Français, et qui prétendait voir dans l'invasion de la Savoie un danger pour sa neutralité.

Octobre 1792.

Sac d'Oneille.

Les sentiments des cantons étaient très-partagés à notre égard. Toutes les républiques aristocratiques condamnaient notre révolution. Berne surtout, et son avoyer Steiger, la détestaient profondément, et d'autant plus que le pays de Vaud, si opprimé, la chérissait davantage. L'aristocratie helvétique, excitée par l'avoyer Steiger et par l'ambassadeur anglais, demandait la guerre contre nous, et faisait valoir le massacre des gardes suisses au 10 août, le désarmement d'un régiment à Aix, et enfin l'occupation des gorges du Porentruy, qui dépendaient de l'évêché de Bâle, et que Biron avait fait occuper pour fermer le Jura. Le parti modéré l'emporta néanmoins, et l'on résolut une neutralité armée. Le canton de Berne, plus irrité et plus défiant, porta un corps d'armée à Nyon, et, sous le prétexte d'une demande des magistrats de Genève, plaça garnison dans cette ville. D'après les anciens traités, Genève, en cas de guerre entre la France et la Savoie, ne devait recevoir garnison ni de l'une ni de l'autre puissance. Notre envoyé en sortit aussitôt; et le conseil exécutif, poussé par Clavière, autrefois exilé de Genève et jaloux d'y faire entrer la révolution, ordonna à Montesquiou de faire exécuter les traités. De plus, on lui enjoignit de mettre lui-même garnison dans la place, c'est-à-dire d'imiter la faute reprochée aux Bernois. Montesquiou sentait d'abord qu'il n'avait pas actuellement les moyens de prendre Genève, et ensuite qu'en rompant la neutralité et en se mettant en guerre avec la Suisse, on ouvrait l'est de la France, et l'on découvrait le flanc droit de notre défensive. Il résolut d'un côté d'intimider Genève, tandis que de l'autre il tâcherait de faire entendre raison au conseil exécutif. Il demanda donc hautement la sortie des troupes bernoises, et essaya de persuader au ministère français qu'on ne pouvait exiger davantage. Son projet était, en cas d'extrémité, de bombarder Genève, et de se porter par une marche hardie sur le canton de Vaud, pour le mettre en révolution. Genève consentit à la sortie des troupes bernoises, à condition que Montesquiou se retirerait à dix lieues, ce qu'il exécuta sur-le-champ. Cependant cette concession fût blâmée à Paris, et Montesquiou, placé à Carouge, où l'entouraient les exilés genevois qui voulaient rentrer dans leur patrie, se trouvait là entre la crainte de brouiller la France avec la Suisse et la crainte de désobéir au conseil exécutif, qui méconnaissait les vues militaires et politiques les plus sages. Cette négociation, prolongée par la distance des lieux, n'était pas encore près de finir, quoiqu'on fût à la fin d'octobre.

Tel était donc, en octobre 1792, depuis Dunkerque jusqu'à Bâle, et depuis Bâle jusqu'à Nice, l'état de nos armes. La frontière de la Champagne était délivrée de la grande invasion; les troupes se portaient de cette province vers la Flandre, pour secourir Lille et envahir la Belgique. Kellermann prenait ses quartiers en Lorraine. Custine, échappé des mains de Biron, maître de Mayence, et courant imprudemment dans le Palatinat et jusqu'au Mein, réjouissait la France par ses conquêtes, effrayait l'Allemagne, et s'exposait imprudemment à être coupé par les Prussiens, qui remontaient la rive droite du Rhin, en troupes malades et battues, mais nombreuses, et capables encore d'envelopper la petite armée française. Biron campait toujours le long du Rhin. Montesquiou, maître de la Savoie par la retraite des Piémontais au delà des Alpes, et préservé de nouvelles attaques par les neiges, avait à décider la question de la neutralité suisse ou par les armes ou par des négociations. Enfin Anselme, maître de Nice, et soutenu par une escadre, pouvait résister dans sa position, malgré les crues du Var, et malgré les Piémontais groupés au-dessus de lui dans le poste de Saorgio.

Tandis que la guerre allait se transporter de la Champagne dans la Belgique, Dumouriez avait demandé la permission de se rendre à Paris pour deux ou trois jours seulement, afin de concerter avec les ministres l'invasion des Pays-Bas et le plan général de toutes les opérations militaires. Ses ennemis répandirent qu'il venait se faire applaudir, et qu'il quittait le soin de son commandement pour une frivole satisfaction de vanité. Ces reproches étaient exagérés, car le commandement de Dumouriez ne souffrait pas de cette absence, et de simples marches de troupes pouvaient se faire sans lui. Sa présence au contraire devait être fort utile au conseil pour la détermination d'un plan général ; et d'ailleurs on pouvait lui pardonner une impatience de gloire, si générale chez les hommes, et si excusable quand elle ne nuit pas à des devoirs.

{Octobre 1792.}

Il arriva le 11 octobre à Paris. Sa position était embarrassante, car il ne pouvait se trouver bien avec aucun des deux partis. La violence des jacobins lui répugnait, et il avait rompu avec les girondins, en les expulsant quelques mois auparavant du ministère. Cependant, fort bien accueilli dans toute la Champagne, il le fut encore mieux à Paris, surtout par les ministres et par Roland lui-même, qui mettait ses ressentiments personnels au néant, quand il s'agissait de la chose publique. Il se présenta le 12 à la Convention. A peine l'eut-on annoncé, que des applaudissements mêlés d'acclamations s'élevèrent de toutes parts. Il prononça un discours simple, énergique, où était brièvement retracée toute la campagne de l'Argonne, et où ses troupes et Kellermann lui-même étaient traités avec les plus grands éloges. Son état-major présenta ensuite un drapeau pris sur les émigrés, et l'offrit à l'Assemblée comme un monument de la

{Position de Dumouriez à l'égard des partis.}

vanité de leurs projets. Aussitôt après, les députés se hâtèrent de l'entourer, et on leva la séance pour donner un libre cours aux félicitations. Ce furent surtout les nombreux députés de la Plaine, les *impartiaux*, comme on les appelait, qui, n'ayant à lui reprocher ni rupture ni tiédeur révolutionnaire, lui témoignèrent le plus vif et le plus sincère empressement. Les girondins ne restèrent pas en arrière; cependant, soit par la faute de Dumouriez, soit par la leur, la réconciliation ne fut pas entière, et l'on put apercevoir entre eux un reste de froideur. Les montagnards, qui lui avaient reproché un moment d'attachement pour Louis XVI, et qui le trouvaient, par ses manières, son mérite et son élévation, déjà trop semblable aux girondins, lui surent mauvais gré des témoignages qu'il obtint de leur part, et supposèrent ces témoignages plus significatifs qu'ils ne l'étaient réellement.

Après la Convention, restait à visiter les jacobins, et cette puissance était alors devenue si imposante, que le général victorieux ne pouvait se dispenser de lui rendre hommage. C'est là que l'opinion en fermentation formait tous ses projets et rendait tous ses arrêts. S'agissait-il d'une loi importante, d'une haute question politique, d'une grande mesure révolutionnaire, les jacobins, toujours plus prompts, se hâtaient d'ouvrir la discussion et de donner leur avis. Immédiatement après, ils se répandaient dans la commune, dans les sections, ils écrivaient à tous les clubs affiliés; et l'opinion qu'ils avaient émise, le vœu qu'ils avaient formé, revenaient sous forme d'adresse de tous les points de la France, et sous forme de pétition armée de tous les quartiers de Paris. Lorsque, dans les conseils municipaux, dans les sections, et dans toutes les assemblées revêtues d'une autorité quelconque, on hésitait encore sur une question, par un dernier respect de la législation, les jacobins, qui s'estimaient aussi libres que la pensée, la tranchaient hardiment, et toute insurrection était proposée chez eux longtemps à l'avance. Ils avaient pendant tout un mois délibéré sur celle du 10 août. Outre cette initiative dans chaque question, ils s'arrogeaient encore, dans tous les détails du gouvernement, une inquisition inexorable. Un ministre, un chef de bureau, un fournisseur, étaient-ils accusés, des commissaires partaient des Jacobins, se faisaient ouvrir les bureaux, et demandaient des comptes rigoureux, qu'on leur rendait sans hauteur, sans dédain, sans impatience. Tout citoyen qui croyait avoir à se plaindre d'un acte quelconque, n'avait qu'à se présenter à la société, et il y trouvait des défenseurs officieux pour lui faire rendre justice. Un jour c'étaient des soldats qui se plaignaient de leurs officiers, des ouvriers de leurs entrepreneurs; un autre jour on voyait une actrice réclamer contre son directeur; une fois même un jacobin vint demander réparation de l'adultère commis avec sa femme par l'un de ses collègues.

Chacun s'empressait de se faire inscrire sur les registres de la société pour faire preuve de zèle patriotique. Presque tous les députés nouvellement arrivés à Paris s'étaient hâtés de s'y présenter ; on en avait compté cent treize dans une semaine, et ceux même qui n'avaient pas l'intention de suivre les séances ne laissaient pas que de demander leur admission. Les sociétés affiliées écrivaient du fond des provinces, pour s'informer si les députés de leurs départements s'étaient fait recevoir et s'ils étaient assidus. Les riches de la capitale tâchaient de se faire pardonner leur opulence en allant aux Jacobins se couvrir du bonnet rouge, et leurs équipages encombraient la porte de ce séjour de l'égalité. Tandis que la salle était remplie du grand nombre de ses membres, que les tribunes regorgeaient de peuple, une foule immense, mêlée aux équipages, attendait à la porte, et demandait à grands cris à être introduite. Quelquefois cette multitude s'irritait, lorsque la pluie, si fréquente sous le ciel de Paris, ajoutait aux ennuis de l'attente, et alors quelque membre demandait l'admission du *bon peuple*, qui souffrait aux portes de la salle. Marat avait souvent réclamé dans de pareilles occasions; et quand l'admission était accordée, quelquefois même avant, une multitude immense d'hommes et de femmes venaient inonder la société, et se mêler à ses membres. C'était à la fin du jour qu'on s'assemblait. La colère, excitée et contenue à la Convention, venait faire là une libre explosion. La nuit, la multitude des assistants, tout contribuait à échauffer les têtes; souvent la séance, se prolongeant, dégénérait en un tumulte épouvantable, et les agitateurs y puisaient, pour le lendemain, le courage des plus audacieuses tentatives. Cependant cette société si avancée en démagogie, n'était pas encore ce qu'elle devint plus tard. On y souffrait encore à la porte les équipages de ceux qui venaient abjurer l'inégalité des conditions. Quelques membres avaient fait de vains efforts pour y parler le chapeau sur la tête, et on les avait obligés à se découvrir. Brissot, à la vérité, venait d'en être exclu par une décision solennelle; mais Pétion continuait d'y présider, au milieu des applaudissements. Chabot, Collot-d'Herbois, Fabre d'Églantine y étaient les orateurs favorisés. Marat y paraissait étrange encore, et Chabot disait, en langage du lieu, que Marat était un *porte-épic qu'on ne pouvait saisir d'aucun côté.*

Dumouriez fut reçu par Danton, qui présidait la séance. De nombreux applaudissements l'accueillirent, et en le voyant on lui pardonna l'amitié supposée des girondins. Il prononça quelques mots convenables à la situation, et promit *de marcher, avant la fin du mois, à la tête de soixante mille hommes, pour attaquer les rois, et sauver les peuples de la tyrannie.*

Danton, répondant en style analogue, lui dit que, ralliant les Français au camp de Sainte-Menehould il avait bien mérité de la patrie; mais qu'une nouvelle carrière s'ouvrait, qu'il devait faire tomber les couronnes devant le bonnet rouge dont la société l'avait honoré, et que son nom figurerait alors parmi les plus beaux noms de la France. Collot-d'Herbois le harangua ensuite, et lui tint un discours qui montre et la langue de l'époque, et les dispositions du moment à l'égard du général.

« Ce n'est pas un roi qui t'a nommé, ô Dumou-
« riez, ce sont tes concitoyens. Souviens-toi qu'un
« général de la république ne doit jamais servir
« qu'elle seule. Tu as entendu parler de Thémis-
« tocle, il venait de sauver la Grèce à Salamine;
« mais, calomnié par ses ennemis, il se vit obligé
« de chercher un asile chez les tyrans. On lui offrit
« de servir contre sa patrie : pour toute réponse
« il s'enfonça son épée dans le cœur. Dumouriez,
« tu as des ennemis, tu seras calomnié, souviens-
« toi de Thémistocle!

« Des peuples esclaves t'attendent pour les se-
« courir : bientôt tu les délivreras. Quelle glorieuse
« mission!...... Il faut cependant te défendre de

« quelque excès de générosité envers tes ennemis. —
« *Tu as reconduit le roi de Prusse un peu trop à la*
« *manière française*.... Mais, nous l'espérons, l'Au-
« triche paiera double.

Octobre 1792.

« Tu iras à Bruxelles, Dumouriez.... je n'ai rien
« à te dire... Cependant si tu y trouvais une femme
« exécrable qui, sous les murs de Lille, est venue
« repaître sa férocité du spectacle des boulets rou-
« ges !.... Mais cette femme ne t'attend pas...

« A Bruxelles la liberté va renaître sous tes pas.
« Citoyens, filles, femmes, enfants, se presseront
« autour de toi ; de quelle félicité tu vas jouir,
« Dumouriez !.... Ma femme.... est de Bruxelles,
« elle t'embrassera aussi [1]. »

Danton sortit ensuite avec Dumouriez, dont il s'était emparé, et auquel il faisait en quelque sorte les honneurs de la nouvelle république. Danton ayant montré à Paris une contenance aussi ferme que Dumouriez à Sainte-Menehould, on les regardait l'un et l'autre comme les deux sauveurs de la révolution, et on les applaudissait ensemble dans tous les spectacles où ils se montraient. Un certain instinct rapprochait ces deux hommes, malgré la différence de leurs habitudes. C'étaient les corrompus des deux régimes qui s'unissaient avec un même génie, un même goût pour les plaisirs,

Danton et Dumouriez.

---

1. Voyez la note 2 à la fin du volume.

mais avec une corruption différente. Danton avait celle du peuple, et Dumouriez celle des cours ; mais plus heureux que son collègue, ce dernier n'avait servi que généreusement et les armes à la main, et Danton avait eu le malheur de souiller un grand caractère par les atrocités de septembre.

Ces salons si brillants, où les hommes célèbres jouissaient autrefois de la gloire, où, pendant tout le dernier siècle, on avait écouté et applaudi Voltaire, Diderot, d'Alembert, Rousseau, ces salons n'existaient plus. Ils restait la société simple et choisie de madame Roland, où se réunissaient tous les girondins, le beau Barbaroux, le spirituel Louvet, le brave Buzot, le brillant Guadet, l'entraînant Vergniaud, et où régnaient encore une langue pure, des entretiens pleins d'intérêt, et des mœurs élégantes et polies. Les ministres s'y réunissaient deux fois la semaine, et l'on y faisait un repas composé d'un seul service. Telle était la nouvelle société républicaine, qui joignait aux grâces de l'ancienne France le sérieux de la nouvelle, et qui allait bientôt disparaître devant la grossièreté démagogique. Dumouriez assista à l'un de ces festins si simples, éprouva d'abord quelque gêne à l'aspect de ces anciens amis qu'il avait chassés du ministère, de cette femme qui lui semblait trop sévère, et à laquelle il paraissait trop licencieux ; mais il soutint cette situation avec son esprit accoutumé, et fut touché surtout de la cordialité sincère de Roland. Après la société des girondins, celle des artistes était la seule qui eût survécu à la dispersion de l'ancienne aristocratie. Presque tous les artistes avaient embrassé chaudement une révolution qui les vengeait des dédains nobiliaires, et qui ne promettait de faveur qu'au génie. Ils accueillirent Dumouriez à leur tour, et lui donnèrent une fête où furent réunis tous les talents que renfermait la capitale. Mais au milieu même de la fête, une scène étrange vint l'interrompre, et causer autant de dégoût que de surprise.

Marat, toujours prompt à devancer les méfiances révolutionnaires, n'était point satisfait du général. Dénonciateur acharné de tous les hommes entourés de la faveur publique, il avait toujours provoqué, par ses dégoûtantes invectives, les disgrâces encourues par les chefs populaires. Mirabeau, Bailly, Lafayette, Pétion, les girondins, avaient été accablés de ses outrages, lorsqu'ils jouissaient encore de toute leur popularité. Depuis le 10 août surtout il s'était livré à tous les désordres de son esprit; et, quoique révoltant pour les hommes raisonnables et honnêtes, et étrange au moins pour les révolutionnaires emportés, il avait été encouragé par un commencement de succès. Aussi ne manquait-il pas de se regarder en quelque sorte comme un homme public, essentiel au nouvel ordre de choses. Il passait une partie de sa vie à recueillir des bruits, à les répandre dans sa feuille, et à parcourir les bureaux pour y redresser les torts des administrateurs envers le peuple. Faisant au public la confidence de sa vie, il disait un jour dans l'un de ses numéros [1] que ses occupations étaient accablantes; que, sur les vingt-quatre heures de la journée, il n'en donnait que deux au sommeil, et une seule à la table et aux soins domestiques; qu'en outre des heures consacrées à ses devoirs de député, il en employait régulièrement six à recueillir et à faire valoir les plaintes d'une foule de malheureux et d'opprimés; qu'il consacrait les heures restantes à lire une multitude de lettres et à y répondre, à écrire ses observations sur les événements, à recevoir des dénonciations, à s'assurer de la véracité des dénonciateurs, enfin à faire sa feuille, et à veiller à l'impression d'un grand ouvrage. Depuis trois années il n'avait pas pris, disait-il, un quart d'heure de récréation; et l'on tremble en se figurant ce que peut produire dans une révolution une intelligence aussi désordonnée, servie par cette activité dévorante.

Marat prétendait ne voir dans Dumouriez qu'un aristocrate de mauvaises mœurs dont il fallait se défier. Par surcroît de motifs, il apprit que Dumou-

1. *Journal de la République française*, n° 93, mercredi 9 janvier 1793.

riez venait de sévir avec la plus grande rigueur
contre deux bataillons de volontaires qui avaient
égorgé des déserteurs émigrés. Sur-le-champ il se
rend aux Jacobins, dénonce le général à leur tribune, et demande deux commissaires pour aller
l'interroger sur sa conduite. On lui adjoint aussitôt
les nommés Montaut et Bentabolle, et sur l'heure
il se met en marche avec eux. Dumouriez n'était
point à sa demeure. Marat court aux divers spectacles, et enfin apprend que Dumouriez assistait à
une fête que lui donnaient les artistes chez mademoiselle Candeille, femme célèbre alors. Marat
n'hésite pas à s'y rendre, malgré son dégoûtant
costume. Les équipages, les détachements de la
garde nationale qu'il trouve à la porte du lieu où
se donnait la fête, la présence du commandant
Santerre, d'une foule de députés, les apprêts d'un
festin, irritent son humeur. Il s'avance hardiment et
demande Dumouriez. Une espèce de rumeur s'élève
à son approche. Son nom prononcé fait disparaître
une foule de visages, qui, disait-il, fuyaient des
regards accusateurs. Marchant droit vers Dumouriez, il l'interpelle vivement, et lui demande compte
des traitements exercés envers les deux bataillons.
Le général le regarde, puis lui dit avec une curiosité méprisante : « Ah! c'est vous qu'on appelle
Marat? » Il le considère encore des pieds à la tête,
et lui tourne le dos, sans lui adresser une parole.

Cependant les jacobins qui accompagnaient Marat paraissant plus doux et plus honnêtes, Dumouriez leur donne quelques explications, et les renvoie satisfaits. Marat, qui ne l'était pas, pousse de grands cris dans les antichambres, gourmande Santerre, qui fait, dit-il, auprès du général le métier d'un laquais; déclame contre les gardes nationaux qui contribuaient à l'éclat de la fête, et se retire en menaçant de sa colère tous les aristocrates composant la réunion. Aussitôt il court transcrire dans son journal cette scène ridicule, qui peint si bien la situation de Dumouriez, les fureurs de Marat et les mœurs de cette époque [1].

Dumouriez avait passé quatre jours à Paris, et pendant ce temps il n'avait pu s'entendre avec les girondins, quoiqu'il eût parmi eux un ami intime dans la personne de Gensonné. Il s'était borné à conseiller à ce dernier de se réconcilier avec Danton, comme avec l'homme le plus puissant, et celui qui, malgré ses vices, pouvait devenir le plus utile aux gens de bien. Dumouriez ne s'était pas mieux entendu avec les jacobins, dont il était dégoûté, et auxquels il était suspect à cause de son amitié supposée avec les girondins. Son séjour à Paris l'avait donc peu servi auprès des deux partis, mais lui avait été plus utile sous le rapport militaire.

1. Voyez le récit de Marat lui-même, note 3 à la fin du volume.

Suivant son usage, il avait conçu un plan général adopté par le conseil exécutif. D'après ce plan, Montesquiou devait se maintenir le long des Alpes et s'assurer la grande chaîne pour limite, en achevant la conquête de Nice, et en s'efforçant de conserver la neutralité suisse. Biron devait être renforcé, afin de garder le Rhin depuis Bâle jusqu'à Landau. Un corps de douze mille hommes, aux ordres du général Meusnier, était destiné à se porter sur les derrières de Custine, afin de couvrir ses communications. Kellermann avait ordre de quitter ses quartiers, de passer rapidement entre Luxembourg et Trèves pour courir à Coblentz, et de faire ainsi ce qu'on lui avait déjà conseillé, et ce que lui et Custine auraient dû exécuter depuis longtemps. Prenant enfin l'offensive lui-même avec quatre-vingt mille hommes, Dumouriez devait compléter le territoire français par l'acquisition projetée de la Belgique. Gardant ainsi la défensive sur toutes les frontières protégées par la nature du sol, on n'attaquait hardiment que sur la frontière ouverte, celle des Pays-Bas, là où, comme le disait Dumouriez, on ne pouvait *se défendre qu'en gagnant des batailles.*

<small>Octobre 1792. Plan militaire de Dumouriez adopté par le conseil exécutif.</small>

Il obtint, par le crédit de Santerre, que l'absurde idée du camp sous Paris serait abandonnée; que tous les rassemblements qu'on avait faits en hommes, en artillerie, en munitions, en effets de campement,

<small>Abandon de l'idée du camp sous Paris.</small>

seraient reportés en Flandre pour servir à son armée qui manquait de tout; qu'on y ajouterait des souliers, des capotes, et six millions de numéraire pour fournir le prêt aux soldats, en attendant l'entrée dans les Pays-Bas, après laquelle il espérait se suffire à lui-même. Il partit, vers le 16 octobre, un peu désabusé de ce qu'on appelle reconnaissance publique, un peu moins d'accord avec les partis qu'auparavant, et tout au plus dédommagé de son voyage par quelques arrangements militaires, faits avec le conseil exécutif.

Renouvellement de la commune. Pendant cet intervalle, la Convention avait continué d'agir contre la commune en pressant son renouvellement, et en surveillant tous ses actes. Pétion avait été nommé maire à une majorité de treize mille huit cent quatre-vingt-dix-neuf voix, tandis que Robespierre n'en avait obtenu que vingt-trois, Billaud-Varennes quatorze, Panis quatre-vingts, et Danton onze. Cependant il ne faut point mesurer la popularité de Robespierre et de Pétion d'après cette différence dans le nombre des voix, parce qu'on avait l'habitude de voir dans l'un un maire, et dans l'autre un député, et qu'on ne songeait pas à faire autre chose de chacun d'eux; mais cette immense majorité prouve la popularité dont jouissait encore le principal chef du parti girondin. Il ne faut pas oublier de dire que Bailly obtint deux voix, singulier souvenir donné à ce vertueux magistrat de 1789. Pétion refusa la mairie, fatigué qu'il était des convulsions de la commune, et préférant les fonctions de député à la Convention nationale.

<small>Octobre 1792.</small>

Les trois mesures principales projetées dans la fameuse séance du 24 septembre étaient, une loi contre les provocations au meurtre, un décret sur la formation d'une garde départementale, et enfin un compte exact de l'état de Paris. Les deux premières, confiées à la commission des neuf, excitaient un cri continuel aux Jacobins, à la commune et dans les sections. La commission des neuf n'en continuait pas moins ses travaux, et de divers départements, entre autres de Marseille et du Calvados, arrivaient spontanément et comme avant le 10 août, des bataillons qui devançaient le décret sur la garde départementale. Roland, chargé de la troisième mesure, c'est-à-dire du rapport sur l'état de la capitale, le fit sans faiblesse et avec une rigoureuse vérité. Il peignit et excusa la confusion inévitable de la première insurrection, mais il retraça avec énergie et frappa de réprobation les crimes ajoutés par le 2 septembre à la révolution du 10 août; il montra tous les débordements de la commune, ses abus de pouvoirs, ses emprisonnements arbitraires et ses immenses dilapidations. Il finit par ces mots :

<small>Rapport de Roland sur l'état de Paris.</small>

« Département sage, mais peu puissant; com-
« mune active et despote; peuple excellent, mais

« dont une partie saine est intimidée ou contrainte, « tandis que l'autre est travaillée par les flatteurs « et enflammée par la calomnie ; confusion des « pouvoirs, abus et mépris des autorités ; force « publique faible et nulle par un mauvais comman- « dement, voilà Paris[1] ! »

Son rapport fut couvert d'applaudissements par la majorité ordinaire, bien que, pendant la lecture, certains murmures eussent éclaté vers la Montagne. Cependant une lettre écrite par un particulier à un magistrat, communiquée par ce magistrat au conseil exécutif, et dévoilant le projet d'un nouveau 2 septembre contre une partie de la Convention, excita une grande agitation. Une phrase de cette lettre, relative aux conspirateurs, disait : *Ils ne veulent entendre parler que de Robespierre.* A ce mot tous les regards se dirigèrent sur lui ; les uns lui témoignaient de l'indignation, les autres l'excitaient à prendre la parole. Il la prit pour s'opposer à l'impression du rapport de Roland, qu'il qualifia de roman diffamatoire, et il soutint qu'on ne devait pas donner de publicité à ce rapport, avant que ceux qui s'y trouvaient accusés, et lui-même particulièrement, eussent été entendus. S'étendant alors sur ce qui lui était personnel, il commença à se justifier, mais il ne pouvait se faire entendre, à

---

1. Séance du 29 octobre.

cause du bruit qui régnait dans la salle. « Parle, lui disait Danton, parle; les bons citoyens sont là qui t'entendent. » Robespierre, parvenant à dominer le bruit, recommence son apologie, et défie ses adversaires de l'accuser en face, et de produire contre lui une seule preuve positive. A ce défi, Louvet s'élance : « C'est moi, lui dit-il, moi qui t'accuse. » Et en achevant ces mots il occupait déjà le pied de la tribune, et Barbaroux, Rebecqui, l'y suivaient pour soutenir l'accusation. A cette vue, Robespierre est ému, et son visage paraît altéré; il demande que son accusateur soit entendu et que lui-même le soit ensuite. Danton, lui succédant à la tribune, se plaint du système de calomnie organisé contre la commune et la députation de Paris, et répète sur Marat, qui était la principale cause de toutes les accusations, ce qu'il avait déjà déclaré, c'est-à-dire qu'il ne l'aimait pas, qu'il avait fait l'expérience de son *tempérament volcanique et insociable*, et que toute idée d'une coalition triumvirale était absurde. Il finit en demandant qu'on fixe un jour pour discuter le rapport. L'Assemblée en décrète l'impression, mais elle en ajourne la distribution aux départements jusqu'à ce qu'on ait entendu Louvet et Robespierre.

Louvet était plein de hardiesse et de courage; son patriotisme était sincère; mais dans sa haine contre Robespierre entrait le ressentiment d'une lutte personnelle, commencée aux Jacobins, continuée dans *la Sentinelle*, renouvelée dans l'assemblée électorale, et devenue plus violente depuis qu'il se trouvait face à face avec son jaloux rival dans la Convention nationale. A une extrême pétulance de caractère Louvet joignait une imagination romanesque et crédule qui l'égarait, et lui faisait supposer un concert et des complots là où il n'y avait que l'effet spontané des passions. Il croyait à ses propres suppositions, et voulait forcer ses amis à y ajouter la même foi. Mais il rencontrait dans le froid bon sens de Pétion et de Roland, dans l'indolente impartialité de Vergniaud, une opposition qui le désolait. Buzot, Barbaroux, Guadet, sans être aussi crédules, sans supposer des trames aussi compliquées, croyaient à la méchanceté de leurs adversaires, et secondaient les attaques de Louvet par indignation et par courage. Salles, député de la Meurthe, ennemi opiniâtre des anarchistes dans la Constituante et dans la Convention; Salles, doué d'une imagination sombre et violente, était seul accessible à toutes les suggestions de Louvet, et croyait, comme lui, à de vastes complots tramés dans la commune et aboutissant à l'étranger. Amis passionnés de la liberté, Louvet et Salles ne pouvaient consentir à lui imputer tant de maux, et ils aimaient mieux croire que les Montagnards, surtout Marat, étaient stipendiés par l'émigration et l'Angleterre pour pousser la révolution au crime, au déshonneur et à la confusion générale. Plus incertains sur le compte de Robespierre, ils voyaient au moins en lui un tyran dévoré d'orgueil et d'ambition, et marchant par tous les moyens au suprême pouvoir.

Louvet, résolu d'attaquer hardiment Robespierre et de ne lui laisser aucun repos, tenait son discours tout prêt, et s'en était muni le jour où Roland devait faire son rapport : aussi fut-il tout préparé à soutenir l'accusation lorsqu'on lui donna la parole. Il la prit sur-le-champ, et immédiatement après Roland.

Déjà les girondins avaient assez de penchant à mal juger les événements, et à supposer des projets criminels là où il n'y avait que des passions emportées : mais, pour le crédule Louvet, la conspiration était encore bien plus évidente et plus fortement combinée. Dans l'exagération croissante des jacobins, dans le succès que la morgue de Robespierre y avait obtenu pendant 1792, il voyait un complot tramé par l'ambitieux tribun. Il le montra s'entourant de satellites à la violence desquels il livrait ses contradicteurs, se rendant lui-même l'objet d'un culte idolâtre, faisant dire partout, avant le 10 août, que lui seul pouvait sauver la liberté et la France, et, le 10 août arrivé, se cachant à la lumière, reparaissant deux jours après le danger, marchant alors droit à la commune, malgré la promesse de ne jamais accepter de place, et, de sa pleine autorité, s'asseyant lui-même au bureau du conseil général; là, s'emparant d'une bourgeoisie aveugle, la poussant à son gré à tous les excès, allant insulter pour elle l'Assemblée législative, et exigeant de cette Assemblée des décrets sous peine du tocsin; ordonnant, sans jamais paraître, les massacres et les vols de septembre, pour appuyer l'autorité municipale par la terreur; envoyant ensuite par toute la France des émissaires qui allaient conseiller les mêmes crimes, et engager les provinces à reconnaître la supériorité et l'autorité de Paris. Robespierre, ajoute Louvet, voulait détruire la représentation nationale pour lui substituer la commune dont il disposait, et nous donner le gouvernement de Rome, où, sous le nom de municipes, les provinces étaient soumises à la souveraineté de la métropole. Maître ainsi de Paris, qui l'eût été de la France, il aurait succédé à la royauté détruite. Cependant, voyant approcher le moment de la réunion d'une nouvelle assemblée, il avait passé du conseil général à l'Assemblée électorale, et avait dirigé ses choix par la terreur, afin d'être maître de la Convention par la députation de Paris.

C'est lui, Robespierre, qui avait désigné aux électeurs cet homme de sang dont les placards incendiaires remplissaient la France de surprise et d'épouvante. Ce libelliste, du nom duquel Louvet ne voulait pas, disait-il, souiller ses lèvres, n'était que l'enfant perdu de l'assassinat, doué, pour prêcher le crime et calomnier les citoyens les plus purs, d'un courage qui manquait au cauteleux Robespierre. Quant à Danton, Louvet le séparait de l'accusation, et s'étonnait même qu'il se fût élancé à la tribune pour repousser une attaque qui ne se dirigeait pas contre lui. Cependant il ne le séparait pas de septembre, parce que dans ces jours malheureux, lorsque toutes les autorités, l'Assemblée, les ministres, le maire, parlaient en vain pour arrêter les massacres, le ministre seul de la justice *ne parlait pas;* parce qu'enfin, dans les fameux placards, il était excepté seul des calomnies répandues contre les plus purs des citoyens. « Et « puisses-tu, s'écriait Louvet, puisses-tu, ô Dan- « ton, te laver aux yeux de la postérité de cette « déshonorante exception ! » Des applaudissements avaient accueilli ces paroles aussi généreuses qu'imprudentes.

Cette accusation, constamment applaudie, n'avait cependant pas été entendue sans beaucoup de murmures, mais un mot souvent répété pendant la séance les avait arrêtés. « Assurez-moi du silence, avait dit Louvet au président, *car je vais toucher le mal*, et on criera. — Appuie, avait dit Danton, touche le mal. » Et chaque fois que s'élevaient des murmures : *Silence!* criait-on, *silence, les blessés!*

Louvet résume enfin son accusation. « Robes-
« pierre, s'écrie-t-il, je t'accuse d'avoir calomnié
« les plus purs citoyens, et de l'avoir fait le jour
« où les calomnies étaient des proscriptions; je
« t'accuse de t'être produit toi-même comme un
« objet d'idolâtrie, et d'avoir fait répandre que tu
« étais le seul homme capable de sauver la France;
« je t'accuse d'avoir avili, insulté et persécuté la
« représentation nationale, d'avoir tyrannisé l'As-
« semblée électorale de Paris, et d'avoir marché
« au suprême pouvoir par la calomnie, la violence
« et la terreur, et je demande un comité pour exa-
« miner ta conduite. » Louvet propose une loi qui condamne au bannissement quiconque aura fait de son nom un sujet de division entre les citoyens. Il veut qu'aux mesures dont la commission des neuf prépare le projet, on en ajoute une nouvelle, c'est de mettre la force armée à la disposition du ministre de l'intérieur. « Enfin, dit-il, je demande sur
« l'heure un décret d'accusation contre Marat !.....
« Dieux! s'écrie-t-il, dieux! je l'ai nommé! »

Robespierre, étourdi des applaudissements prodigués à son adversaire, veut prendre la parole. Au milieu du bruit et des murmures qu'excite sa présence, il hésite; ses traits et sa voix sont altérés; il se fait entendre cependant, et demande un délai pour préparer sa défense. Le délai lui est accordé, et la défense est ajournée au 5 novembre. Le renvoi était heureux pour l'accusé ; car, excitée par Louvet, l'Assemblée ressentait ce jour-là une vive indignation.

Octobre 1792.

Le soir, vive rumeur aux Jacobins, où se faisait le contrôle de toutes les séances de la Convention. Une foule de membres accoururent éperdus pour raconter la *conduite horrible* de Louvet, et pour demander sa radiation. Il avait calomnié la société, inculpé Danton, Santerre, Robespierre et Marat; il avait demandé une accusation contre les deux derniers, proposé des lois sanguinaires, attentatoires à la liberté de la presse, et enfin proposé l'*ostracisme d'Athènes*. Legendre dit que c'était *un coup monté*, puisque Louvet avait son discours tout prêt, et que bien évidemment le rapport de Roland n'avait eu d'autre objet que de fournir une occasion à cette diatribe.

Séance des jacobins, à la suite de l'accusation dirigée contre Marat et Robespierre.

Fabre d'Églantine se plaint de ce que le scandale augmente tous les jours, de ce qu'on s'évertue à calomnier Paris et les patriotes. » On lie, dit-il, de petites conjectures à de petites suppositions, on en fait sortir une vaste conspiration, et l'on ne veut nous dire ni où elle est, ni quels en sont les agents et les moyens. S'il y avait un homme qui eût tout vu, tout apprécié dans l'un et l'autre parti, vous ne pourriez douter que cet homme, ami de la vérité,

Discours de Fabre d'Églantine.

ne fût très-propre à la faire connaître. Cet homme c'est Pétion. Forcez sa vertu à dire tout ce qu'il a vu, et à prononcer sur les crimes imputés aux patriotes. Quelque condescendance qu'il puisse avoir pour ses amis, j'ose dire que les intrigues ne l'ont point corrompu. Pétion est toujours pur et sincère; il voulait parler aujourd'hui, forcez-le à s'expliquer [1]. »

Merlin s'oppose à ce qu'on fasse Pétion juge entre Robespierre et Louvet, car c'est violer l'égalité que d'instituer ainsi un citoyen juge suprême des autres. D'ailleurs Pétion est respectable, sans doute; mais s'il venait à dévier? n'est-il pas homme? Pétion n'est-il pas ami de Brissot, de Roland? Pétion ne reçoit-il pas Lasource, Vergniaud, Barbaroux, tous les intrigants qui compromettent la liberté?

La motion de Fabre est abandonnée, et Robespierre jeune, prenant un ton lamentable, comme faisaient à Rome les parents des accusés, exprime sa douleur, et se plaint de n'être pas calomnié comme son frère. « C'est le moment, dit-il, des « plus grands dangers, tout le peuple n'est pas « pour nous. Il n'y a que les citoyens de Paris qui « soient suffisamment éclairés; les autres ne le sont « que très-imparfaitement... Il serait donc possible « que l'innocence succombât lundi!... car la Con-

---

[1]. Voyez la note 4 à la fin du volume.

« vention a entendu tout entier le long mensonge
« de Louvet. Citoyens, s'écrie-t-il, j'ai eu un grand
« effroi; il me semblait que des assassins allaient
« poignarder mon frère. J'ai entendu des hommes
« dire qu'il ne périrait que de leurs mains, un
« autre m'a dit qu'il voulait être son bourreau. »
A ces mots, plusieurs membres se lèvent, et déclarent qu'eux aussi ont été menacés, qu'ils l'ont été par Barbaroux, par Rebecqui et par plusieurs citoyens des tribunes; que ceux qui les menaçaient leur ont dit : « Il faut se débarrasser de Marat et de Robespierre. » On entoure alors Robespierre jeune; on lui promet de veiller sur son frère, et l'on décide que tous ceux qui ont des amis ou des parents dans les départements écriront pour éclairer l'opinion. Robespierre jeune, en quittant la tribune, ne manque pas d'ajouter une calomnie. Anacharsis Clootz, dit-il, lui avait assuré que tous les jours il rompait, chez Roland, des lances contre le fédéralisme.

Vient à son tour le fougueux Chabot. Ce qui le blesse surtout dans le discours de Louvet, c'est qu'il s'attribue le 10 août à lui et à ses amis, et le 2 septembre à deux cents assassins. « Moi, dit
« Chabot, je me souviens que je m'adressai, le
« 9 août au soir, à messieurs du côté droit, pour
« leur proposer l'insurrection, et qu'ils me répondirent par un sourire du bout des lèvres. Je ne

« vois donc pas quel droit ils ont de s'attribuer le 10 août. Quant au 2 septembre, l'auteur en est encore ce même peuple qui a fait le 10 août malgré eux, et qui après la victoire a voulu se venger. Louvet dit qu'il n'y avait pas deux cents assassins, et moi j'assure que j'ai passé avec les commissaires de la Législative sous une voûte de dix mille sabres. J'ai reconnu plus de cent cinquante fédérés. Il n'y a point de crimes en révolution. Marat, tant accusé, n'est poursuivi que pour des faits de révolution. Aujourd'hui on accuse Marat, Danton, Robespierre; demain ce sera Santerre, Chabot, Merlin, etc. »

Excité par ces audacieuses paroles, un fédéré présent à la séance fait ce qu'aucun homme n'avait encore publiquement osé ; il déclare qu'il *agissait* avec un grand nombre de ses camarades aux prisons, et qu'il avait cru n'égorger que des conspirateurs, des fabricateurs de faux assignats, et sauver Paris du massacre et de l'incendie; il ajoute qu'il remercie la société de la bienveillance qu'elle leur a témoignée à tous, qu'ils partent le lendemain pour l'armée, et n'emportent qu'un regret, c'est de laisser les patriotes dans d'aussi grands périls.

Cette affreuse déclaration termina la séance. Robespierre n'avait point paru, et il ne parut pas de toute cette semaine, préparant sa réponse, et laissant ses partisans disposer l'opinion. Pendant ce temps, la commune de Paris persistait dans sa conduite et son système. On disait qu'elle avait enlevé jusqu'à dix millions dans la caisse de Septeuil, trésorier de la liste civile; et, dans le moment même, elle faisait répandre une adresse à toutes les municipalités contre le projet de donner une garde à la Convention. Barbaroux proposa aussitôt quatre décrets formidables et parfaitement conçus.

Octobre 1792.

Quatre décrets proposés par Barbaroux.

Par le premier, la capitale devait perdre le droit de posséder la représentation nationale, quand elle n'aurait pas su la protéger contre les insultes ou les violences;

Par le second, les fédérés et les gendarmes nationaux devaient, concurremment avec les sections armées de Paris, garder la représentation nationale et les établissements publics;

Par le troisième, la Convention devait se constituer en cour de justice pour juger les conspirateurs;

Par le quatrième enfin, la Convention cassait la municipalité de Paris.

Ces quatre décrets étaient parfaitement adaptés aux circonstances, et convenaient aux vrais dangers du moment; mais, pour les rendre, il aurait fallu avoir toute la puissance qui ne pouvait résulter que des décrets mêmes. Pour se créer des moyens d'énergie, il faut l'énergie, et tout parti modéré qui veut arrêter un parti violent, est dans un cercle vicieux dont il ne peut jamais sortir. Sans doute la majorité, penchant pour les girondins, aurait pu rendre les décrets; mais c'était sa modération qui la faisait pencher pour eux, et sa modération même lui conseillait d'attendre, de temporiser, de se fier à l'avenir et d'écarter tout moyen trop tôt énergique. L'Assemblée repoussa même un décret beaucoup moins rigoureux; c'était le premier de ceux dont on avait confié la rédaction à la commission des neuf. Buzot le proposait, et il était relatif aux provocations au meurtre et à l'incendie. Toute provocation directe était punie de mort, et la provocation indirecte punie de dix années de fers. L'Assemblée trouva la provocation directe trop sévèrement punie, et la provocation indirecte trop vaguement définie et trop difficile à atteindre. Buzot dit en vain qu'il fallait des mesures révolutionnaires, et par conséquent arbitraires, contre les adversaires qu'on voulait combattre; il ne fut pas écouté, et il ne pouvait pas l'être en s'adressant à une majorité qui condamnait dans le parti violent les mesures révolutionnaires mêmes, et qui par conséquent était peu propre à les employer contre lui. La loi fut ajournée; et la commission des neuf, instituée pour aviser aux moyens de maintenir le bon ordre, devint pour ainsi dire inutile.

L'Assemblée cependant montrait un peu plus

d'énergie, dès qu'il s'agissait de réprimer les écarts de la commune. Alors elle semblait défendre son autorité avec une espèce de jalousie et de force. Le Conseil général de la commune, mandé à la barre à cause de la pétition contre le projet d'une garde départementale, vint se justifier. Il n'était plus, disait-il, celui du 10 août. Quelques prévaricateurs s'étaient rencontrés parmi ses membres; on avait eu raison de les dénoncer, mais ils ne se trouvaient plus dans son sein. « Ne confondez pas, ajoutait-il, les innocents et les coupables. Rendez-nous la confiance dont nous avons besoin. Nous voulons ramener le calme nécessaire à la Convention pour l'établissement de bonnes lois. Quant à l'envoi de cette pétition, ce sont les sections qui l'ont voulu, nous ne sommes que leurs mandataires; mais on les engagera à s'en désister. »

Cette soumission désarma les girondins eux-mêmes, et, à la requête de Gensonné, les honneurs de la séance furent accordés au Conseil général. Cette docilité des administrateurs pouvait bien satisfaire l'orgueil de l'Assemblée, mais elle ne pouvait rien quant aux véritables dispositions de Paris. Le tumulte augmentait à mesure qu'on approchait du 5 novembre, jour fixé pour entendre Robespierre. La veille, il y eut des rumeurs en sens divers. Des bandes parcoururent Paris, les unes en criant : « A la guillotine, Robespierre, Danton, Marat! »

les autres en criant: « A la mort, Roland, Lasource, Guadet! » On s'en plaignit aux Jacobins, où il ne fut parlé que des cris poussés contre Robespierre, Danton et Marat. On accusait de ces cris des dragons et des fédérés, qui alors étaient encore dévoués à la Convention. Robespierre jeune parut de nouveau à la tribune, se lamenta sur les dangers de l'innocence, repoussa un projet de conciliation proposé par un membre de la société, en disant que le parti opposé était décidément contre-révolutionnaire, et qu'on ne devait garder avec lui ni paix ni trêve; que sans doute l'innocence périrait dans la lutte, mais qu'il fallait qu'elle se sacrifiât, et qu'on laissât succomber Maximilien Robespierre, parce que la perte d'un seul homme n'entraînerait pas celle de la liberté. Tous les jacobins applaudirent à ces beaux sentiments, en assurant au jeune Robespierre qu'il n'en serait rien, et que son frère ne périrait pas.

Des plaintes toutes différentes furent proférées à l'Assemblée, et là on dénonça les cris poussés contre Roland, Lasource, Guadet, etc. Roland se plaignit de l'inutilité de ses réquisitions au département et à la commune pour obtenir la force armée. On discuta beaucoup, on échangea des reproches, et la journée s'écoula sans prendre aucune mesure. Le lendemain, 5 novembre, Robespierre parut enfin à la tribune.

Le concours était général, et l'on attendait avec impatience le résultat de cette discussion solennelle. Le discours de Robespierre était volumineux et préparé avec soin. Ses réponses aux accusations de Louvet furent celles qu'on ne manque jamais de faire en pareil cas : « Vous m'accusez, dit-il, d'as-
« pirer à la tyrannie; mais, pour y parvenir, il
« faut des moyens, et où sont mes trésors et mes
« armées? Vous prétendez que j'ai élevé dans les
« Jacobins l'édifice de ma puissance. Mais que
« prouve cela? c'est que j'y étais plus écouté, que
« je m'adressais peut-être mieux que vous à la rai-
« son de cette société, et que vous ne voulez ici
« venger que les disgrâces de votre amour-propre.
« Vous prétendez que cette société célèbre est dé-
« générée; mais demandez un décret d'accusation
« contre elle, alors je prendrai le soin de la justi-
« fier, et nous verrons si vous serez plus heureux
« ou plus persuasifs que Léopold et Lafayette. Vous
« prétendez que je n'ai paru à la commune que deux
« jours après le 10 août, et qu'alors je me suis
« moi-même installé au bureau. Mais d'abord je
« n'y ai pas été appelé plus tôt; et, quand je me
« suis présenté au bureau, ce n'était pas pour m'y
« installer, mais pour faire vérifier mes pouvoirs.
« Vous ajoutez que j'ai insulté l'Assemblée légis-
« lative, que je l'ai menacée du tocsin : le fait est
« faux. Quelqu'un, placé près de moi, m'accusa

« de sonner le tocsin; je répondis à l'interlocuteur
« que les sonneurs de tocsin étaient ceux qui, par
« l'injustice, aigrissaient les esprits, et alors l'un
« de mes collègues, moins réservé, ajouta qu'on
« le sonnerait. Voilà le fait unique sur lequel mon
« accusateur a bâti cette fable. Dans l'assemblée
« électorale, j'ai pris la parole, mais on était con-
« venu de la prendre; j'y ai présenté quelques ob-
« servations, et plusieurs ont usé du même droit.
« Je n'ai accusé ni recommandé personne. Cet
« homme dont vous m'imputez de me servir, Marat,
« ne fut jamais ni mon ami ni mon recommandé.
« Si je jugeais de lui par ceux qui l'attaquent, il
« serait absous; mais je ne prononce pas. Je dirai
« seulement qu'il me fut constamment étranger;
« qu'une fois il vint chez moi, que je lui adressai
« quelques observations sur ses écrits, sur leur
« exagération, et sur le regret qu'éprouvaient les
« patriotes de lui voir compromettre notre cause
« par la violence de ses opinions; mais il me trouva
« politique à vues étroites, et le publia le lende-
« main. C'est donc une calomnie que de me sup-
« poser l'instigateur et l'allié de cet homme. » De
ces accusations personnelles passant aux accusations générales dirigées contre la commune, Robespierre répète avec tous ses défenseurs que le 2
septembre a été la suite du 10 août; qu'on ne peut
après coup marquer le point précis où devaient se

briser les flots de l'insurrection populaire; que sans doute les exécutions étaient illégales, mais que sans mesures illégales on ne pouvait secouer le despotisme; qu'il fallait faire ce même reproche à toute la révolution; car tout y était illégal, et la chute du trône, et la prise de la Bastille! Il peint ensuite les dangers de Paris, l'indignation de ses citoyens, leur concours autour des prisons, leur irrésistible fureur en songeant qu'ils laissaient derrière eux des conspirateurs qui égorgeraient leurs familles. « On « assure qu'un innocent a péri, s'écrie l'orateur « avec emphase; un seul; c'est beaucoup trop, sans « doute. Citoyens! pleurez cette méprise cruelle! « nous l'avons pleurée dès longtemps; c'était un « bon citoyen, c'était un de nos amis! Pleurez « même les victimes qui devaient être réservées à « la vengeance des lois, et qui sont tombées sous « le glaive de la justice populaire! Mais que votre « douleur ait un terme comme toutes les choses « humaines. Gardons quelques larmes pour des « calamités plus touchantes; pleurez cent mille pa-« triotes immolés par la tyrannie! pleurez nos « citoyens expirant sous leurs toits embrasés, et les « fils des citoyens massacrés au berceau ou dans « les bras de leurs mères! pleurez donc l'humanité « abattue sous le joug des tyrans... Mais consolez-« vous, si, imposant silence à toutes les viles pas-« sions, vous voulez assurer le bonheur de votre « pays, et préparer celui du monde.

Novembre 1792.

« La sensibilité qui gémit presque exclusivement
« pour les ennemis de la liberté m'est suspecte.
« Cessez d'agiter sous mes yeux la robe sanglante
« du tyran, ou je croirai que vous voulez remettre
« Rome dans les fers. »

C'est avec ce mélange de logique astucieuse et de déclamation révolutionnaire que Robespierre parvint à captiver son auditoire et à obtenir des applaudissements unanimes. Tout ce qui lui était personnel était juste, et il y avait de l'imprudence de la part des girondins à signaler un projet d'usurpation là où il n'y avait encore qu'une ambition d'influence, rendue odieuse par un caractère envieux; il y avait de l'imprudence à vouloir trouver dans les actes de la commune la preuve d'une vaste conspiration, lorsqu'il n'existait que les effets naturels du débordement des passions populaires. Les girondins fournissaient ainsi à l'Assemblée l'occasion de leur donner tort contre leurs adversaires. Flattée pour ainsi dire de voir le prétendu chef des conspirateurs réduit à se justifier, charmée de voir tous les crimes expliqués par une insurrection désormais impossible, et de rêver un meilleur avenir, la Convention crut plus digne, plus prudent, de mettre toutes ces personnalités au néant. On proposa donc l'ordre du jour. Aussitôt Louvet s'élance pour le combattre et demande à répliquer. Une foule d'orateurs se présentent, et veulent parler pour, sur, ou contre l'ordre du jour. Barbaroux,

désespérant de se faire entendre, s'élance à la barre pour être écouté au moins comme pétitionnaire. Lanjuinais propose qu'on engage la discussion sur les importantes questions que renferme le rapport de Roland. Enfin Barère parvient à obtenir la parole : « Citoyens, dit-il, s'il existait dans la répu-
« blique un homme né avec le génie de César ou
« l'audace de Cromwell, un homme qui, avec le
« talent de Sylla, en aurait les dangereux moyens;
« s'il existait ici quelque législateur d'un grand gé-
« nie, d'une ambition vaste, d'un caractère pro-
« fond; un général, par exemple, le front ceint de
« lauriers, et revenant au milieu de vous pour
« vous commander des lois ou insulter aux droits
« du peuple, je proposerais contre lui un décret
« d'accusation. Mais que vous fassiez cet honneur
« à des hommes d'un jour, à de petits entrepre-
« neurs d'émeute, à ceux dont les couronnes ci-
« viques sont mêlées de cyprès, voilà ce que je ne
« puis concevoir ! »

Ce singulier médiateur proposa de motiver ainsi l'ordre du jour : *Considérant que la Convention nationale ne doit s'occuper que des intérêts de la république...* « Je ne veux pas de votre ordre du jour,
« s'écrie Robespierre, s'il renferme un préambule
« qui me soit injurieux. » L'Assemblée adopte l'ordre du jour pur et simple.

On courut aux Jacobins célébrer cette victoire,

et Robespierre y fut reçu en triomphateur. A peiné parut-il qu'on le couvrit d'applaudissements. Un membre demanda qu'on lui laissât la parole pour faire le récit de la journée. Un autre assura que sa modestie l'en empêcherait, et qu'il ne voudrait pas parler. Robespierre, jouissant en silence de cet enthousiasme, laissa à un autre le soin d'un récit adulateur. Il fut appelé Aristide. Son éloquence *naïve et mâle* fut louée avec une affectation qui prouve combien était connu son goût pour la louange littéraire. La Convention fut réhabilitée, l'estime de la société lui revint, et l'on prétendit que le triomphe de la vérité commençait, et qu'il ne fallait plus désespérer du salut de la république.

Barère fut interpellé pour qu'il s'expliquât sur la manière dont il s'était exprimé à l'égard des *petits faiseurs d'émeute*; et il se peignit tout entier en déclarant qu'il avait voulu par ces mots, désigner non les chauds patriotes accusés avec Robespierre, mais leurs adversaires.

Ainsi finit cette célèbre accusation. Elle fut une véritable imprudence. Toute la conduite des girondins se caractérise par cette démarche. Ils éprouvaient une généreuse indignation, ils l'exprimaient avec talent; mais il s'y mêlait assez de ressentiments personnels, assez de fausses conjectures, de suppositions chimériques, pour donner à ceux qui aimaient à s'abuser une raison de ne pas les croire, à ceux qui redoutaient un acte d'énergie, un motif de l'ajourner, à ceux enfin qui affectaient l'impartialité, un prétexte pour ne pas adopter leurs conclusions, et ces trois classes composaient toute la Plaine. Un d'entre ses membres, cependant, le sage Pétion ne partagea point leurs exagérations; il fit imprimer le discours qu'il avait préparé, et où toutes choses étaient sagement appréciées. Vergniaud que sa raison et son indolence dédaigneuse mettaient au-dessus des passions, était exempt aussi de leurs travers, et il garda un profond silence. Dans le moment, l'accusation des girondins n'eut d'autre résultat que de rendre définitivement toute réconciliation impossible, d'avoir même usé dans un combat inutile le plus puissant et le seul de leurs moyens, la parole et l'indignation, et d'avoir augmenté la haine et la fureur de leurs ennemis, sans s'être donné une ressource de plus.

Malheur aux vaincus lorsque les vainqueurs se divisent! Ceux-ci font diversion à leurs propres querelles, ils cherchent surtout à se surpasser en zèle, en écrasant leur ennemis abattus. Au Temple étaient des prisonniers sur lesquels allait se décharger toute la fougue des passions révolutionnaires. La monarchie, l'aristocratie, tout le passé enfin contre lequel la révolution luttait avec fureur, se trouvaient comme personnifiés dans le malheureux Louis XVI. Et la manière dont on traiterait le prince déchu devait, pour chacun, servir à prouver la manière dont on haïssait la contre-révolution. La Législative, trop rapprochée de la Constitution qui déclarait le roi inviolable, n'avait pas osé décider de son sort; elle l'avait suspendu et enfermé au Temple; elle n'avait pas même aboli la royauté, et avait légué à une Convention le soin de juger le matériel et le personnel de la vieille monarchie. La royauté abolie, la république décrétée, et le travail de la Constitution confié aux méditations des esprits les plus distingués de l'Assemblée, il restait à s'occuper du sort de Louis XVI. Un mois et demi s'était écoulé, et des soins infinis, la direction des approvisionnements, la surveillance des armées, le soin des subsistances qui manquaient alors comme dans tous les temps de troubles, la police et tous les détails du gouvernement qu'on n'avait transmis, après la chute de la royauté, à un conseil exécutif qu'avec une extrême défiance, enfin des querelles violentes, empêchèrent d'abord de s'occuper des prisonniers du Temple. Une fois il en avait été question, et, comme on l'a vu, la proposition fut renvoyée au comité de législation. En attendant, on en parlait partout. Aux Jacobins on demandait chaque jour le jugement de Louis XVI, et l'on accusait les girondins de l'écarter par des querelles, auxquelles cependant chacun prenait autant de part et d'intérêt qu'eux-mêmes. Le 1er

novembre, dans l'intervalle de l'accusation de Robespierre à son apologie, une section s'étant plainte de nouveaux placards provoquant au meurtre et à la sédition, on réclama, comme on le faisait toujours, le jugement de Marat. Les girondins prétendaient que lui et quelques-uns de ses collègues étaient la cause de tout le désordre, et à chaque fait nouveau ils proposaient de les poursuivre. Leurs ennemis, au contraire, disaient que la cause des troubles était au Temple; que la nouvelle république ne serait fondée, et que le calme et la sécurité n'y régneraient que quand le ci-devant roi aurait été immolé, et que par ce coup terrible toute espérance aurait été enlevée aux conspirateurs. Jean de Bry, ce député qui, à la Législative, avait voulu qu'on ne suivît pour règle de conduite que *la loi du salut public*, prit la parole à ce sujet, et proposa de juger à la fois Marat et Louis XVI. « Marat, dit-il, a mérité le titre de mangeur d'hom« mes; il serait digne d'être roi. Il est la cause des « troubles dont Louis XVI est le prétexte; jugeons« les tous les deux, et assurons le repos public par « ce double exemple. » En conséquence la Convention ordonna que le rapport sur les dénonciations contre Marat lui serait fait séance tenante, et que, sous huit jours au plus tard, le comité de législation donnerait son avis sur les formes à observer dans le jugement de Louis XVI. Si après huit jours

Novembre 1792.

Premières propositions touchant le procès de Louis XVI.

le comité n'avait pas présenté son travail, tout membre aurait le droit de se présenter à la tribune pour y traiter cette grande question. De nouvelles querelles et de nouveaux soins empêchèrent le rapport sur Marat, qui ne fut même présenté que longtemps après, et le comité de législation prépara le sien sur l'auguste et malheureuse famille enfermée au Temple.

L'Europe avait en ce moment les yeux sur la France. On regardait avec étonnement ces sujets d'abord jugés si faibles, maintenant devenus victorieux et conquérants, et assez audacieux pour faire un défi à tous les trônes. On observait avec inquiétude ce qu'ils allaient faire, et l'on espérait encore que leur audace aurait bientôt un terme. Cependant des événements militaires se préparaient, qui allaient doubler leur enivrement, et ajouter à la surprise et à l'effroi du monde.

Dumouriez était parti pour la Belgique à la fin d'octobre, et le 25 il se trouvait à Valenciennes. Son plan général fut réglé d'après l'idée qui le dominait, et qui consistait à pousser l'ennemi de front en profitant de la grande supériorité numérique qu'on avait sur lui. Dumouriez aurait pu, en marchant sur la Meuse avec la plus grande partie de ses forces, empêcher la jonction de Clerfayt, qui arrivait de la Champagne, prendre le duc Albert à revers, exécuter ainsi ce qu'il avait eu le tort de

ne pas faire d'abord en négligeant de courir sur le
Rhin et de suivre ce fleuve jusqu'à Clèves ; mais son
plan était autre, et il préférait à une marche savante une action éclatante qui redoublât le courage
des soldats, déjà très-relevé par la canonnade de
Valmy, et qui détruisît l'opinion établie en Europe,
depuis cinquante ans, que les Français, excellents
pour des coups de main, étaient incapables de gagner une bataille rangée. La supériorité du nombre
lui permettait une tentative pareille, et cette idée
avait sa profondeur, aussi bien que les manœuvres
qu'on lui a reproché de n'avoir pas employées.
Cependant il ne négligea pas de tourner l'ennemi et
de le séparer de Clerfayt. Valence, placé à cet effet
le long de la Meuse, devait marcher de Givet sur
Namur et sur Liége, avec l'armée des Ardennes,
forte de dix-huit mille hommes. D'Harville, avec
douze mille, avait ordre de se mouvoir entre la
grande armée et Valence, pour tourner l'ennemi
de plus près. Telles étaient les dispositions de Dumouriez à sa droite. A sa gauche, Labourdonnaie
devait, en partant de Lille, parcourir la côte de la
Flandre et s'emparer de toutes les places maritimes.
Arrivé à Anvers, il lui avait été prescrit de longer
la frontière hollandaise, et de joindre la Meuse à
Ruremonde. La Belgique se trouvant ainsi enfermée
dans un cercle, Dumouriez en occupait le centre
avec une masse de quarante mille hommes, et pou-

Novembre 1792.

— vait accabler les ennemis sur le premier point où ils voudraient tenir tête aux Français.

Impatient d'entrer en campagne et de s'ouvrir la vaste carrière où s'élançait son ardente imagination, Dumouriez pressait l'arrivée des approvisionnements qu'on lui avait promis à Paris, et qui auraient dû être rendus le 25 à Valenciennes. Servan avait quitté le ministère de la guerre, préférant au chaos de l'administration les fonctions moins agitées d'un commandement d'armée. Il rétablissait sa tête et sa santé dans son camp des Pyrénées. Roland avait proposé et fait accepter pour son successeur Pache, homme simple, éclairé, laborieux, qui, ayant autrefois quitté la France pour aller vivre en Suisse, était revenu à l'époque de la révolution, avait rendu le brevet d'une pension qu'il recevait du maréchal de Castries, et s'était distingué dans les bureaux de l'intérieur par un esprit et une application rares. Portant dans sa poche un morceau de pain, et ne quittant pas même le ministère pour manger, il travaillait pendant des journées entières, et avait charmé Roland par ses mœurs et son zèle. Servan avait demandé à le posséder pendant sa difficile administration d'août et de septembre, et Roland ne le lui avait cédé qu'avec regret et en considération de l'importance des travaux de la guerre. Pache rendit dans ce nouveau poste les mêmes services que dans le premier; et, lorsque la place de ministre de la guerre vint à vaquer, il fut aussitôt proposé pour la remplir, comme un de ces êtres obscurs, mais précieux, auxquels la justice et l'intérêt public devaient assurer une faveur rapide. Pache, doux et modeste, plaisait à tout le monde, et ne pouvait manquer d'être accepté : les girondins comptaient naturellement sur la modération politique d'un homme aussi calme, aussi sage, et qui d'ailleurs leur devait sa fortune. Les jacobins, qui le trouvaient plein de déférence pour eux, exaltaient sa modestie, et l'opposaient à ce qu'ils appelaient l'orgueil et la dureté de Roland. Dumouriez, de son côté, fut charmé d'un ministre qui paraissait plus maniable que les girondins et plus disposé à suivre ses vues. Il avait en effet de nouveaux griefs contre Roland. Celui-ci lui avait écrit, au nom du conseil, une lettre dans laquelle il lui reprochait de vouloir trop imposer ses plans au ministère, et lui témoignait d'autant plus de défiance qu'on lui supposait plus de talents. Roland était loyal, et ce qu'il disait dans le secret de la correspondance, il l'eût combattu en public. Dumouriez, méconnaissant l'intention honnête de Roland, avait fait ses plaintes à Pache, qui les avait reçues, et qui l'avait consolé par ses flatteries des défiances de ses collègues. Tel était le nouveau ministre de la guerre : placé entre les jacobins, les girondins et Dumouriez, écoutant les plaintes des uns contre

Novembre 1792.

les autres, il les gagnait tous par ses paroles et sa déférence, et leur faisait espérer à tous un second et un ami.

Retard dans l'approvisionnement de l'armée de Dumouriez.

Dumouriez attribua au renouvellement des bureaux les retards qu'essuyait l'approvisionnement de son armée. Il n'y avait d'arrivé que la moitié des munitions et des fournitures promises, et il se mit en marche sans attendre le reste, écrivant à Pache qu'il lui fallait indispensablement trente mille paires de souliers, vingt-cinq mille couvertures, des effets de campement pour quarante mille hommes, et surtout deux millions de numéraire pour fournir le prêt aux soldats, qui, entrant dans un pays où les assignats n'avaient pas cours, devaient payer en argent tout ce qu'ils achèteraient. On promit tout, et Dumouriez, excitant l'ardeur de ses troupes, les encourageant par la perspective d'une conquête prochaine et assurée, les porta en avant, quoique dépourvues de ce qui était nécesssaire pour une campagne d'hiver et sous un climat rigoureux.

Clerfayt rejoint le duc Albert.

La marche de Valence, retardée par une diversion sur Longwy, et par le dénuement de tous les effets militaires, qui n'arrivèrent qu'en novembre, permit à Clerfayt de passer sans obstacle du Luxembourg dans la Belgique, et de joindre le duc Albert avec douze mille hommes. Dumouriez, renonçant pour le moment à se servir de Valence, rapprocha de lui la division du général d'Harville, et portant ses troupes entre Quarouble et Quiévrain, se hâta de joindre l'armée ennemie (*Voir la carte n° 3*). Le duc Albert, fidèle au système autrichien, avait formé un cordon de Tournay jusqu'à Mons, et, quoiqu'il eût trente mille hommes, il n'en réunissait guère que vingt devant la ville de Mons. Dumouriez, le serrant de près, arriva le 3 novembre devant le moulin de Boussu, et ordonna à son avant-garde, commandée par le brave Beurnonville, de chasser l'ennemi posté sur les hauteurs. L'attaque réussit d'abord; mais repoussée ensuite, notre avant-garde fut obligée de se retirer. Dumouriez, sentant combien il importait de ne pas reculer au début, reporta Beurnonville en avant, fit enlever tous les postes ennemis, et le 5 au soir se trouva en présence des Autrichiens, retranchés sur les hauteurs qui bordent la ville de Mons.

Ces hauteurs, disposées circulairement en avant de la place, portent trois villages, Jemmapes, Cuesmes et Berthaimont. Les Autrichiens, qui s'attendaient à y être attaqués, avaient formé l'imprudente résolution de s'y maintenir, et avaient mis dès longtemps le plus grand soin à s'y rendre inexpugnables. Clerfayt occupait Jemmapes et Cuesmes; un peu plus loin, Beaulieu campait au-dessus de Berthaimont. Des pentes rapides, des bois, des abattis, quatorze redoutes, une artillerie formidable

Novembre 1792.

Les Autrichiens se retranchent sur les hauteurs en avant de Mons.

rangée en étages, et vingt mille hommes, protégeaient ces positions et en rendaient l'abord presque impossible. Des chasseurs tyroliens remplissaient les bois qui s'étendaient au-dessous des hauteurs. La cavalerie, placée dans l'intervalle des coteaux, et surtout dans la trouée qui séparait Jemmapes de Cuesmes, était prête à déboucher et à fondre sur nos colonnes, dès qu'elles seraient ébranlées par le feu des batteries.

Dumouriez s'établit en présence des Autrichiens.

C'est en présence de ce camp si fortement retranché que s'établit Dumouriez. Il forma son armée en demi-cercle, parallèlement aux positions de l'ennemi. Le général d'Harville, qui venait d'opérer sa jonction avec le corps de bataille, dans la soirée du 5, fut destiné à manœuvrer sur l'extrême droite de notre ligne. Dès le 6 au matin, il devait, longeant les positions de Beaulieu, s'efforcer de les tourner et occuper ensuite les hauteurs en arrière de Mons, seule retraite des Autrichiens. Beurnonville, formant la droite même de notre attaque, avait ordre de marcher sur le village de Cuesmes. Le duc de Chartres, qui servait dans notre armée avec le grade de général, et qui ce jour-là commandait au centre, devait aborder Jemmapes de front, et tâcher en même temps de pénétrer par une trouée qui séparait Jemmapes de Cuesmes. Enfin le général Ferrand, revêtu du commandement de la gauche, était chargé de traverser un petit village nommé Quaregnon, et de se porter sur le flanc de Jemmapes. Toutes ces attaques devaient s'exécuter en colonnes par bataillons; la cavalerie était prête à les soutenir par derrière et sur les côtés. Notre artillerie fut disposée de manière à battre chaque redoute en flanc, et à éteindre ses feux s'il était possible. Une réserve d'infanterie et de cavalerie attendait l'événement derrière le ruisseau de Wame.

Novembre 1792.

Pendant la nuit du 5 au 6, le général Beaulieu ouvrit l'avis de sortir des retranchements et de fondre inopinément sur les Français, pour les déconcerter par une attaque brusque et nocturne. Cet avis énergique ne fut pas suivi, et le 6, à huit heures du matin, les Français étaient en bataille, pleins de courage et d'espérance, quoique sous un feu meurtrier et à la vue de retranchements presque inabordables. Soixante mille hommes couvraient le champ de bataille, et cent bouches à feu retentissaient sur le front des deux armées.

Bataille de Jemmapes livrée le 6 novembre.

La canonnade fut engagée dès le matin; Dumouriez ordonna aux généraux Ferrand et Beurnonville de commencer l'attaque, l'un à gauche et l'autre à droite, tandis que lui-même attendrait au centre le moment d'agir, et que d'Harville, longeant les positions de Beaulieu, irait fermer la retraite. Ferrand attaqua mollement, et Beurnonville ne parvint pas à éteindre le feu des Autrichiens. Il était onze heures, et l'ennemi n'était pas assez ébranlé sur les

Novembre 1792.

côtés pour qu'on pût l'aborder de front. Alors Dumouriez envoya son fidèle Thouvenot à l'aile gauche pour décider le succès. Thouvenot, faisant cesser une inutile canonnade, traverse Quaregnon, tourne Jemmapes, et marchant tête baissée, la baïonnette au bout du fusil, gravit la hauteur par côté, et arrive sur le flanc des Autrichiens. Dumouriez, apprenant ce mouvement, se résout à commencer l'attaque de front, et porte le centre directement contre Jemmapes (*Voir la carte n° 3*). Il fait avancer son infanterie en colonnes, et dispose des hussards et des dragons pour couvrir la trouée entre Jemmapes et Cuesmes, d'où la cavalerie ennemie allait s'élancer. Nos troupes s'ébranlent et traversent sans hésiter l'espace intermédiaire. Cependant une brigade voyant déboucher par la trouée la cavalerie autrichienne, chancèle, recule, et découvre le flanc de nos colonnes. Dans cet instant, le jeune Baptiste Renard, simple domestique de Dumouriez, cédant à une inspiration de courage et d'intelligence, court au général de cette brigade, lui reproche sa faiblesse, lui signale le danger, et le ramène à la trouée. Un certain ébranlement s'était manifesté dans tout le centre, et nos bataillons commençaient à tourbillonner sous le feu des batteries. Le duc de Chartres se jette au milieu des rangs, les rallie, forme autour de lui un bataillon qu'il appelle *bataillon de Jemmapes*, et le porte vigoureusement à l'ennemi.

Le combat est ainsi rétabli, et Clerfayt, déjà pris en flanc, menacé de front, résiste néanmoins avec une fermeté héroïque.

Novembre 1792.

Dumouriez, témoin de tous ces mouvements, mais incertain du succès, court à la droite, où le combat ne se décidait point, malgré les efforts de Beurnonville. Son intention était de terminer brusquement l'attaque, ou bien de replier son aile droite et de s'en servir pour protéger la retraite du centre, si un mouvement rétrograde devenait nécessaire.

Beurnonville avait fait de vains efforts contre le village de Cuesmes, et il allait se replier lorsque Dampierre, qui commandait un point de l'attaque, prend avec lui quelques compagnies, et s'élance audacieusement au milieu d'une redoute. Dumouriez arrive à l'instant même où Dampierre exécutait cette courageuse tentative; il trouve le reste de ses bataillons sans chef, exposés à un feu terrible, et hésitant en présence des hussards impériaux qui se préparaient à les charger. Ces bataillons étaient ceux qui, au camp de Maulde, s'étaient si fortement attachés à Dumouriez. Il les rassure, et les dispose à tenir ferme contre la cavalerie ennemie. Une décharge à bout portant arrête cette cavalerie, et les hussards de Berchini lancés à propos sur elle achèvent de la mettre en fuite. Alors Dumouriez, se mettant à la tête de ses bataillons, et entonnant avec eux l'hymne des Marseillais, les entraîne à sa suite, les porte sur les retranchements, renverse tout devant lui, et enlève le village de Cuesmes.

Cet exploit à peine terminé, Dumouriez, toujours inquiet pour le centre, repart au galop, suivi de quelques escadrons. Mais tandis qu'il accourt, le jeune duc de Montpensier arrive à sa rencontre pour lui annoncer la victoire du centre, due principalement à son frère le duc de Chartres. Ainsi, Jemmapes étant envahi par côté et par devant, et Cuesmes emporté, Clerfayt ne pouvait plus opposer de résistance, et devait se retirer. Il cède donc le terrain après une belle défense, et abandonne à Dumouriez une victoire chèrement disputée. Il était deux heures; nos troupes, harassées de fatigue, demandaient un instant de repos : Dumouriez le leur accorde, et fait halte sur les hauteurs même de Jemmapes et de Cuesmes. Il comptait, pour la poursuite de l'ennemi, sur d'Harville, qui était chargé de tourner Berthaimont et d'aller couper les derrières des Autrichiens. Mais l'ordre n'étant pas assez clair et ayant été mal compris, d'Harville s'était tenu en présence de Berthaimont, et en avait inutilement canonné les hauteurs. Clerfayt se retira donc sous la protection de Beaulieu, qui n'avait pas été entamé, et tous deux prirent la route de Bruxelles, que d'Harville ne leur fermait pas.

La bataille avait coûté aux Autrichiens quinze cents prisonniers, quatre mille cinq cents morts ou blessés, et à peu près autant aux Français. Dumouriez déguisa sa perte, et n'avoua que quelques cents hommes. On lui a reproché de n'avoir pas, en marchant sur sa droite, tourné l'ennemi, pour le prendre ainsi par derrière, au lieu de s'obstiner à l'attaque de gauche et du centre. Il en avait eu l'idée en ordonnant à d'Harville de longer Berthaimont, mais il ne s'y attacha pas assez. Sa vivacité, qui souvent empêchait la réflexion, et le désir d'une action éclatante, lui firent préférer à Jemmapes, comme dans toute la campagne, une attaque de front. Au reste, plein de présence d'esprit et d'ardeur au milieu de l'action, il avait enlevé nos troupes, et leur avait communiqué un courage héroïque. L'éclat de cette grande action fut prodigieux. La victoire de Jemmapes remplit en un instant la France de joie, et l'Europe d'une nouvelle surprise. Il fut question partout de cette artillerie bravée avec tant de sang-froid, de ces redoutes escaladées avec tant d'audace; on exagéra même le péril et la victoire, et, par toute l'Europe, la faculté de remporter de grandes batailles fut de nouveau reconnue aux Français.

Novembre 1792.
Pertes
des Autrichiens
et des Français.

A Paris, tous les républicains sincères eurent une grande joie de cette nouvelle, et préparèrent des fêtes. Le domestique de Dumouriez, le jeune Baptiste Renard, fut présenté à la Convention, et gratifié par elle d'une couronne civique, et d'une épau-

Joie
causée à Paris
par
la victoire
de Jemmapes.

lette d'officier. Les girondins, par patriotisme, par justice, applaudirent au succès du général. Les jacobins, quoique le suspectant, applaudirent aussi par le besoin d'admirer le succès de la révolution. Marat seul, reprochant à tous les Français leur engouement, prétendit que Dumouriez avait dû mentir sur le nombre de ses morts, qu'on n'attaquait pas une montagne à si peu de frais, qu'il n'avait pris ni bagage ni artillerie, que les Autrichiens s'en allaient tranquillement, que c'était une retraite plutôt qu'une défaite, que Dumouriez aurait pu prendre l'ennemi autrement; et mêlant à cette sagacité une atroce fureur de calomnie, il ajoutait que cette attaque de front n'avait eu lieu que pour immoler les braves bataillons de Paris; que ses collègues à la Convention, aux Jacobins, tous les Français enfin, si prompts à admirer, étaient des étourdis; et que, pour lui, il déclarerait Dumouriez un bon général, quand toute la Belgique serait soumise sans qu'un seul Autrichien s'en échappât; et un bon patriote, lorsque la Belgique serait profondément révolutionnée et rendue tout à fait libre. Vous autres Français, disait-il, avec cette disposition à tout admirer sur-le-champ, vous êtes exposés à revenir aussi promptement. Un jour vous proscrivez Montesquiou; on vous apprend qu'il a conquis la Savoie, vous l'applaudissez : vous le proscrivez de nouveau, et vous devenez la risée générale par ces

allées et venues. « Pour moi, je me défie, et j'ac-
« cuse toujours; et quant aux inconvénients de
« cette disposition, ils sont incomparablement moin-
« dres que ceux de la disposition contraire, car
« jamais ils ne compromettent le salut public. Sans
« doute ils peuvent m'exposer à me méprendre sur
« le compte de quelques individus; mais, vu la
« corruption du siècle, et la multitude d'ennemis
« par éducation, par principes et par intérêt, de
« toute liberté, il y a mille à parier contre un que
« je ne prendrai pas le change, en les considérant
« d'emblée comme des intrigants et des fripons
« publics tout prêts à machiner. Je suis donc mille
« fois moins exposé à être trompé sur le compte
« des fonctionnaires publics; et, tandis que la fu-
« neste confiance que l'on a en eux les met à même
« de tramer contre la patrie avec autant d'audace
« que de sécurité, la défiance éternelle dont le pu-
« blic les environnerait, d'après mes principes, ne
« leur permettrait pas de faire un pas sans trembler
« d'être démasqués et punis [1]. »

Cette bataille venait d'ouvrir la Belgique aux
Français; mais là d'étranges difficultés se présentaient à Dumouriez, et deux tableaux frappants
vont s'offrir : sur le territoire conquis, la révolution française agissant sur les révolutions voisines

Novembre 1792.

1. *Journal de la République française*, par Marat, l'Ami du peuple, n° 43, du lundi 12 novembre 1792.

pour les hâter ou se les assimiler; et dans notre armée, la démagogie pénétrant dans les administrations, et les désorganisant pour les épurer.

Novembre 1792.

Situation morale et politique de la Belgique.

Il y avait en Belgique plusieurs partis : le premier, celui de la domination autrichienne, n'existait que dans les armées impériales chassées par Dumouriez : le second, composé de toute la nation, nobles, prêtres, magistrats, peuple, repoussait unanimement le joug étranger, et voulait l'indépendance de la nation belge; mais celui-ci se sous-divisait en deux autres : les prêtres et privilégiés voulaient conserver les anciens États, les anciennes institutions, les démarcations de classe et de provinces, tout enfin, excepté la domination autrichienne, et ils avaient pour eux une partie de la population, encore très-superstitieuse et très-attachée au clergé : enfin les démagogues ou jacobins belges voulaient une révolution complète et la souveraineté du peuple. Ceux-ci demandaient le niveau français et l'égalité absolue. Ainsi chacun adoptait de la révolution ce qui lui convenait; les privilégiés n'y cherchaient que leur ancien état; les plébéiens voulaient la démagogie et le règne de la multitude.

Conduite politique de Dumouriez.

Entre les divers partis, on conçoit que Dumouriez, par ses goûts, devait garder un milieu. Repoussant l'Autriche qu'il combattait avec ses soldats, condamnant les prétentions exclusives des privilégiés, il ne voulait cependant pas transporter à Bruxelles

les Jacobins de Paris, et y faire naître des Chabot et des Marat. Son but était donc, en ménageant l'ancienne organisation du pays, de réformer ce qu'elle avait de trop féodal. La partie éclairée de la population se prêtait bien à ces vues; mais il était difficile d'en faire un ensemble, à cause du peu d'union des villes et des provinces; et, de plus, en la formant en assemblée, on l'exposait à être vaincue par le parti violent. Dans le cas où il pourrait réussir, Dumouriez songeait, soit par alliance, soit par une réunion, à rattacher la Belgique à l'empire français, et à compléter ainsi notre territoire. Il aurait désiré surtout empêcher les dilapidations, s'assurer les immenses ressources de la contrée pour la guerre, et n'indisposer aucune classe, pour ne pas faire dévorer son armée par une insurrection. Il songeait principalement à ménager le clergé, qui avait encore une grande influence sur l'esprit du peuple. Il voulait enfin des choses que l'expérience des révolutions démontre impossibles, et auxquelles tout le génie administratif et politique doit renoncer d'avance avec une entière résignation. On verra plus tard se développer ses plans et ses projets.

<small>Novembre 1792.</small>

En entrant en Belgique, il promit, par une proclamation, de respecter les propriétés, les personnes, et l'indépendance nationale. Il ordonna que tout fût maintenu, que les autorités demeurassent en fonctions, que les impôts continuassent d'être

<small>Convocation d'une Convention nationale en Belgique.</small>

perçus, et que sur-le-champ des assemblées primaires fussent réunies, pour former une Convention nationale qui déciderait du sort de la Belgique.

Novembre 1792.

Soins administratifs de Dumouriez.

Des difficultés bien autrement graves se préparaient pour lui. Des motifs de politique, de bien public, d'humanité, pouvaient lui faire désirer en Belgique une révolution prudente et mesurée ; mais il avait à faire vivre son armée, et c'était ici son affaire personnelle. Il était général, et avant tout obligé d'être victorieux. Pour cela, il lui fallait de la discipline et des ressources. Entré à Mons le 7 novembre au matin, au milieu de la joie des Brabançons qui lui décernèrent une couronne ainsi qu'au brave Dampierre, il se trouva dans les plus grands embarras. Ses commissaires des guerres étaient à Valenciennes ; rien de ce qu'on lui avait promis n'arrivait. Il lui fallait des vêtements pour ses soldats à moitié nus, des vivres, des chevaux pour son artillerie, des charrois très-actifs pour seconder les mouvements de l'invasion, surtout dans un pays où les transports étaient extrêmement difficiles, enfin du numéraire pour payer les troupes, parce qu'en Belgique on n'acceptait pas volontiers les assignats. Les émigrés en avaient répandu une grande quantité de faux, et les avaient ainsi discrédités ; d'ailleurs, aucun peuple n'aime à participer aux embarras d'un autre, en acceptant le papier qui représente ses dettes.

L'impétuosité du caractère de Dumouriez, portée jusqu'à l'imprudence, ne permet pas de croire qu'il fût demeuré depuis le 7 jusqu'au 11 à Mons, et qu'il eût laissé le duc de Saxe-Teschen se retirer tranquillement, si des détails d'administration ne l'eussent retenu malgré lui, et n'eussent absorbé son attention qui aurait dû être exclusivement fixée sur les détails militaires. Il forma un plan très-bien conçu ; c'était de passer lui-même des marchés avec les Belges, pour les vivres, fourrages et approvisionnements. Il y avait à cela une foule d'avantages. Les objets à consommer étaient sur les lieux, et l'on n'avait pas à craindre les retards. Ces achats intéressaient beaucoup de Belges à la présence des armées françaises. En payant les vendeurs en assignats, ceux-ci étaient obligés d'en favoriser eux-mêmes la circulation ; on se dispensait ainsi de rendre cette circulation forcée, chose importante, car chaque individu à qui arrive une monnaie forcée se regarde comme volé par l'autorité qui l'impose, et c'est le moyen de blesser le plus universellement un peuple. Dumouriez avait en outre songé à faire des emprunts au clergé, avec la garantie de la France. Ces emprunts lui fournissaient des fonds et du numéraire ; et le clergé, quoique frappé momentanément, se sentait rassuré sur son existence et ses biens, puisqu'on traitait avec lui. Enfin la France ayant à demander aux

Belges des indemnités pour les frais d'une guerre libératrice, on eût affecté ces indemnités au paiement des emprunts, et, moyennant un léger appoint, toute la guerre eût été payée, et Dumouriez, comme il l'avait annoncé, aurait vécu aux frais de la Belgique, sans la vexer ni la désorganiser. Mais c'étaient là des plans de génie, et, en temps de révolution, il semble que le génie devrait prendre un parti décidé : il devrait ou prévoir les désordres et les violences qui vont suivre et se retirer sur-le-champ; ou, en les prévoyant, s'y résigner, et consentir à être violent pour continuer d'être utile à la tête des armées ou de l'État. Aucun homme n'a été assez détaché des choses de ce monde pour essayer du premier parti; il en est un qui a été grand, et qui a su demeurer pur en suivant le second : c'est celui qui, placé au comité de salut public, sans participer à ses actes politiques, se renferma dans les soins de la guerre, et *organisa la victoire*, chose pure, permise, et toujours patriotique sous tous les régimes.

Dumouriez s'était servi pour ses marchés et ses opérations financières de Malus, commissaire des guerres, qu'il estimait beaucoup parce qu'il le trouvait habile et actif, sans trop s'inquiéter s'il était modéré ou non dans ses gains; il avait employé aussi le nommé d'Espagnac, ancien abbé libertin, et l'un de ces corrompus spirituels de l'ancien régime qui faisaient tous les métiers avec beaucoup de grâce et d'habileté, et laissaient dans tous une réputation équivoque. Dumouriez le dépêcha au ministère pour expliquer ses plans, et faire ratifier tous les engagements qu'il avait pris. Il donnait déjà bien assez de prise sur lui par l'espèce de dictature administrative qu'il s'arrogeait, et par la modération révolutionnaire qu'il montrait à l'égard des Belges, sans se compromettre encore par son association avec des hommes déjà suspects, et qui, ne le fussent-ils pas, allaient bientôt le devenir. Dans ce moment en effet une rumeur générale s'élevait contre les anciennes administrations, qui étaient remplies, disait-on, de fripons et d'aristocrates.

Après avoir donné ses soins à l'entretien de ses soldats, Dumouriez s'occupa d'accélérer la marche de Labourdonnaie. Ce général, après s'être obstiné à demeurer en arrière, n'était entré à Tournay que fort tard, et là il provoquait des scènes dignes des Jacobins et levait de fortes contributions. Dumouriez lui ordonna de marcher rapidement sur Gand et l'Escaut, pour se rendre à Anvers, et achever ensuite le circuit du pays jusqu'à la Meuse (*Voir la carte n° 1*). Valence, enfin arrivé en ligne après des retards involontaires, eut ordre d'être le 13 ou le 14 à Nivelles. Dumouriez, croyant que le duc de Saxe-Teschen se retirerait derrière le canal de Vilvorden, voulait que Valence, tournant la forêt de Soignies, se portât derrière ce canal, et y reçût le duc au passage de la Dyle.

Le 11, il partit de Mons, ne joignit que lentement l'armée ennemie, qui elle-même se retirait avec ordre, mais avec une extrême lenteur. Mal servi par ses transports, il ne put pas arriver assez promptement pour se venger des retards qu'il avait été obligé de subir. Le 13, s'avançant lui-même avec une simple avant-garde, il donna au milieu de l'ennemi à Anderlecht, et faillit être enveloppé; mais avec son adresse et sa fermeté ordinaires, il déploya sa petite troupe, usa avec beaucoup d'appareil de quelques pièces d'artillerie, et persuada aux Autrichiens qu'il était sur le champ de bataille avec toute son armée. Il parvint ainsi à les contenir, et eut le temps d'être secouru par ses soldats, qui, apprenant sa position critique, accouraient en toute hâte pour le dégager.

Il entra le 14 dans Bruxelles, et y fut arrêté de nouveau par des embarras administratifs, n'ayant ni numéraire ni aucune des ressources nécessaires à l'entretien de ses troupes. Il apprit là que le ministère avait refusé de consentir ses derniers marchés, excepté un seul, et que toutes les anciennes administrations militaires étaient renouvelées et remplacées par un comité dit *des achats*.

Ce comité avait seul, à l'avenir, le droit d'acheter

pour l'entretien des armées, sans qu'il fût permis aux généraux de s'en mêler aucunement. C'était là le commencement d'une révolution qui se préparait dans les administrations, et qui allait les livrer pour un temps à une désorganisation complète.

Novembre 1792.

Les administrations qui exigent une longue pratique ou une application spéciale sont ordinairement celles où une révolution pénètre le plus tard, parce qu'elles excitent moins l'ambition, et que d'ailleurs la nécessité d'y conserver des sujets capables les garantit de la fureur des renouvellements. Ainsi on n'avait opéré presque aucun changement dans les états-majors, dans les corps savants de l'armée, dans les bureaux des divers ministères, dans les anciennes régies des vivres, et surtout dans la marine, qui est de toutes les parties de l'art militaire celle qui exige les connaissances les plus spéciales. Aussi ne manquait-on pas de crier contre les aristocrates dont ces corps étaient remplis, et l'on reprochait au conseil exécutif de ne pas les renouveler. L'administration qui soulevait le plus d'irritation était celle des vivres. On adressait de justes reproches aux fournisseurs, qui, par disposition d'état, et surtout à la faveur de ce moment de désordre, exigeaient dans tous leurs marchés des prix exorbitants, donnaient les plus mauvaises marchandises aux troupes, et volaient l'État avec

Désorganisation des administrations.

Novembre 1792.

impudence. Il n'y avait qu'un cri de toutes parts contre leurs exactions. Ils avaient surtout un adversaire inexorable dans le député Cambon de Montpellier. Passionné pour les matières de finances et d'économie publique, ce député s'était acquis un grand ascendant dans les discussions de ce genre, et jouissait de toute la confiance de l'Assemblée. Quoique démocrate prononcé, il n'avait cessé de tonner contre les exactions de la commune, et il surprenait ceux qui ne comprenaient pas qu'il poursuivît comme financier les désordres qu'il aurait peut-être excusés comme jacobin. Il se déchaînait avec une plus grande énergie encore contre les fournisseurs, et les poursuivait avec toute la fougue de son caractère. Chaque jour il dénonçait de nouvelles fraudes, en réclamait la répression, et tout le monde à cet égard était d'accord avec lui. Les hommes honnêtes voulaient punir des fripons, les jacobins voulaient persécuter des aristocrates, et les intrigants rendre des places vacantes.

Création du comité des achats.

On eut donc l'idée de former un comité composé de quelques individus chargés de faire tous les achats pour le compte de la république. On pensa que ce comité, unique et responsable, épargnerait à l'État les fraudes de cette multitude de fournisseurs isolés, et qu'achetant seul pour toutes les administrations, il ne ferait plus hausser les prix par la concurrence, comme il arrivait lorsque chaque ministère, chaque armée, traitaient individuellement pour leurs besoins respectifs. Cette institution fut établie de l'avis de tous les ministres, et Cambon surtout en était le plus grand partisan, parce que cette forme nouvelle et simple convenait à son esprit absolu. On signifia donc à Dumouriez qu'il n'aurait plus aucun marché à passer, et on lui ordonna d'annuler ceux qu'il venait de signer. On supprima en même temps les caisses des régisseurs, et l'on poussa la rigueur de l'exécution jusqu'à faire des difficultés pour acquitter, à la trésorerie nationale, un prêt qu'un négociant belge avait fait à l'armée sur un bon de Dumouriez.

Cette révolution dans l'administration des vivres, dont le motif était louable, concourait malheureusement avec des circonstances qui allaient en rendre les effets désastreux. Pendant son ministère, Servan avait eu à pourvoir aux premiers besoins des troupes hâtivement rassemblées dans la Champagne, et c'était beaucoup d'avoir suffi aux embarras du premier moment. Mais, après la campagne de l'Argonne, les approvisionnements faits avec tant de peine se trouvaient épuisés; les volontaires, partis de chez eux avec un seul habit, étaient presque nus, de sorte qu'il fallait fournir un équipement complet à chacune des armées, et suffire à ce renouvellement de tout le matériel, au milieu de l'hiver et malgré la rapidité de l'invasion en Belgique. Le successeur de Servan, Pache était donc chargé d'une tâche immense, et malheureusement, avec beaucoup d'esprit et d'application, il avait un caractère souple et faible qui, le portant à plaire à tout le monde, surtout aux jacobins, l'empêchait de commander à personne et de communiquer à une vaste administration le nerf nécessaire. Si l'on joint donc à l'urgence, à l'immensité des besoins, aux difficultés de la saison, et à la nécessité d'une grande promptitude, la faiblesse d'un nouveau ministère, le désordre général de l'État, et par-dessus tout une révolution dans le système administratif, on concevra la confusion du premier moment, le dénûment des armées, leurs plaintes amères, et la violence des reproches entre les généraux et les ministres.

A la nouvelle de ces changements administratifs, Dumouriez s'emporta vivement. En attendant l'organisation du nouveau système, il voyait son armée exposée à périr de misère, si ses marchés n'étaient pas maintenus et exécutés. Il prit donc sur lui de les maintenir, et ordonna à ses agents, Malus, d'Espagnac, et à un troisième nommé Petit-Jean, de continuer leurs opérations sous sa propre responsabilité. Il écrivit en même temps au ministre avec une hauteur qui allait le rendre plus suspect encore à des démagogues défiants, ombrageux, mécontents déjà de sa tiédeur révolutionnaire et de sa dictature administrative. Il déclara qu'il exigeait pour continuer ses services, qu'on le laissât pourvoir lui-même aux besoins de son armée ; il soutint que le comité des achats était une absurdité, parce qu'il exporterait laborieusement et de loin ce qu'on trouverait plus facilement sur les lieux ; que les transports exposeraient à des frais énormes et à des retards pendant lesquels les armées mourraient de faim, de froid et de misère ; que les Belges perdraient tout intérêt à la présence des Français, ne seconderaient plus la circulation des assignats ; que le pillage des fournisseurs continuerait tout de même, parce que la facilité de voler l'État dans les fournitures avait toujours fait et ferait toujours des voleurs, et que rien n'empêcherait les membres du comité des achats de se faire entrepreneurs et acheteurs, quoique la loi le leur défendît ; qu'ainsi c'était là un vain rêve d'économie, qui, ne fût-il pas chimérique, amènerait pour le moment une désastreuse interruption dans le service. Ce qui ne contribuait pas peu à irriter Dumouriez contre le comité des achats, c'est qu'il voyait dans les membres qui le composaient des créatures du ministre Clavière, et croyait apercevoir dans cette innovation un résultat de la défiance des girondins contre lui. Cependant c'était une création faite de bonne foi, et approuvée par tous les côtés, sans aucune intention de parti.

Pache, en ministre patriote et ferme, aurait dû chercher à satisfaire le général pour le conserver à la république. Pour cela il aurait fallu examiner ses demandes, voir ce qu'il y avait de juste, y faire droit, repousser le reste, et conduire toute chose avec autorité et vigueur, de manière à empêcher les reproches, les disputes et la confusion. Loin de là, Pache, accusé déjà de faiblesse par les girondins, et mal disposé pour eux, laissa se heurter entre eux le général, les girondins et la Convention. Au conseil, il faisait part des lettres irréfléchies où Dumouriez se plaignait ouvertement des défiances des ministres girondins à son égard; à la Convention, il faisait connaître les demandes impérieuses, à la suite desquelles Dumouriez offrait sa démission en cas de refus. Ne blâmant rien, mais n'expliquant rien, et affectant dans ses rapports une fidélité scrupuleuse, il laissa produire à chaque chose ses plus fâcheux effets. Les girondins, la Convention, les jacobins, chacun fut irrité à sa manière de la hauteur du général. Cambon tonna contre Malus, d'Espagnac et Petit-Jean, cita les prix de leurs marchés, qui étaient excessifs, peignit le luxe désordonné de d'Espagnac, les anciennes malversations de Petit-Jean, et les fit décréter tous trois par l'Assemblée. Il prétendit que Dumouriez était entouré d'intrigants dont il fallait le délivrer; il soutint que le comité des achats était une excellente institution; que prendre les objets de consommation sur le théâtre de la guerre, c'était priver les ouvriers français de travail, et les exposer aux mutineries de l'oisiveté; que, quant aux assignats, il n'était nullement nécessaire d'user d'adresse pour les faire circuler; que le général avait tort de ne pas les faire recevoir d'autorité, et de ne pas transporter en Belgique la révolution tout entière avec son régime, ses systèmes et ses monnaies; et que les Belges, auxquels on donnait la liberté, devaient en accepter les avantages et les inconvénients. A la tribune de la Convention, Dumouriez ne fut guère considéré que comme dupé par ses agents; mais, aux Jacobins et dans la feuille de Marat, il fut dit tout uniment qu'il était d'accord avec eux, et qu'il recevait une part des bénéfices, ce dont on n'avait d'autre preuve que l'exemple assez fréquent des généraux.

Dumouriez fut donc obligé de livrer les trois commissaires, et on lui fit l'affront de les faire arrêter malgré la garantie qu'il leur avait donnée. Pache lui écrivit, avec sa douceur accoutumée, qu'on examinerait ses demandes, qu'on pourvoirait à ses besoins, et que le comité des achats ferait pour cela des acquisitions considérables; il lui annonçait en même temps de nombreux arrivages, qui n'avaient pas lieu. Dumouriez, qui ne les recevait pas, se plaignait sans cesse; de manière qu'a lire d'une part les lettres du ministre, on aurait cru que tout abondait, et à lire d'une autre celles du général, on devait croire à un dénûment absolu. Dumouriez eut recours à des expédients, à des emprunts sur les chapitres des églises; il vécut avec un marché de Malus, qu'on lui avait permis de maintenir, vu l'urgence, et il fut encore retenu du 14 au 19 à Bruxelles.

Novembre 1792.

Prise de Malines et d'Anvers.

Dans cet intervalle, Stengel, détaché avec l'avant-garde, avait pris Malines : c'était une prise importante, à cause des munitions en poudre et en armes de toute espèce que cette place renfermait, et qui en faisaient l'arsenal de la Belgique. Labourdonnaie était entré le 13 à Anvers, organisait des clubs, indisposait les Belges en encourageant les agitateurs populaires, et malgré tout cela, ne mettait aucune vigueur dans le siége du château. Dumouriez, ne pouvant plus s'accommoder d'un lieutenant si fort occupé des clubs et si peu de la guerre, le remplaça par Miranda, Péruvien plein de bravoure, qui était venu en France à l'époque de la révolution et avait obtenu un haut grade par l'amitié de Pétion. Labourdonnaie, privé de son armée et ramené dans le département du Nord, vint y exciter le zèle des jacobins contre *César Dumouriez.* C'était là le nom que déjà l'on commençait à donner au général.

L'ennemi avait songé d'abord à se placer derrière le canal de Vilvorden, et à se tenir en relation avec Anvers (*Voir la carte n° 1*). Il commettait ainsi la même faute que Dumouriez, en cherchant à se rapprocher de l'Escaut, au lieu de courir sur la Meuse, comme ils auraient dû le faire tous deux, l'un pour se retirer, l'autre pour empêcher la retraite. Clerfayt, qui avait pris le commandement, sentit la nécessité de repasser promptement la Meuse et d'abandonner Anvers à son sort. Dumouriez alors reporta Valence de Nivelles sur Namur, pour en faire le siége, et il eut le tort très-grave de ne pas le jeter au contraire le long de la Meuse, pour fermer la retraite aux Autrichiens. La défaite de l'armée défensive eût amené naturellement la reddition de la place. Mais l'exemple des grandes manœuvres stratégiques n'avait pas encore été donné, et d'ailleurs Dumouriez manqua ici, comme dans une foule d'occasions, de la réflexion nécessaire. Il partit de Bruxelles le 19. Le 20, il traversa Louvain; le 22, il joignit l'ennemi à Tirlemont, et lui tua trois ou quatre cents hommes. Là, encore retenu par un dénûment absolu, il ne repartit que le 26. Le 27, il arriva devant Liége, et eut à soutenir un fort engagement à Varoux, contre l'arrière-garde ennemie. Le général Staray, qui la commandait, se défendit glorieusement, et reçut une blessure mortelle. Enfin, le 28 au matin, Dumouriez entra dans Liége, aux acclamations du peuple, qui était là dans les dispositions

Novembre 1792.

Prise de Liége et de Namur.

les plus révolutionnaires. Miranda avait pris la citadelle d'Anvers le 29, et pouvait achever le circuit de la Belgique, en marchant jusqu'à Ruremonde. Valence occupa Namur le 2 décembre. Clerfayt se porta vers la Roër, et Baulieu vers le Luxembourg.

Dans ce moment, toute la Belgique était occupée jusqu'à la Meuse; mais il restait à conquérir le pays jusqu'au Rhin, et de grands obstacles se présentaient encore à Dumouriez. Soit la difficulté des transports, soit la négligence des bureaux, rien n'arrivait à son armée; et quoiqu'il y eût d'assez grands approvisionnements à Valenciennes, tout manquait sur la Meuse. Pache, pour satisfaire les jacobins, leur avait ouvert ses bureaux, et la plus grande désorganisation y régnait. On y négligeait le travail, on y donnait, par inattention, les ordres les plus contradictoires. Tout service devenait ainsi presque impossible, et tandis que le ministre croyait les transports effectués, ils ne l'étaient pas. L'institution du comité des achats avait encore augmenté le désordre. Le nouveau commissaire, nommé Ronsin, qui avait remplacé Malus et d'Espagnac, en les dénonçant, était dans le plus grand embarras. Fort mal accueilli à l'armée, il avait été effrayé de sa tâche, et, sur l'ordre de Dumouriez, il continua les achats sur les lieux, malgré les dernières décisions. Par ce moyen, l'armée avait eu du pain et de la viande; mais les vêtements, les moyens de transport, le numéraire et les fourrages manquaient absolument, et tous les chevaux mouraient de faim. Une autre calamité affligeait cette armée, c'était la désertion. Les volontaires, qui dans le premier enthousiasme avaient couru en Champagne, s'étaient refroidis depuis que le moment du péril était passé. D'ailleurs ils étaient dégoûtés par les privations de tout genre qu'ils essuyaient, et ils désertaient en foule. Le seul corps de Dumouriez en avait perdu au moins dix mille, et chaque jour il en perdait davantage. Les levées belges ne s'effectuaient pas, parce qu'il était presque impossible d'organiser un pays où les diverses classes de la population et les diverses provinces du territoire n'étaient nullement disposées à s'entendre. Liége abondait dans le sens de la révolution ; mais le Brabant et la Flandre voyaient avec défiance surgir les jacobins dans les clubs qu'on avait essayé d'établir à Gand, Anvers, Bruxelles, etc. Le peuple belge n'était pas trop d'accord avec nos soldats, qui voulaient payer en assignats; nulle part on ne consentait à recevoir notre papier-monnaie, et Dumouriez refusait de lui donner une circulation forcée. Ainsi, quoique victorieuse et maîtresse de la campagne, l'armée se trouvait dans une situation malheureuse à cause de la disette, de la désertion, et de la disposition incertaine et presque défavorable des habitants. La Convention, assiégée des rapports contradictoires du

Novembre 1792.

Désertion des volontaires.

général, qui se plaignait avec hauteur, et du ministre, qui certifiait avec modestie, mais avec assurance, que les envois les plus abondants avaient été faits, dépêcha quatre commissaires pris dans son sein, pour aller s'assurer par leurs yeux du véritable état des choses. Ces quatre commissaires étaient Danton, Camus, Lacroix et Cossuin.

Tandis que Dumouriez avait employé le mois de novembre à occuper la Belgique jusqu'à la Meuse, Custine, courant toujours aux environs de Francfort et du Mein, était menacé par les Prussiens, qui remontaient la Lahn. Il aurait voulu que tout le versement de la guerre eût lieu de son côté, pour couvrir ses derrières, et assurer ses folles incursions en Allemagne. Aussi ne cessait-il de se plaindre contre Dumouriez, qui n'arrivait pas à Cologne, et contre Kellermann, qui ne se portait pas sur Coblentz. On vient de voir les difficultés qui empêchaient Dumouriez d'avancer plus vite; et, pour rendre le mouvement de Kellermann possible, il aurait fallu que Custine, renonçant à des incursions qui faisaient retentir d'acclamations la tribune des Jacobins et les journaux, se renfermât dans la limite du Rhin, et que, fortifiant Mayence, il voulût descendre lui-même à Coblentz. Mais il désirait qu'on fît tout derrière lui, pour avoir l'honneur de prendre l'offensive en Allemagne. Pressé de ses sollicitations et de ses plaintes, le conseil exécutif rappela Kellermann, le remplaça par Beurnonville, et donna à ce dernier la mission tardive de prendre Trèves, dans une saison très-avancée, au milieu d'un pays pauvre et difficile à occuper. Il n'y avait jamais eu qu'une bonne voie pour exécuter cette entreprise, c'était, dans l'origine, de marcher entre Luxembourg et Trèves, et d'arriver ainsi à Coblentz, tandis que Custine s'y porterait par le Rhin. On aurait alors écrasé les Prussiens, encore abattus de leur défaite en Champagne, et donné la main à Dumouriez, qui devait être à Cologne ou qu'on aurait aidé à s'y porter s'il n'y avait pas été. De cette manière, Luxembourg et Trèves, qu'il était impossible de prendre de vive force, tombaient par famine et par défaut de secours; mais Custine ayant persisté dans ses courses en Wétéravie, l'armée de la Moselle étant restée dans ses cantonnements, il n'était plus temps de marcher sur ces places à la fin de novembre, pour y soutenir Custine contre les Prussiens ranimés et remontant le Rhin. Bournonville fit valoir ces raisons; mais on était en disposition de conquérir, on voulait punir l'électeur de Trèves de sa conduite envers la France, et Beurnonville eut ordre de tenter une attaque qu'il essaya avec autant d'ardeur que s'il l'avait approuvée. Après quelques combats brillants et opiniâtres, il fut obligé d'y renoncer et de se replier vers la Lorraine. Dans cette situation, Custine se sentait

Novembre 1792

Kellermann remplacé par Beurnonville.

Tentative infructueuse sur Trèves.

> Novembre 1792.
> Situation de l'armée du Rhin

compromis sur les bords du Mein ; mais il ne voulait pas, en se retirant, avouer sa témérité et le peu de solidité de sa conquête, et il persistait à s'y maintenir sans aucune espérance fondée de succès. Il avait placé dans Francfort une garnison de deux mille quatre cents hommes, et quoique cette force fût tout à fait insuffisante dans une place ouverte et au milieu d'une population indisposée par des contributions injustes, il ordonnait au commandant de s'y maintenir; et lui, posté à Ober-Usel et Hombourg, un peu au-dessous de Francfort, affectait une constance et une fierté ridicule. Telle était la situation de l'armée sur ce point, à la fin de novembre et au commencement de décembre.

> Position de l'armée des Alpes.

Rien ne s'était donc encore effectué le long du Rhin. Aux Alpes, Montesquiou, qu'on a vu négociant avec la Suisse et tâchant à la fois de faire entendre raison à Genève et au ministère français, Montesquiou avait été obligé d'émigrer. Une accusation avait été dirigée contre lui, pour avoir compromis, disait-on, la dignité de la France, en laissant insérer dans le projet de convention un article par lequel nos troupes devaient s'éloigner, et surtout en exécutant cet article du projet. Un décret fut lancé contre lui, et il se réfugia dans Genève. Mais son ouvrage était garanti par sa modération, et tandis qu'on le mettait en accusation, on transigeait avec Genève d'après les bases qu'il avait fixées. Les troupes bernoises se retiraient, les troupes françaises se cantonnaient sur les limites convenues, la précieuse neutralité suisse était assurée à la France, et l'un de ses flancs était garanti pour plusieurs années. Cet important service avait été méconnu, grâce aux inspirations de Clavière, et grâce aussi à une susceptibilité de parvenus que nous devions à nos victoires de la veille.

<small>Novembre 1792.

Neutralité de la Suisse.</small>

Dans le comté de Nice on avait glorieusement repris le poste de Sospello, que les Piémontais nous avaient arraché pour un instant, et qu'ils avaient perdu de nouveau après un échec considérable. Ce succès était dû à l'habileté du général Brunet. Nos flottes, qui dominaient dans la Méditerranée, allaient à Gênes, à Naples, où régnaient des branches de la maison de Bourbon, et enfin dans tous les États d'Italie, faire reconnaître la nouvelle république française. Après une canonnade devant Naples, on avait obtenu la reconnaissance de la république, et nos flottes revenaient fières des aveux arrachés par elles. Aux Pyrénées régnaient une parfaite immobilité, et Servan, faute de moyens, avait la plus grande peine à recomposer l'armée d'observation. Malgré des dépenses énormes de cent quatre-vingts, de deux cents millions par mois, toutes les armées des Pyrénées, des Alpes, de la Moselle, étaient dans la même détresse, par la désorganisation des services et par la confusion qui régnait au ministère

<small>Reconnaissance de la république française par les gouvernements d'Italie.</small>

de la guerre. Au milieu de cette misère, nous n'en avions pas moins l'ivresse et l'orgueil de la victoire. Dans ce moment, les esprits exaltés par Jemmapes, par la prise de Francfort, par l'occupation de la Savoie et de Nice, par le subit retour de l'opinion européenne en notre faveur, crurent entendre s'ébranler les monarchies, et s'imaginèrent un instant que les peuples allaient renverser les trônes et se former en républiques. — « Ah! s'il était vrai, » s'écriait un membre des Jacobins, à propos de la réunion de la Savoie à la France; « s'il était vrai
« que le réveil des peuples fût arrivé; s'il était vrai
« que le renversement de tous les trônes dût être
« la suite prochaine du succès de nos armées et du
« volcan révolutionnaire; s'il était vrai que les
« vertus républicaines vengeassent enfin le monde
« de tous les crimes couronnés; que chaque région,
« devenue libre, forme alors un gouvernement con-
« forme à l'étendue plus ou moins grande que la
« nature lui aura fixée, et que de toutes ces Conven-
« tions nationales, un certain nombre de députés
« extraordinaires forment au centre du globe une
« Convention universelle, qui veille sans cesse au
« maintien des droits de l'homme, à la liberté
« générale du commerce, et à la paix du genre hu-
« main!.....[1] »

[1]. Discours de Milhaud, député du Cantal, prononcé aux Jacobins en novembre 1792.

Dans ce moment, la Convention, apprenant les vexations commises par le duc de Deux-Ponts contre quelques sujets de sa dépendance, rendit, dans un élan d'enthousiasme, le secret suivant :

Novembre 1792.

« La Convention nationale déclare qu'elle accor-
« dera secours et fraternité à tous les peuples qui
« voudront recouvrer leur liberté, et elle charge le
« pouvoir exécutif de donner des ordres aux gé-
« néraux des armées françaises, pour secourir les
« citoyens qui auraient été ou qui seraient vexés
« pour la cause de la liberté.

La Convention promet secours aux peuples qui voudront recouvrer leur liberté.

« La Convention nationale ordonne aux généraux
« des armées françaises de faire imprimer et afficher
« le présent décret dans tous les lieux où ils porte-
« ront les armes de la république.

« Paris, le 19 novembre 1792. »

FIN DU LIVRE DIXIÈME.

LIVRE XI.

MORT DE LOUIS XVI.

État des partis au moment du procès de Louis XVI. — Caractère et opinions des membres du ministère à cette époque, Roland, Pache, Lebrun, Garat, Monge et Clavière. — Détails sur la vie intérieure de la famille royale dans la tour du Temple. — Commencement de la discussion sur la mise en jugement de Louis XVI; résumé des débats; opinion de Saint-Just. — État fâcheux des subsistances; détails et questions d'économie politique. — Discours de Robespierre sur le jugement du roi. — La Convention décrète que le roi sera jugé par elle. — Papiers trouvés dans *l'armoire de fer*. — Premier interrogatoire de Louis XVI à la Convention. — Choc des opinions et des intérêts pendant le procès; inquiétude des jacobins. — Position du duc d'Orléans; on propose son bannissement. — Continuation du procès de Louis XVI. Sa défense. — Débats tumultueux à la Convention. — Les girondins proposent l'appel au peuple; opinion du député Salles; discours de Robespierre; discours de Vergniaud. — Position des questions. Louis XVI est déclaré coupable et condamné à mort, sans appel au peuple et sans sursis à l'exécution. Détails sur les débats et les votes émis. — Assassinat du député Lepelletier-Saint-Fargeau. Agitation dans Paris. — Louis XVI fait ses adieux à sa famille; ses derniers moments dans la prison et sur l'échafaud.

État des partis au moment du procès de Louis XVI.

Le procès de Louis XVI allait enfin commencer, et les partis s'attendaient ici pour mesurer leurs forces, pour découvrir leurs intentions, et se juger définitivement. On observait surtout les girondins, pour surprendre chez eux le moindre mouvement de pitié, et les accuser de royalisme si la grandeur déchue parvenait à les toucher.

MORT DE LOUIS XVI.

Le parti des jacobins, qui poursuivait dans la personne de Louis XVI la monarchie tout entière, avait fait des progrès sans doute, mais il trouvait une opposition encore assez forte à Paris, et surtout dans le reste de la France. Il dominait dans la capitale par son club, par la commune, par les sections, mais la classe moyenne reprenait courage, et lui opposait encore quelque résistance. Pétion ayant refusé la mairie, le médecin Chambon avait obtenu une grande majorité de suffrages, et avait accepté à regret des fonctions qui convenaient peu à son caractère modéré et nullement ambitieux. Ce choix prouve la puissance que possédait encore la bourgeoisie dans Paris même, et elle en avait une bien plus grande dans le reste de la France. Les propriétaires, les commerçants, toutes les classes moyennes enfin, n'avaient déserté ni les conseils municipaux, ni les conseils de départements, ni les sociétés populaires, et envoyaient des adresses à la majorité de la Convention, dans le sens des lois et de la modération. Beaucoup de sociétés affiliées aux Jacobins improuvaient la société-mère, et lui demandaient hautement la radiation de Marat, quelques-unes même celle de Robespierre. Enfin, des Bouches-du-Rhône, du Calvados, du Finistère, de la Gironde, partaient de nouveaux fédérés, qui, devançant les décrets comme au

Novembre 1792.

Puissance de la bourgeoisie.

10 août, venaient protéger la Convention et assurer son indépendance.

Les jacobins ne possédaient pas encore les armées; les états-majors et l'organisation militaire continuaient de les en repousser. Ils avaient cependant envahi un ministère, celui de la guerre. Pache le leur avait ouvert par faiblesse, et il avait remplacé par des membres du club tous ses anciens employés. On se tutoyait dans ses bureaux, on y allait en sale costume, on y faisait des motions, et il s'y trouvait quantité de prêtres mariés, introduits par Audoin, gendre de Pache et prêtre marié lui-même. L'un des chefs de ce ministère était Hassenfratz, parvenu, comme tant d'autres, à de hautes fonctions en déployant beaucoup de zèle démagogique. On renouvelait ainsi les administrations de l'armée, et, autant que possible, on remplissait l'armée elle-même d'une nouvelle classe et d'une nouvelle opinion. Aussi, tandis que Roland était voué à la haine des jacobins, Pache était chéri, loué par eux. On vantait sa douceur, sa modestie, sa grande capacité, et on les opposait à la sévérité de Roland, qu'on appelait de l'orgueil. Roland en effet n'avait donné aux jacobins aucun accès dans son ministère de l'intérieur. Observer les rapports des corps constitués, ramener dans les limites ceux qui s'en écartaient, maintenir la tranquillité publique, surveiller les sociétés populaires, pourvoir aux subsistances, protéger le commerce et les propriétés, c'est-à-dire veiller à toute l'administration intérieure de l'État : telles étaient ses immenses fonctions, et il les remplissait avec une rare énergie. Tous les jours, il dénonçait la commune, poursuivait ses excès de pouvoir, ses dilapidations, ses envois de commissaires; il arrêtait ses correspondances, ainsi que celles des jacobins, et substituait à leurs écrits violents d'autres écrits pleins de modération, qui produisaient partout le meilleur effet. Il veillait à toutes les propriétés d'émigrés échues à l'État, donnait un grand soin aux subsistances, réprimait les désordres dont elles étaient l'occasion, et se multipliait en quelque sorte pour opposer aux passions révolutionnaires la loi et la force quand il le pouvait. On conçoit quelle différence les jacobins devaient mettre entre Pache et Roland. Les familles des deux ministres contribuaient elles-mêmes à rendre cette différence plus sensible. La femme, les filles de Pache allaient dans les clubs, dans les sections, paraissaient même dans les casernes des fédérés, qu'on voulait gagner à la cause, et se distinguaient par un bas jacobinisme de cette épouse de Roland, polie et fière, et surtout entourée de ces orateurs si brillants et si odieux.

Novembre 1792.
Énergie
de Roland.

Pache et Roland étaient donc les deux hommes autour desquels on se rangeait dans le conseil. Clavière, aux finances, quoiqu'il fût souvent brouillé avec tous les autres, par l'extrême irascibilité de son caractère, revenait toujours à Roland quand il était apaisé. Lebrun, faible, mais attaché aux girondins par ses lumières, travaillait beaucoup avec Brissot; et les jacobins, appelant ce dernier un intrigant, disaient qu'il était maître de tout le gouvernement, parce qu'il aidait Lebrun dans les travaux de la diplomatie. Garat, en contemplant les partis d'une hauteur métaphysique, se contentait de les juger, et ne se croyait pas tenu de les combattre. Il semblait se croire dispensé de soutenir les girondins, parce qu'il leur découvrait des torts; il se faisait de son inertie une véritable sagesse. Cependant les jacobins acceptaient la neutralité d'un esprit aussi distingué comme un précieux avantage, et la payaient de quelques éloges. Monge enfin, esprit mathématique, patriote prononcé, peu disposé pour les théories un peu vagues des girondins, suivant l'exemple de Pache, laissait envahir son ministère par les jacobins, et, sans désavouer les girondins auxquels il devait son élévation, recevait les éloges de leurs adversaires, et partageait la popularité du ministre de la guerre.

Ainsi, trouvant deux complaisants dans Pache et Monge, un idéologue indifférent dans Garat, mais un adversaire inexorable dans Roland, qui ralliait à lui Lebrun et Clavière, et souvent ramenait les autres, le parti jacobin n'avait pas encore le gouvernement de l'État, et répétait partout qu'il n'y avait qu'un roi de moins dans le nouvel ordre de choses, mais qu'à part cela, c'était le même despotisme, les mêmes intrigues et les mêmes trahisons. Il disait que la révolution ne serait complète et sans retour que lorsqu'on aurait détruit l'auteur secret de toutes les machinations et de toutes les résistances, enfermé au Temple.

On voit quelles étaient les forces respectives des partis et l'état de la révolution à l'instant où fut commencé le procès de Louis XVI. Ce prince avec sa famille habitait la grande tour du Temple. La commune, ayant la disposition de la force armée et le soin de la police dans la capitale, avait aussi la garde du Temple, et c'est à son autorité ombrageuse, inquiète et peu généreuse, que la famille royale était soumise. Cette famille infortunée, étant gardée par une classe d'hommes bien inférieure à celle dont se composait la Convention, ne devait s'attendre ni à la modération ni aux égards que l'éducation et des mœurs polies inspirent toujours pour le malheur. Elle avait d'abord été placée dans la petite tour; mais elle fut ensuite transportée dans la grande, parce qu'on jugea que la surveillance en serait plus facile et plus sûre. Le roi occupait un étage, et les princesses avec les enfants en occupaient un autre. On les réunissait pendant le jour, et on leur permettait de passer ensemble les tristes instants de leur captivité. Un seul domestique avait obtenu la permission de les suivre dans leur prison : c'était le fidèle Cléry, qui, échappé aux massacres du 10 août, était rentré au milieu de Paris pour servir dans leur infortune ceux qu'il avait servis jadis dans l'éclat de leur toute-puissance. Il était levé dès le commencement du jour, et se multipliait pour remplacer auprès de ses maîtres les nombreux serviteurs qui les entouraient autrefois. On déjeunait à neuf heures dans la chambre du roi. A dix heures, toute la famille se réunissait chez la reine; Louis XVI s'occupait alors de l'éducation de son fils. Il lui faisait apprendre quelques vers de Racine et de Corneille, et ensuite il lui donnait les premières notions de la géographie, science qu'il avait cultivée lui-même avec beaucoup d'ardeur et de succès. La reine, de son côté, travaillait à l'éducation de sa fille, et puis s'occupait avec sa sœur à des ouvrages de tapisserie. A une heure, quand le temps était beau, la famille tout entière était conduite dans les jardins pour y respirer l'air, et y faire une courte promenade. Plusieurs municipaux et officiers de garde l'accompagnaient, et, suivant les occasions, elle trouvait quelquefois des visages humains et attendris, quelquefois durs et méprisants. Les hommes peu cultivés sont peu généreux, et chez eux la grandeur n'est pas pardonnée aussitôt qu'elle est abattue. Qu'on se figure des artisans grossiers, sans lumières, maîtres de cette famille dont ils se reprochaient d'avoir si longtemps souffert le pouvoir et alimenté le luxe, et l'on concevra quelles basses vengeances ils devaient quelquefois exercer sur elle! Souvent le roi et la reine entendaient de cruels propos, et retrouvaient, sur les murs des cours et des corridors, l'expression d'une haine que l'ancien gouvernement avait fréquemment méritée, mais que Louis XVI ni son épouse n'avaient rien fait pour inspirer. Cependant ils trouvaient parfois un soulagement dans de furtives expressions d'intérêt, et ils continuaient ces promenades douloureuses à cause de leurs enfants, auxquels l'exercice était nécessaire. Tandis qu'ils parcouraient tristement cette cour du Temple, ils apercevaient aux fenêtres des maisons voisines une foule d'anciens sujets encore attachés à leurs maîtres, et qui venaient contempler l'espace étroit où était renfermé le monarque déchu. A deux heures, la promenade finissait, et l'on servait le dîner. Après le dîner, le roi prenait quelque repos; pendant son sommeil, son épouse, sa sœur et sa fille travaillaient en silence, et Cléry, dans une autre salle, exerçait le jeune prince à des jeux de son âge. On faisait ensuite une lecture en commun, on soupait, et chacun rentrait dans son appartement, après un adieu pénible, car ils ne se quittaient jamais sans douleur. Le roi lisait encore pendant plusieurs heures. Montesquieu, Buffon, l'historien Hume, l'Imitation de Jésus-Christ, quelques classiques latins et italiens, formaient ses lectures habituelles. Il avait achevé environ deux cent cinquante volumes à sa sortie du Temple.

Telle était la vie de ce monarque pendant sa triste captivité. Rendu à la vie privée, il était rendu à toutes ses vertus, et devenait digne de l'estime de tous les cœurs honnêtes. Ses ennemis eux-mêmes, en le voyant si simple, si calme, si pur, n'auraient pu se défendre d'une émotion involontaire, et auraient, en faveur des vertus de l'homme, pardonné aux torts du prince.

Précautions prises par la commune.

La commune, extrêmement méfiante, employait les plus gênantes précautions. Des officiers municipaux ne perdaient jamais de vue aucune des personnes de la famille royale, et au moment seul du coucher ils consentaient à en être séparés par une porte fermée. Alors ils plaçaient un lit à l'entrée de chaque appartement, de manière à en fermer la sortie, et y passaient la nuit. Santerre, avec son état-major, faisait chaque jour une visite générale dans toute la tour, et en rendait un compte régulier. Les officiers municipaux de garde formaient une espèce de conseil permanent, qui, placé dans une salle de la tour, était chargé de donner des ordres, et de répondre à toutes les demandes des prisonniers. D'abord on avait laissé dans la prison, encre, papier et plumes; mais bientôt on enleva tous ces objets, ainsi que tous les instruments tranchants, comme couteaux, rasoirs, ciseaux, canifs, et l'on fit les recherches les plus minutieuses et les plus offensantes pour découvrir ceux de ces instruments qui auraient pu être cachés. Ce fut une grande peine pour les princesses, qui dès lors furent privées de leurs ouvrages de couture, et ne purent plus réparer leurs vêtements, déjà dans un assez mauvais état, n'ayant pas été renouvelés depuis la translation au Temple. Dans le sac du château, presque tout ce qui tenait à l'usage personnel de la famille royale avait été détruit. L'épouse de l'ambassadeur d'Angleterre envoya du linge à la reine, et la commune, sur la demande du roi, en fit faire pour toute la famille. Quant aux habits et vêtements, ni le roi ni la reine ne songèrent à en demander; ils en auraient sans doute obtenu s'ils en avaient exprimé le désir. Quant à l'argent, on leur remit en septembre une somme de 2,000 francs pour leurs menues dépenses; mais on ne voulut plus leur en donner depuis, parce qu'on craignait l'usage qu'ils en pourraient faire. Une somme était déposée dans les mains de l'administrateur du Temple, et sur la demande des prisonniers on achetait les divers objets dont ils avaient besoin.

Il ne faut pas exagérer les torts de la nature humaine, et supposer que, joignant une exécrable bassesse aux fureurs du fanatisme, les gardiens de la famille prisonnière lui imposassent à plaisir d'indignes privations, et voulussent ainsi lui rendre plus pénible le souvenir de sa grandeur passée. La méfiance était seule cause de certains refus. Ainsi, tandis que la crainte des complots et des communications empêchait qu'on leur accordât plus d'un serviteur dans l'intérieur de la prison, un nombreux domestique était employé à préparer leurs aliments. Treize officiers de bouche remplissaient la cuisine, placée à quelque distance de la tour. Les rapports de la dépense du Temple, où la plus grande décence est observée, où les prisonniers sont qualifiés avec égard, où leur sobriété est vantée, où Louis XVI est justifié du bas reproche de trop se livrer au goût du vin, ces rapports non suspects portent la dépense de la table à 28,745 livres en deux mois. Tandis que treize domestiques occupaient la cuisine, un seul pouvait pénétrer dans la prison, et aidait Cléry à servir les prisonniers à table. Eh bien, tant est ingénieuse la captivité! c'était par ce domestique, dont Cléry avait intéressé la sensibilité, que les nouvelles extérieures pénétraient quelquefois au Temple. On avait toujours laissé ignorer aux malheureux prisonniers les événements du dehors. Les représentants de la commune s'étaient contentés de leur communiquer les journaux qui mentionnaient les victoires de la république, et qui leur ôtaient ainsi tout espoir.

Cléry avait imaginé, pour les tenir au courant, un moyen adroit, et qui lui réussissait assez bien. Par le moyen des communications qu'il s'était ménagées au dehors, il avait fait choisir et payer un crieur public, qui venait se placer sous les fenêtres du Temple, et sous prétexte de vendre des journaux, en rapportait les principaux détails de toute la force de sa voix. Cléry, qui était convenu de l'heure, se plaçait auprès de la même fenêtre, recueillait ce qu'il entendait, et le soir, se penchant sur le lit du roi, à l'instant où il lui en fermait les rideaux, il lui rapportait ce qu'il avait appris. Telle était la situation de la famille infortunée tombée du trône dans les fers, et la manière dont le zèle industrieux d'un serviteur fidèle luttait avec la défiance ombrageuse de ses gardiens.

Les comités avaient enfin présenté leur travail sur le procès de Louis XVI. Dufriche-Valazé avait fait un premier rapport sur les faits reprochés au monarque, et sur les pièces qui pouvaient les constater. Ce rapport, trop long pour être entendu jusqu'au bout, fut imprimé par ordre de la Convention et distribué à chacun de ses membres. Le 7 novembre, le député Mailhe, parlant au nom du comité de législation, présenta le rapport sur les grandes questions auxquelles le procès donnait naissance.

Louis XVI peut-il être jugé?

Quel tribunal prononcera le jugement?

Telles étaient les deux questions essentielles qui allaient occuper les esprits, et qui devaient les agiter profondément. L'impression du rapport fut ordonnée sur-le-champ. Traduit dans toutes les langues, distribué à un nombre considérable d'exemplaires, il remplit bientôt la France et l'Europe. La discussion fut ajournée au 13, malgré Billaud-Varennes, qui voulait qu'on décidât par acclamation la question de la mise en jugement.

Ici allait se livrer la dernière lutte entre les idées de l'Assemblée constituante et les idées de la Convention; et cette lutte devait être d'autant plus violente, que la vie ou la mort d'un roi allait en être le résultat. L'Assemblée constituante était démocratique par ses idées, et monarchique par ses sentiments. Ainsi, tandis qu'elle constituait l'État tout entier en république, par un reste d'affection et de ménagement pour Louis XVI elle conservait la royauté avec les attributs qu'on est convenu de lui accorder, dans le système de la monarchie féodale régularisée. Hérédité, pouvoir exécutif, participation au pouvoir législatif, et surtout inviolabilité, telles sont les prérogatives que l'on reconnaît au trône dans les monarchies modernes, et que la première Assemblée avait laissées à la maison régnante. La participation au pouvoir législatif et le pouvoir exécutif sont des fonctions qui peuvent varier dans leur étendue, et qui ne constituent pas aussi essentiellement la royauté moderne que l'hérédité et l'inviolabilité. De ces deux dernières, l'une assure la transmission perpétuelle et naturelle de la royauté, la seconde la met hors de toute atteinte dans la personne de chaque héritier; toutes deux enfin en font quelque chose de perpétuel qui ne s'interrompt pas, et quelque chose d'inaccessible, qu'aucune pénalité ne peut atteindre. Condamnée à n'agir que par des ministres, qui répondent de ses actions, la royauté n'est accessible que dans ses agents, et l'on a ainsi un point pour la frapper sans l'ébranler. Telle est la monarchie féodale, successivement modifiée par le temps, et conciliée avec le degré de liberté auquel sont parvenus les peuples modernes.

Cependant l'Assemblée constituante avait été portée à mettre une restriction à cette inviolabilité royale. La fuite à Varennes, les entreprises des émigrés, l'amenèrent enfin à penser que la responsabilité ministérielle ne garantirait pas une nation de toutes les fautes de la royauté. Elle avait en conséquence prévu le cas où un monarque se mettrait à la tête d'une armée ennemie pour attaquer la constitution de l'État, ou bien ne s'opposerait pas, par un *acte formel*, à une entreprise de cette nature faite en son nom. Dans ce cas, elle avait déclaré le monarque non point justiciable des lois ordinaires contre la félonie, mais déchu; il était *censé avoir abdiqué la royauté*. Tel est le langage textuel de la loi qu'elle avait rendue. La proposition d'accepter la Constitution, faite par elle au roi, et l'acceptation de la part du roi, avaient rendu le contrat irrévocable, et l'Assemblée avait pris le solennel engagement de tenir comme sacrée la personne des monarques.

C'est en présence d'un engagement pareil que se trouvait la Convention, en décidant du sort de Louis XVI. Mais ces nouveaux constituants, réunis sous le nom de conventionnels, ne se prétendaient pas plus engagés par les institutions de leurs prédécesseurs, que ceux-ci ne s'étaient crus engagés par les vieilles institutions de la féodalité. Les esprits avaient subi un entraînement si rapide, que les lois de 1791 paraissaient aussi absurdes à la génération de 1792, que celles du XIIIe siècle l'avaient paru à la génération de 1789. Les conventionnels ne se croyaient donc pas liés par une loi qu'ils jugeaient absurde, et se déclaraient en insurrection contre elle, comme les États-Généraux contre celle des trois ordres.

On vit donc, dès l'ouverture de la discussion, le 13 novembre, se prononcer deux systèmes opposés : les uns soutenaient l'inviolabilité, les autres la rejetaient absolument. Les idées avaient tellement changé, qu'aucun membre de la Convention n'osait défendre l'inviolabilité comme bonne en elle-même, et ceux même qui étaient pour elle ne la défendaient que comme disposition antérieure dont le bénéfice était acquis au monarque, et qu'on ne pouvait lui contester sans manquer à un engagement national. Encore n'y avait-il que très-peu de députés qui la soutinssent à ce titre d'engagement pris, et les girondins la condamnaient même sous ce rapport. Cependant ils demeuraient hors du débat, et observaient froidement la discussion élevée entre les rares partisans de l'inviolabilité et ses nombreux adversaires.

Novembre 1792.

« D'abord, disaient les adversaires de l'inviolabilité, pour qu'un engagement soit valable, il faut que celui qui s'engage ait le droit de s'engager. Or, la souveraineté nationale est inaliénable, et ne peut pas se lier pour l'avenir. La nation peut bien, en stipulant l'inviolabilité, avoir rendu le pouvoir exécutif inaccessible aux coups du pouvoir législatif; c'est une précaution politique dont on conçoit le motif, dans le système de l'Assemblée constituante; mais, si elle a rendu le roi inviolable pour tous les corps constitués, elle n'a pu le rendre inviolable pour elle-même, car elle ne peut jamais renoncer à la faculté de tout faire et de tout vouloir en tout

Système des adversaires de l'inviolabilité.

temps ; cette faculté constitue sa toute-puissance, qui est inaliénable ; la nation n'a donc pu s'engager envers Louis XVI, et l'on ne peut lui opposer un engagement qu'elle n'a pas pu prendre.

« Secondement, il aurait fallu, même en supposant l'engagement possible, qu'il fût réciproque. Or, il ne l'a jamais été du côté de Louis XVI. Cette Constitution, sur laquelle il veut maintenant s'appuyer, il ne l'a jamais voulue ; il a toujours protesté contre elle, et n'a jamais cessé de travailler à la détruire, non-seulement par des conspirations intérieures, mais par le fer des ennemis. Quel droit a-t-il donc de s'en prévaloir ?

« Qu'on admette même l'engagement comme possible et comme réciproque, il faut encore qu'il ne soit pas absurde, pour avoir quelque valeur. Ainsi l'on conçoit l'inviolabilité qui s'applique à tous les actes ostensibles dont un ministre répond à la place du roi. Pour tous les actes de ce genre, il existe une garantie dans la responsabilité ministérielle, et l'inviolabilité, n'étant pas l'impunité, cesse d'être absurde. Mais pour tous les actes secrets, comme les trames cachées, les intelligences avec l'ennemi, les trahisons enfin, un ministre est-il là pour contresigner et répondre ? Et ces derniers actes cependant resteraient impunis, quoique les plus graves et les plus coupables de tous ! Voilà ce qui est inadmissible, et il faut reconnaître que le roi, inviolable pour les actes de son administration, cesse de l'être pour les actes secrets et criminels qui attaquent la sûreté publique. Ainsi un député, inviolable pour ses fonctions législatives, un ambassadeur pour ses fonctions diplomatiques, ne le sont plus pour tous les autres faits de leur vie privée. L'inviolabilité a donc des bornes, et il est des points sur lesquels la personne du roi cesse d'être inattaquable. Dira-t-on que la déchéance est la peine prononcée contre les perfidies dont un ministre ne répond pas? C'est-à-dire, que la simple privation du pouvoir serait la seule peine qu'on infligerait au monarque, pour en avoir si horriblement abusé! Le peuple qu'il aurait trahi, livré au fer étranger, et à tous les fléaux à la fois, se bornerait à lui dire : Retirez-vous. Ce serait là une justice illusoire, et une nation ne peut pas se manquer ainsi à elle-même, en laissant impuni le crime commis contre son existence et sa liberté.

« Il faut, ajoutaient les mêmes orateurs, il faut à la vérité une peine connue; renfermée dans une loi antérieure, pour pouvoir l'appliquer à un délit. Mais n'y a-t-il pas les peines ordinaires contre la trahison? Ces peines ne sont-elles pas les mêmes dans tous les codes? Le monarque n'était-il pas averti, par la morale de tous les temps et de tous les lieux, que la trahison est un crime; et par la législature de tous les peuples, que ce crime est puni du plus terrible des châtiments? Il faut, outre une loi pénale, un tribunal. Mais voici la nation souveraine qui réunit en elle tous les pouvoirs, celui de juger comme celui de faire les lois, de faire la paix ou la guerre; elle est ici avec sa toute-puissance, avec son universalité, et il n'est aucune fonction qu'elle ne soit capable de remplir; cette nation, c'est la Convention qui la représente, avec mandat de tout faire pour elle, de la venger, de la constituer, de la sauver. La Convention est donc compétente pour juger Louis XVI; elle a des pouvoirs suffisants; elle est le tribunal le plus indépendant, le plus élevé, qu'un accusé puisse choisir, et à moins qu'il ne lui faille des partisans, ou des stipendiés de l'ennemi, pour obtenir justice, le monarque ne peut pas désirer d'autres juges. A la vérité, il aura les mêmes hommes pour accusateurs et pour juges. Mais si, dans les tribunaux ordinaires, exposés dans une sphère inférieure à des causes individuelles et particulières d'erreur, on sépare les fonctions, et l'on empêche que l'accusation ait pour arbitres ceux qui l'ont soutenue, dans le conseil général de la nation, qui est placé au-dessus de tous les intérêts, de tous les motifs individuels, les mêmes précautions ne sont plus nécessaires. *La nation ne saurait errer*, et les députés qui la représentent partagent son infaillibilité et ses pouvoirs.

« Ainsi, continuaient les adversaires de l'inviolabilité, l'engagement contracté en 1791 ne pouvant lier la souveraineté nationale, cet engagement étant sans aucune réciprocité, et renfermant d'ailleurs une clause absurde, celle de laisser la trahison impunie, est tout à fait nul, et Louis XVI peut être mis en cause. Quant à la peine, elle a été connue de tout temps, elle s'est trouvée dans toutes les lois. Quant au tribunal, il est dans la Convention revêtue de tous les pouvoirs législatifs, exécutifs et judiciaires. » Ces orateurs demandaient donc, avec le comité : que Louis XVI fût jugé; qu'il le fût par la Convention nationale; qu'un acte énonciatif des faits à lui imputés fût dressé par des commissaires choisis; qu'il comparût en personne pour y répondre; que des conseils lui fussent accordés pour se défendre, et qu'immédiatement après l'avoir entendu, la Convention prononçât son jugement, par appel nominal.

Novembre 1792.

Les défenseurs de l'inviolabilité n'avaient laissé aucune de ces raisons sans réponse, et avaient réfuté tout le système de leurs adversaires.

« On prétend, disaient-ils, que la nation n'a pas pu aliéner sa souveraineté et s'interdire le droit de punir un attentat commis contre elle-même; que l'inviolabilité prononcée en 1791 ne liait que le corps législatif, mais point la nation elle-même. D'abord, s'il est vrai que la souveraineté nationale

Système
des défenseurs
de
l'inviolabilité.

ne puisse pas s'aliéner, et s'interdire de renouveler ses lois, il est vrai aussi qu'elle ne peut rien sur le passé; ainsi elle ne saurait faire que ce qui a été ne soit pas; elle ne peut point empêcher que les lois qu'elle avait portées aient eu leur effet, et que ce qu'elles absolvaient soit absous; elle peut bien pour l'avenir déclarer que les monarques ne seront plus inviolables, mais, pour le passé, elle ne peut empêcher qu'ils le soient, puisqu'elle les a déclarés tels; elle ne peut surtout rompre les engagements pris avec des tiers, pour lesquels elle devenait simple partie en traitant avec eux. Ainsi donc la souveraineté nationale a pu se lier pour un temps; elle l'a voulu d'une manière absolue, non-seulement pour le corps législatif, auquel elle interdisait toute action judiciaire contre le roi, mais pour elle-même, car le but politique de l'inviolabilité eût été manqué, si la royauté n'eût pas été mise hors de toute atteinte quelconque, de la part des autorités constituées, comme de la part de la nation elle-même.

« Quant au défaut de réciprocité dans l'exécution de l'engagement, tout a été prévu. Le manque de fidélité à l'engagement a été prévu par l'engagement même. Toutes les manières d'y manquer sont comprises dans une seule, la plus grave de toutes, la guerre à la nation, et sont punies de la déchéance, c'est-à-dire de la résolution du contrat existant entre la nation et le roi. Le défaut de réciprocité n'est donc pas une raison qui puisse délier la nation de la promesse de l'inviolabilité.

« L'engagement était donc réel et absolu, commun à la nation comme au corps législatif; le défaut de réciprocité était prévu, et ne peut être une cause de nullité; on va voir enfin que, dans le système de la monarchie, cet engagement n'était point déraisonnable, et qu'il ne peut périr pour cause d'absurdité. En effet, cette inviolabilité ne laissait, quoi qu'on ait dit, aucun crime impuni. La responsabilité ministérielle atteignait tous les actes, parce qu'un roi ne peut pas plus conspirer que gouverner sans agents, et ainsi la justice publique avait toujours prise. Enfin ces crimes secrets, différents des délits ostensibles d'administration, étaient prévus et punis de la déchéance, car toute faute de la part du roi se réduisait, dans cette législation, à la cessation de ses fonctions. On a opposé à cela que la déchéance n'était pas une peine, qu'elle n'était que la privation de l'instrument dont le monarque avait abusé. Mais dans un système où la personne royale devait être inattaquable, la sévérité de la peine n'était pas ce qui importait le plus; l'essentiel était son résultat politique, et ce résultat se trouvait atteint par la privation du pouvoir. D'ailleurs, n'est-ce donc pas une peine que la perte du premier trône de l'univers? Est-ce donc sans une affreuse douleur qu'on perd une couronne qu'en naissant on trouva sur sa tête, et avec laquelle on a vécu, sous laquelle on a été adoré vingt années? Sur des cœurs nourris dans le rang suprême, ce supplice n'est-il pas égal à celui de la mort? D'ailleurs, la peine fût-elle trop douce, elle est telle, d'après une stipulation expresse, et une insuffisance de peine ne peut être dans une loi une cause de nullité. Il est convenu, en législation criminelle, que toutes les fautes de la législation doivent profiter à l'accusé, parce qu'il ne faut pas faire porter au faible désarmé les erreurs du fort. Ainsi donc l'engagement, démontré valable et absolu, ne renfermait rien d'absurde ; aucune impunité n'y était stipulée, et la trahison y trouvait son châtiment. Il n'est donc besoin de recourir ni au droit naturel, ni à la nation, puisque la déchéance est déjà prononcée par une loi antérieure. Cette peine, le roi l'a subie, sans un tribunal qui la prononçât, et d'après la seule forme possible, celle d'une insurrection nationale. Détrôné en ce moment, hors de toute possibilité d'agir, la France ne peut plus rien contre lui, que de prendre des mesures de police pour sa sûreté. Qu'elle le bannisse hors de son territoire pour sa propre sécurité, qu'elle le détienne même, si elle veut, jusqu'à la paix, ou qu'elle le laisse dans son sein redevenir homme, par l'exercice de la vie privée : voilà tout ce qu'elle doit, et tout ce qu'elle peut. Il n'est donc pas nécessaire de constituer un tribunal, d'examiner la compétence de la Convention : le 10 août, tout fut fini pour Louis XVI ; le 10 août, il cessa d'être roi ; le 10 août, il fut mis en cause, jugé, déposé, et tout fut consommé entre lui et la nation. »

<small>Novembre 1792.</small>

Telle était la réponse que les partisans de l'inviolabilité opposaient à leurs adversaires. La souveraineté nationale entendue comme on l'entendait alors, leurs réponses étaient victorieuses, et tous les raisonnements du comité de législation n'étaient que de laborieux sophismes, sans franchise et sans vérité.

On vient de lire ce qui se disait de part et d'autre dans la discussion régulière. Mais, de l'exaltation des esprits et des passions, naissaient un autre système et une autre opinion. Aux Jacobins, dans les rangs de la Montagne, on se demandait déjà s'il était nécessaire d'une discussion, d'un jugement, de formes enfin, pour se délivrer de ce qu'on appelait un tyran, pris les armes à la main et versant le sang de la nation. Cette opinion eut un organe terrible dans le jeune Saint-Just, fanatique austère et froid, qui à vingt ans méditait une société tout idéale, où régneraient l'égalité absolue, la simplicité, l'austérité et une force indestructible. Longtemps avant le 10 août, il rêvait, dans les profondeurs de sa sombre intelligence, cette société surnaturelle, et il était arrivé par fanatisme à cette

<small>Opinion de Saint-Just.</small>

extrémité des opinions humaines à laquelle Robespierre n'était parvenu qu'à force de haine. Neuf au milieu de la révolution, dans laquelle il entrait à peine, étranger encore à toutes les luttes, à tous les torts, à tous les crimes, rangé dans le parti des montagnards par ses opinions violentes, charmant les jacobins par l'audace de son esprit, captivant la Convention par ses talents, il n'avait cependant pas encore acquis une renommée populaire. Ses idées, toujours bien accueillies, mais pas toujours comprises, n'avaient tout leur effet que lorsqu'elles étaient devenues, par les plagiats de Robespierre, plus communes, plus claires et plus déclamatoires.

Il parla après Morisson, le plus zélé des défenseurs de l'inviolabilité, et, sans employer les personnalités contre ses adversaires, parce qu'il n'avait pas encore eu le temps de contracter des haines personnelles, il ne parut s'indigner d'abord que des petitesses de l'Assemblée et des arguties de la discussion[1]. « Quoi! dit-il, vous, le comité, ses adver-
« saires, vous cherchez péniblement des formes
« pour juger le ci-devant roi! vous vous efforcez
« d'en faire un citoyen, de l'élever à cette qualité,
« pour trouver des lois qui lui soient applicables!
« Et moi, au contraire, je dis que le roi n'est pas
« un citoyen, qu'il doit être jugé en ennemi, que

---

1. Séance du 13 novembre.

« nous avons moins à le juger qu'à le combattre,
« et que, n'étant pour rien dans le contrat qui unit
« les Français, les formes de la procédure ne sont
« point dans la loi civile, mais dans la loi *du droit*
« *des gens…* »

Ainsi donc Saint-Just ne voit pas dans le procès une question de justice, mais une question de guerre. « Juger un roi comme un citoyen! ce mot,
« dit-il, étonnera la postérité froide. Juger, c'est
« appliquer la loi; une loi est un rapport de jus-
« tice : quel rapport de justice y a-t-il donc entre
« l'humanité et les rois?

« Régner seulement est un attentat, une usurpa-
« tion que rien ne peut absoudre, qu'un peuple est
« coupable de souffrir, et contre laquelle chaque
« homme a un droit tout personnel. On ne peut
« régner innocemment, la folie en est trop grande.
« Il faut traiter cette usurpation comme les rois
« eux-mêmes traitent celle de leur prétendue au-
« torité. Ne fit-on pas le procès à la mémoire de
« Cromwell, pour avoir usurpé l'autorité de Char-
« les Ier? Et, certes, l'un n'était pas plus usurpateur
« que l'autre; car, lorsqu'un peuple est assez lâche
« pour se laisser dominer par des tyrans, la domi-
« nation est le droit du premier venu, et n'est pas
« plus sacrée, pas plus légitime sur la tête de l'un
« que sur celle de l'autre! »

Passant à la question des formes, Saint-Just n'y

voit que de nouvelles et inconséquentes erreurs. Les formes dans le procès ne sont que de l'hypocrisie : ce n'est point la manière de procéder qui a justifié toutes les vengeances connues des peuples contre les rois, c'est le droit de la force contre la force.

« Un jour, s'écrie-t-il, on s'étonnera qu'au XVIIIe
« siècle on ait été moins avancé que du temps
« de César : là le tyran fut immolé en plein sénat,
« sans autre formalité que vingt-trois coups de
« poignard, et sans autre loi que la liberté de
« Rome. Et aujourd'hui, on fait avec respect le
« procès d'un homme assassin d'un peuple, pris en
« flagrant délit !... »

Envisageant la question sous un autre rapport, tout étranger à Louis XVI, Saint-Just s'élève contre la subtilité et la finesse des esprits, qui nuisent, dit-il, aux grandes choses. La vie de Louis XVI n'est rien, c'est l'esprit dont ses juges vont faire preuve qui l'inquiète ; c'est la mesure qu'ils vont donner d'eux-mêmes qui le frappe. « Les hommes
« qui vont juger Louis ont une république à fon-
« der, et ceux qui attachent quelque importance au
« juste châtiment d'un roi ne fonderont jamais une
« république... Depuis le rapport, une certaine
« incertitude s'est manifestée. Chacun rapproche le
« procès du roi de ses vues particulières : les uns
« semblent craindre de porter plus tard la peine de

« leur courage ; les autres n'ont point renoncé à la
« monarchie ; ceux-ci craignent un exemple de
« vertu qui serait un lien d'unité.....

Novembre 1792.

« Nous nous jugeons tous avec sévérité, je dirai
« même avec fureur ; nous ne songeons qu'à mo-
« difier l'énergie du peuple et de la liberté, tandis
« qu'on accuse à peine l'ennemi commun, et que
« tout le monde, ou rempli de faiblesse, ou engagé
« dans le crime, se regarde avant de frapper le pre-
« mier coup !

« Citoyens, si le peuple romain, après six cents
« ans de vertu et de haine contre les rois, si la
« Grande-Bretagne, après Cromwell mort, vit re-
« naître les rois malgré son énergie, que ne doi-
« vent pas craindre parmi nous les bons citoyens,
« amis de la liberté, en voyant la hache trembler
« dans nos mains, et un peuple, dès le premier
« jour de sa liberté, respecter le souvenir de ses
« fers ? Quelle république voulez-vous établir au
« milieu de nos combats particuliers et de nos fai-
« blesses communes ?.... Je ne perdrai jamais de
« vue que l'esprit avec lequel on jugera le roi sera
« le même que celui avec lequel on établira la ré-
« publique... La mesure de votre philosophie dans
« ce jugement sera aussi la mesure de votre liberté
« dans la Constitution ! »

Il était pourtant des esprits qui, moins fanatisés
que Saint-Just, s'efforçaient de se placer dans des

rapports plus vrais, et tâchaient d'amener l'Assemblée à considérer les choses sous un point de vue plus juste. « Voyez, avait dit Rouzet (séance
« du 15 novembre), la véritable situation du roi
« dans la Constitution de 1791. Il était placé en
« présence de la représentation nationale pour ri-
« valiser avec elle. N'était-il pas naturel qu'il cher-
« chât à recouvrer le plus possible du pouvoir qu'il
« avait perdu ? N'était-ce pas vous qui lui aviez
« ouvert cette lice, et qui l'aviez appelé à y lutter
« avec la puissance législative ? Eh bien ! dans
« cette lice, il a été vaincu ; il est seul, désarmé,
« abattu aux pieds de vingt-cinq millions d'hommes,
« et ces vingt-cinq millions d'hommes auraient l'in-
« utile lâcheté d'immoler le vaincu ! D'ailleurs, ajou-
« tait Rouzet, cet éternel penchant à dominer, pen-
« chant qui remplit le cœur de tous les hommes,
« Louis XVI ne l'avait-il pas réprimé dans le sien,
« plus qu'aucun souverain du monde ? N'a-t-il pas
« fait, en 1789, un sacrifice volontaire d'une par-
« tie de son autorité ? N'a-t-il pas renoncé à une
« partie des droits que ses prédécesseurs s'étaient
« permis d'exercer ? N'a-t-il pas aboli la servitude
« dans ses domaines ? N'a-t-il pas appelé dans ses
« conseils les ministres philosophes, et jusqu'à ces
« empiriques que la voix publique lui désignait ?
« N'a-t-il pas convoqué les États-Généraux, et
« rendu au Tiers-État une partie de ses droits ? »

Faure, député de la Seine-Inférieure, avait montré plus de hardiesse encore. Se rappelant la conduite de Louis XVI, il avait osé en réveiller le souvenir. « La volonté du peuple, avait-il dit, aurait
« pu sévir contre Titus aussi bien que contre Néron,
« et elle aurait pu lui trouver des crimes, ne fût-ce
« que ceux commis devant Jérusalem. Mais où sont
« ceux que vous imputez à Louis XVI ? J'ai mis
« toute mon attention aux pièces lues contre lui ;
« je n'y ai trouvé que la faiblesse d'un homme qui
« se laisse aller à toutes les espérances qu'on lui
« donne de recouvrer son ancienne autorité ; et je
« soutiens que tous les monarques morts dans leur
« lit étaient plus coupables que lui. Le bon Louis XII
« même, en sacrifiant en Italie cinquante mille
« Français pour sa querelle particulière, était mille
« fois plus criminel ! Liste civile, veto, choix de
« ses ministres, femmes, parents, courtisans, voilà
« les séducteurs de Capet ! et quels séducteurs !
« J'invoque Aristide, Épictète ; qu'ils me disent si
« leur fermeté eût tenu à de telles épreuves ! C'est
« sur le cœur des débiles mortels que je fonde mes
« principes ou mes erreurs. Élevez-vous donc à
« toute la grandeur de la souveraineté nationale ;
« concevez tout ce qu'une telle puissance doit comporter de magnanimité. Appelez Louis XVI, non
« comme un coupable, mais comme un Français,
« et dites-lui : Ceux qui t'avaient jadis élevé sur le

« pavois, et nommé leur roi, te déposent aujour-
« d'hui ; tu avais promis d'être leur père, et tu ne
« le fus pas... Répare, par tes vertus comme citoyen,
« la conduite que tu as tenue comme roi. »

Dans l'extraordinaire exaltation des esprits, chacun était conduit à envisager la question sous des rapports différents. Fauchet, ce prêtre constitutionnel qui s'était rendu célèbre en 1789, pour avoir porté dans la chaire le langage de la révolution, avait demandé si la société avait le droit de porter la peine de mort[1]. « La société, avait-il dit,
« a-t-elle le droit d'arracher à un homme la vie
« qu'elle ne lui a pas donnée ? Sans doute elle doit
« se conserver ; mais est-il vrai qu'elle ne le puisse
« que par la mort du coupable ? Et si elle le peut
« par d'autres moyens, n'a-t-elle pas le droit de
« les employer ? Dans cette cause, ajoutait-il, plus
« que dans aucune autre, cette vérité est surtout
« applicable. Quoi ! c'est pour l'intérêt public, c'est
« pour l'affermissement de la république naissante
« que vous allez immoler Louis XVI ! Mais sa fa-
« mille entière mourra-t-elle du même coup qui le
« frappera lui-même ? D'après le système de l'héré-
« dité, un roi ne succède-t-il pas immédiatement à
« un autre ? Êtes-vous débarrassés, par la mort de
« Louis XVI, des droits qu'une famille entière croit

---

1. Séance du 13 novembre.

« avoir reçus d'une possession de plusieurs siècles ?
« La destruction d'un seul est donc inutile. Au
« contraire, laissez subsister le chef actuel qui ferme
« tout accès aux autres ; laissez-le exister avec la
« haine qu'il inspire à tous les aristocrates pour ses
« incertitudes, ses concessions ; laissez-le exister
« avec sa réputation de faiblesse, avec l'avilisse-
« ment de sa défaite, et vous aurez moins à le
« craindre que tout autre. Laissez ce roi détrôné
« errer dans le vaste sein de votre république, sans
« ce cortége de grandeur qui l'entourait ; montrez
« combien un roi est peu de chose réduit à lui-
« même ; témoignez un profond dédain pour le
« souvenir de ce qu'il fut, et ce souvenir ne sera
« plus à craindre ; vous aurez donné une grande
« leçon aux hommes ; vous aurez fait pour la ré-
« publique, sa sûreté et son instruction, plus qu'en
« versant un sang qui ne vous appartient pas.
« Quant au fils de Louis XVI, ajoute Fauchet, s'il
« peut devenir un homme, nous en ferons un ci-
« toyen, comme le jeune Égalité. Il combattra pour
« la république, et nous n'aurons pas peur qu'un
« seul soldat de la liberté le seconde jamais, s'il avait
« la démence de vouloir devenir un traître à la
« patrie. Montrons ainsi aux peuples que nous ne
« craignons rien ; engageons-les à nous imiter ;
« que tous ensemble ils forment un congrès euro-
« péen, qu'ils déposent leurs souverains, qu'ils en-

« voient ces êtres chétifs traîner leur vie obscure le
« long des républiques, et qu'ils leur donnent même
« de petites pensions, car ces êtres-là sont si dé-
« nués de facultés, que le besoin même ne leur
« apprendrait pas à gagner du pain! Donnez donc
« ce grand exemple de l'abolition d'une peine bar-
« bare. Supprimez ce moyen inique de l'effusion du
« sang, et surtout guérissez le peuple du besoin
« qu'il a de le répandre. Tâchez d'apaiser en lui
« cette soif que des hommes pervers voudraient
« exciter pour s'en servir à bouleverser la répu-
« blique. Songez que des hommes barbares vous
« demandent encore cent cinquante mille têtes, et
« qu'après leur avoir accordé celle du ci-devant
« roi, vous ne pourrez leur en refuser aucune.
« Empêchez des crimes qui agiteraient pour long-
« temps le sein de la république, déshonoreraient
« la liberté, ralentiraient ses progrès, et nuiraient
« à l'accélération du bonheur du monde. »

Cette discussion avait duré depuis le 13 jusqu'au 30 novembre, et avait excité une agitation générale. Ceux dont le nouvel ordre de choses n'avait pas entièrement saisi l'imagination, et qui conservaient quelque souvenir de 1789, de la bonté du monarque, de l'amour qu'on lui porta, ne pouvaient comprendre que ce roi, tout à coup transformé en tyran, fût dévoué à l'échafaud. En admettant même ses intelligences avec l'étranger, ils imputaient cette faute à sa faiblesse, à ses entours, à cet invincible amour du pouvoir héréditaire, et l'idée d'un supplice infâme les révoltait. Cependant ils n'osaient pas prendre ouvertement la défense de Louis XVI. Le péril récent auquel nous venions d'être exposés par l'invasion des Prussiens, l'opinion généralement répandue que la cour était la cause secrète de cet envahissement de nos frontières, avaient excité une irritation qui retombait sur l'infortuné monarque, et contre laquelle on n'osait pas s'élever. On se contentait de résister d'une manière générale contre ceux qui demandaient des vengeances; on les peignait comme des instigateurs de troubles, comme des septembriseurs, qui voulaient couvrir la France de sang et de ruines. Sans défendre nommément Louis XVI, on demandait la modération envers les ennemis vaincus. On se recommandait d'être en garde contre une énergie hypocrite, qui, en paraissant défendre la république par des supplices, ne cherchait qu'à l'asservir par la terreur, ou à la compromettre envers l'Europe. Les girondins n'avaient pas encore pris la parole. On supposait, plutôt qu'on ne connaissait, leur opinion, et la Montagne, pour avoir occasion de les accuser, prétendait qu'ils voulaient sauver Louis XVI. Cependant ils étaient incertains dans cette cause. D'une part, rejetant l'inviolabilité, et regardant Louis XVI comme complice de l'inva-

Novembre 1792.

Silence des girondins dans la question du procès de Louis XVI.

sion étrangère, de l'autre, émus en présence d'une grande infortune, et portés en toute occasion à s'opposer à la violence de leurs adversaires, ils ne savaient quel parti prendre, et ils gardaient un silence équivoque et menaçant.

Une autre question agitait en ce moment les esprits, et ne produisait pas moins de troubles que la précédente : c'était celle des subsistances, qui avaient été une grande cause de discorde à toutes les époques de la révolution.

On a déjà vu combien d'inquiétudes et de peines elles avaient causées à Bailly et à Necker, pendant les premiers temps de 1789. Les mêmes difficultés se présentaient plus grandes encore à la fin de 1792, accompagnées des mouvements les plus dangereux. La suspension du commerce pour tous les objets qui ne sont pas de première nécesssité peut bien faire souffrir l'industrie, et à la longue agir sur les classes ouvrières; mais quand le blé, premier aliment, vient à manquer, le trouble et le désordre s'ensuivent immédiatement. Aussi l'ancienne police avait-elle classé le soin des subsistances au rang de ses attributions, comme un des objets qui intéressaient le plus la tranquillité publique.

Les blés ne manquaient pas en 1792; mais la récolte avait été retardée par la saison, et en outre le battage des grains avait été différé par le défaut de bras. Cependant la plus grande cause de disette était ailleurs. En 1792 comme en 1789, le défaut de sûreté, la crainte du pillage sur les routes, et des vexations dans les marchés, empêchaient les fermiers d'apporter leurs denrées. On avait crié aussitôt à l'accaparement. On s'était élevé surtout contre ces riches fermiers qu'on appelait des aristocrates, et dont les fermages trop étendus devaient, disait-on, être divisés. Plus on s'irritait contre eux, moins ils étaient disposés à se montrer dans les marchés, et plus la disette augmentait. Les assignats avaient aussi contribué à la produire. Beaucoup de fermiers, qui ne vendaient que pour amasser, ne voulaient pas accumuler un papier variable, et préféraient garder leurs grains. En outre, comme le blé devenait chaque jour plus rare et les assignats plus abondants, la disproportion entre le signe et la chose s'était constamment accrue, et le renchérissement augmentait d'une manière de plus en plus sensible. Par un accident ordinaire dans toutes les disettes, la prévoyance étant éveillée par la crainte, chacun voulait faire des approvisionnements; les familles, les municipalités, le gouvernement, faisaient des achats considérables, et rendaient ainsi la denrée encore plus rare et plus chère. A Paris, surtout, la municipalité commettait un abus très-grave et très-ancien : elle achetait du blé dans les départements voisins, et le vendait au-dessous du prix, dans la double intention de soulager le

Novembre 1792.

peuple et de se populariser encore davantage. Il résultait de cela que les marchands, écrasés par la rivalité, se retiraient du marché, et que la population des campagnes, attirée par le bas prix, venait absorber une partie des subsistances rassemblées à grands frais par la police. Ces mauvaises mesures, inspirées par de fausses idées économiques et par une ambition de popularité excessive, tuaient le commerce, nécessaire surtout à Paris, où il faut accumuler sur un petit espace une quantité de grains plus grande que nulle autre part. Les causes de la disette étaient donc très-multipliées : d'abord la terreur des fermiers qui s'éloignaient des marchés, le renchérissement provenant des assignats, la fureur de s'approvisionner, et enfin l'intervention de la municipalité parisienne, qui troublait le commerce par sa puissante concurrence.

Moyens proposés pour terminer la disette.

Dans des difficultés pareilles, il est facile de deviner quel parti devaient prendre les deux classes d'hommes qui se partageaient la souveraineté de la France. Les esprits violents qui avaient jusqu'ici voulu écarter toute opposition en détruisant les opposants; qui, pour empêcher les conspirations, avaient immolé tous ceux qu'ils suspectaient de leur être contraires, de tels esprits ne concevaient, pour terminer la disette, qu'un moyen, c'était toujours la force. Ils voulaient qu'on arrachât les fermiers à leur inertie, qu'on les obligeât à se rendre dans les marchés, que là ils fussent contraints de vendre leurs denrées à un prix fixé par les communes; que les grains ne quittassent pas les lieux, et n'allassent pas s'accumuler dans les greniers de ce qu'on appelait les accapareurs. Ils demandaient donc la présence forcée des commerçants dans les marchés, la taxe des prix ou *maximum*, la prohibition de toute circulation, enfin l'obéissance du commerce à leurs désirs, non par l'attrait ordinaire du gain, mais par la crainte des peines et de la mort.

Les esprits modérés désiraient au contraire qu'on laissât le commerce reprendre son cours, en dissipant les craintes des fermiers, en les laissant libres de fixer leurs prix, en leur présentant l'attrait d'un échange libre, sûr et avantageux, en permettant la circulation d'un département à l'autre, pour pouvoir secourir ceux qui ne produisaient pas de blé. Ils proscrivaient ainsi la taxe, les prohibitions de toute espèce, et réclamaient avec les économistes l'entière liberté du commerce des grains dans l'étendue de la France. D'après l'avis de Barbaroux, assez versé dans ces matières, ils demandaient que l'exportation à l'étranger fût soumise à un droit qui augmenterait quand les prix viendraient à s'élever, et qui rendrait ainsi la sortie plus difficile quand la présence de la denrée serait plus nécessaire. Ils n'admettaient l'intervention administrative que pour l'établissement de certains marchés, destinés aux

Novembre 1792.

cas extraordinaires. Ils ne voulaient employer la sévérité que contre les perturbateurs qui violenteraient les fermiers sur les routes ou dans les marchés; ils rejetaient enfin l'emploi des châtiments à l'égard du commerce, car la crainte peut être un moyen de répression, mais elle n'est jamais un moyen d'action; elle paralyse, mais elle n'anime pas les hommes.

Quand un parti devient maître dans un État, il se fait gouvernement, et bientôt forme les vœux et contracte les préjugés ordinaires de tout gouvernement; il veut à tout prix faire avancer toutes choses, et employer la force comme moyen universel. C'est ainsi que les ardents amis de la liberté avaient pour les systèmes prohibitifs la prédilection de tous les gouvernements, et qu'ils trouvaient pour adversaires ceux qui, plus modérés, voulaient non-seulement la liberté dans le but, mais dans les moyens, et réclamaient sûreté pour leurs ennemis, lenteur dans les formes de la justice, et liberté absolue du commerce.

Les girondins faisaient donc valoir tous les systèmes imaginés par les esprits spéculatifs contre la tyrannie administrative; mais ces nouveaux économistes, au lieu de rencontrer, comme autrefois, un gouvernement honteux de lui-même, et toujours condamné par l'opinion, trouvaient des esprits enivrés de l'idée du salut public, et qui croyaient que la force employée pour ce but n'était que l'énergie du bien.

Cette discussion amenait un autre sujet de graves reproches : Roland accusait tous les jours la commune de malverser dans les subsistances, et de les faire renchérir à Paris, en réduisant les prix par une vaine ambition de popularité. Les montagnards répondaient à Roland, en l'accusant lui-même d'abuser de sommes considérables affectées à son ministère pour l'achat des grains, d'être le chef des accapareurs, et de se faire le véritable dictateur de la France, en s'emparant des subsistances.

Tandis que pour ce sujet on disputait dans l'Assemblée, on se révoltait dans certains départements, et particulièrement dans celui d'Eure-et-Loir. Le peuple des campagnes, excité par le défaut de pain, par les instigations des curés, reprochait à la Convention d'être la cause de tous ses maux ; et tandis qu'il se plaignait de ce qu'elle ne voulait pas taxer les grains, il l'accusait en même temps de vouloir détruire la religion. C'est Cambon qui était cause de ce dernier reproche. Passionné pour les économies qui ne portaient pas sur la guerre, il avait annoncé qu'on supprimerait les frais du culte, et que ceux qui *voudraient la messe la paieraient.* Aussi les insurgés ne manquaient pas de dire que la religion était perdue, et par une contradiction singulière, ils reprochaient à la Convention, d'une part, la modération en matière de subsistances, et, de l'autre, la violence à l'égard du culte. Deux membres, envoyés par l'Assemblée, trouvèrent aux environs de Courville un rassemblement de plusieurs mille paysans, armés de fourches et de fusils de chasse, et ils furent obligés, sous peine d'être assassinés, de signer la taxe des grains. Ils y consentirent, et la Convention les désapprouva. Elle déclara qu'ils auraient dû mourir, et abolit la taxe qu'ils avaient signée. On envoya la force armée pour dissiper les rassemblements. Ainsi commençaient les troubles de l'Ouest, par la misère et l'attachement au culte.

Sur la proposition de Danton, l'Assemblée, pour apaiser le peuple de l'Ouest, déclara que son intention n'était pas d'abolir la religion, mais elle persista à repousser le *maximum*. Ainsi, ferme encore au milieu des orages, et conservant une suffisante liberté d'esprit, la majorité conventionnelle se déclarait pour la liberté du commerce contre les systèmes prohibitifs. Si l'on considère donc ce qui se passait dans les armées, dans les administrations, dans le procès de Louis XVI, on verra un spectacle terrible et singulier. Les hommes ardents s'exaltent, et veulent recomposer en entier les armées et les administrations pour en écarter les tièdes et les suspects; ils veulent employer la force contre le commerce pour l'empêcher de s'arrêter, et déployer des

ROBESPIERRE.

vengeances terribles pour effrayer tout ennemi. Les hommes modérés, au contraire, craignent de désorganiser les armées en les renouvelant, de tuer le commerce en usant de contrainte, de soulever les esprits en employant la terreur; mais leurs adversaires s'irritent même de ces craintes, et s'exaltent d'autant plus dans le projet de tout renouveler, de tout forcer, de tout punir. Tel était le spectacle donné en ce moment par le côté gauche contre le côté droit de la Convention.

Novembre 1792.

La séance du 30 avait été fort agitée par les plaintes de Roland contre les fautes de la municipalité, en matière de subsistances, et par le rapport des commissaires envoyés dans le département d'Eure-et-Loir. Tout se rappelle à la fois quand on commence le compte de ses maux. D'une part, on avait rappelé les massacres, les écrits incendiaires; de l'autre, les incertitudes, les restes de royalisme, les lenteurs opposées à la vengeance nationale. Marat avait parlé, et excité une rumeur générale. Robespierre prend la parole au milieu du bruit, et vient proposer, dit-il, un moyen plus puissant que tous les autres pour rétablir la tranquillité publique, un moyen qui ramènera au sein de l'Assemblée l'impartialité et la concorde, qui confondra les ennemis de la Convention nationale, qui imposera silence à tous les libellistes, à tous les auteurs de placards, et déjouera leurs calomnies. « Quel est,

Robespierre propose la mort du roi comme remède à tous les maux.

s'écrie-t-on, quel est ce moyen ? » Robespierre reprend : « C'est de condamner demain le tyran des « Français à la peine de ses crimes, et de détruire « ainsi le point de ralliement de tous les conspira- « teurs. Après-demain vous statuerez sur les sub- « sistances, et le jour suivant vous poserez les bases « d'une Constitution libre. »

Cette manière tout à la fois emphatique et astucieuse d'annoncer les moyens de salut et de les faire consister dans une mesure combattue par le côté droit excite les girondins, et les oblige à s'expliquer sur la grande question du procès. « Vous par- « lez du roi, dit Buzot; la faute des troubles est à « ceux qui voudraient le remplacer. Lorsqu'il sera « temps de s'expliquer sur son sort, je saurai le « faire avec la sévérité qu'il a méritée; mais il ne « s'agit pas de cela ici : il s'agit des troubles, et ils « viennent de l'anarchie; l'anarchie vient de l'inexé- « cution des lois. Cette inexécution susbistera tant « que la Convention n'aura rien fait pour assurer « l'ordre. » Legendre succède aussitôt à Buzot, conjure ses collègues d'écarter toute personnalité, de ne s'occuper que de la chose publique et des séditions qui, n'ayant d'autre objet que de sauver le roi, cesseront quand il ne sera plus. Il propose donc à l'Assemblée d'ordonner que les opinions préparées sur le procès soient déposées sur le bureau, imprimées, distribuées à tous les membres, et qu'on décide ensuite si Louis XVI doit être jugé, sans perdre de temps à entendre de trop longs discours. Jean-Bon-Saint-André s'écrie qu'il n'est pas même besoin de ces questions préliminaires, et qu'il ne s'agit que de prononcer sur-le-champ la condamnation et la forme du supplice. La Convention décrète enfin la proposition de Legendre, et l'impression de tous les discours. La discussion est ajournée au 3 décembre.

<small>Décembre 1792.</small>

Le 3, on réclame de toutes parts la mise en cause, la rédaction de l'acte d'accusation, et la détermination des formes d'après lesquelles le procès doit s'instruire. Robespierre demande la parole, et quoiqu'il eût été décidé que toutes les opinions seraient imprimées et non lues, il obtient d'être entendu, parce qu'il voulait parler, non sur le procès, mais contre le procès lui-même, et pour une condamnation sans jugement.

Il soutient qu'instruire un procès, c'est ouvrir une délibération; que permettre de délibérer, c'est permettre le doute, et une solution même favorable à l'accusé. Or, mettre le crime de Louis XVI en problème, c'est accuser les Parisiens, les fédérés, tous les patriotes enfin qui ont fait la révolution du 10 août; c'est absoudre Louis XVI, les aristocrates, les puissances étrangères et leurs manifestes; c'est en un mot déclarer la royauté innocente et la république coupable.

<small>Discours de Robespierre.</small>

« Voyez aussi, continue Robespierre, quelle au-
« dace ont acquise les ennemis de la liberté depuis
« que vous avez proposé ce doute ! Dans le mois
« d'août dernier, les partisans du roi se cachaient.
« Quiconque eût osé entreprendre son apologie eût
« été puni comme un traître... Aujourd'hui, ils
« relèvent impunément un front audacieux; aujour-
« d'hui, les écrits insolents inondent Paris et les
« départements; des hommes armés et appelés dans
« ces murs à votre insu, contre les lois, ont fait
« retentir cette cité de cris séditieux, et demandent
« l'impunité de Louis XVI ! Il ne vous reste plus
« qu'à ouvrir cette enceinte à ceux qui briguent
« déjà l'honneur de le défendre ! Que dis-je ? au-
« jourd'hui Louis partage les mandataires du peu-
« ple ! On parle pour ou contre lui ! Il y a deux
« mois, qui eût pu soupçonner qu'ici ce serait une
« question s'il était inviolable ? Mais, ajoute Robes-
« pierre, depuis que le citoyen Pétion a présenté
« comme une question sérieuse et qui devait être
« traitée à part, celle de savoir si le roi pouvait être
« jugé, les doctrines de l'Assemblée constituante
« ont reparu ici. O crime ! ô honte ! la tribune du
« peuple français a retenti du panégyrique de
« Louis XVI ! Nous avons entendu vanter les vertus
« et les bienfaits du tyran. Tandis que nous avons
« eu la plus grande peine pour arracher les meil-
« leurs citoyens à l'injustice d'une décision préci-

« pitée, la cause seule du tyran est tellement sa-
« crée, qu'elle ne peut être ni assez longuement ni
« assez librement discutée! Si nous en croyons ses
« apologistes, le procès durera plusieurs mois, il
« atteindra l'époque du printemps prochain, où les
« despotes doivent nous livrer une attaque générale.
« Et quelle carrière ouverte aux conspirateurs! quel
« aliment donné à l'intrigue et à l'aristocratie!

« Juste ciel! les hordes féroces du despotisme
« s'apprêtent à déchirer de nouveau le sein de notre
« patrie au nom de Louis XVI! Louis combat en-
« core contre nous du fond de sa prison, et l'on
« doute s'il est coupable, s'il est permis de le traiter
« en ennemi! On demande quelles sont les lois qui
« le condamnent! On invoque en sa faveur la Con-
« stitution!..... La Constitution vous défendait ce
« que vous avez fait; s'il ne pouvait être puni que
« par la déchéance, vous ne pouviez la prononcer
« sans avoir instruit son procès; vous n'aviez point
« le droit de le retenir en prison; il a celui de
« demander des dommages et intérêts et son élar-
« gissement : la Constitution vous condamne; allez
« aux pieds de Louis invoquer sa clémence! »

Ces déclamations pleines de fiel, qui ne renfer-
maient rien que Saint-Just n'eût déjà dit, produisi-
rent cependant une profonde sensation sur l'Assemblée, qui voulut statuer séance tenante. Robespierre
avait demandé que Louis XVI fût jugé sur-le-champ;

cependant plusieurs membres et Pétion s'obstinèrent à proposer qu'avant de fixer la forme du jugement, on prononçât au moins la mise en jugement; car c'était là, disaient-ils, un préliminaire indispensable, quelque célérité qu'on voulût mettre dans cette procédure. Robespierre veut parler encore, et semble exiger la parole; mais on s'irrite de son insolence, et on lui interdit la tribune. L'Assemblée rend enfin le décret suivant :

La Convention décrète que Louis XVI sera jugé par elle.

« La Convention nationale déclare que Louis XVI « sera jugé par elle. » (3 décembre.)

Le 4, on met en discussion les formes du procès. Buzot, qui avait entendu beaucoup parler de royalisme, réclame la parole pour une motion d'ordre; et pour écarter, disait-il, tout soupçon, il demande la peine de mort contre quiconque proposerait en France le rétablissement de la royauté. Ce sont là des moyens que prennent souvent les partis pour prouver qu'ils sont incapables de ce dont on les accuse. Des applaudissements nombreux accueillent cette inutile proposition; mais les montagnards, qui, dans leur système, n'auraient pas dû l'empêcher, s'y opposent par humeur, et Bazire demande à la combattre. On crie *aux voix! aux voix!* Philipeaux, s'unissant à Bazire, propose de ne s'occuper que de Louis XVI, et de tenir une séance permanente jusqu'à ce qu'il ait été jugé. On demande alors quel intérêt porte les opposants à repousser la proposition

de Buzot, car il n'est personne qui puisse regretter
la royauté. Lejeune réplique que c'est remettre en
question ce qui a été décidé en abolissant la royauté.
« Mais, dit Rewbell, il s'agit d'ajouter une disposi-
« tion pénale au décret d'abolition; ce n'est donc
« pas remettre en question une chose déjà décré-
« tée. » Merlin, plus maladroit que ses prédécesseurs, veut un amendement, et propose de mettre
une exception à l'application de la peine de mort,
dans le cas où la proposition de rétablir la royauté
serait faite dans les assemblées primaires. A ces
mots, des cris s'élèvent de toutes parts. « Voilà,
dit-on, le mystère découvert! On veut un roi, mais
sorti des assemblées primaires, de ces assemblées
d'où se sont élevés Marat, Robespierre et Danton. »
Merlin cherche à se justifier en disant qu'il a voulu
rendre hommage à la souveraineté du peuple. On
lui impose silence en le traitant de royaliste, et l'on
propose de le rappeler à l'ordre. Guadet, alors,
avec une mauvaise foi que les hommes les plus
honnêtes apportent quelquefois dans une discussion
envenimée, soutient qu'il faut respecter la liberté
des opinions, à laquelle on doit d'avoir découvert
un secret important, et qui donne la clef d'une
grande machination. « L'Assemblée, dit-il, ne doit
pas regretter d'avoir entendu cet amendement, qui
lui démontre qu'un nouveau despotisme doit succéder au despotisme détruit, et l'on doit remercier

Merlin, loin de le rappeler à l'ordre. » Une explosion de murmures couvre la voix de Guadet. Bazire, Merlin, Robespierre, crient à la calomnie, et il est vrai que le reproche de vouloir substituer un roi plébéien au roi détrôné était aussi absurde que celui de fédéralisme adressé aux girondins. L'Assemblée décrète enfin la peine de mort contre quiconque voudrait rétablir en France la royauté, sous quelque dénomination que ce puisse être.

Décembre 1792.

Décret portant peine de mort contre quiconque proposerait le rétablissement de la royauté.

On revient aux formes du procès et à la proposition d'une séance permanente. Robespierre demande de nouveau que le jugement soit prononcé sur-le-champ. Pétion, victorieux encore par l'appui de la majorité, fait décider que la séance ne sera pas permanente, ni le jugement instantané, mais que l'Assemblée s'en occupera tous les jours, et toute affaire cessante, de onze à six heures du soir.

Papiers trouvés dans l'armoire de fer.

Les jours suivants furent employés à la lecture des pièces trouvées chez Laporte, et d'autres trouvées plus récemment au château dans une armoire secrète, que le roi avait fait construire dans l'épaisseur d'une muraille. La porte en était en fer, d'où elle fut connue depuis sous le nom d'*armoire de fer*. L'ouvrier employé à la construire la dénonça à Roland, qui, empressé de vérifier le fait, eut l'imprudence de s'y rendre précipitamment, sans se faire accompagner de témoins pris dans l'Assemblée, ce qui donna lieu à ses ennemis de dire qu'il avait soustrait une partie des papiers. Roland y trouva toutes les pièces relatives aux communications de la cour avec les émigrés et avec divers membres des Assemblées. Les transactions de Mirabeau y furent connues, et la mémoire du grand orateur allait être proscrite, lorsqu'à la demande de Manuel, son admirateur passionné, on chargea le comité d'instruction publique de faire de ces documents un plus ample examen [1]. On nomma ensuite une commission pour faire, d'après ces pièces, un acte énonciatif des faits imputés à Louis XVI. Cet acte énonciatif, une fois rédigé, devait être approuvé par l'Assemblée. Louis XVI devait ensuite comparaître en personne à la barre de la Convention, et être interrogé par le président sur chaque article de l'acte énonciatif. Après sa comparution, deux jours lui étaient accordés pour se défendre, et le lendemain de sa défense, le jugement devait être prononcé par appel nominal. Le pouvoir exécutif était chargé de prendre toutes les mesures nécessaires pour assurer la tranquillité publique pendant la translation du roi à l'Assemblée. Ces dispositions avaient été décrétées le 9.

Décembre 1792.

Formes du procès.

Le 10, l'acte énonciatif fut représenté à l'Assem-

---

[1]. Cette révélation eut lieu dans la séance du 5 décembre. On voulait briser immédiatement le buste de Mirabeau, et ordonner que ses cendres fussent enlevées du Panthéon ; mais on se contenta ce jour-là de voiler son buste.

blée, et la comparution de Louis XVI fut arrêtée pour le lendemain 11 décembre.

Ce monarque infortuné allait donc comparaître en présence de la Convention nationale, et y subir un interrogatoire sur tous les actes de son règne. La nouvelle du procès et de l'ordre de comparution avait pénétré jusqu'à Cléry, par les secrets moyens de correspondance qu'il s'était ménagés au dehors, et il ne l'avait transmise qu'en tremblant à cette famille désolée. N'osant la donner au roi lui-même, il la communiqua à Madame Élisabeth, et lui apprit en outre que pendant le procès la commune avait résolu de séparer Louis XVI de sa famille. Il convint avec la princesse d'un moyen de correspondre pendant cette séparation; ce moyen consistait dans l'envoi d'un mouchoir que Cléry, destiné à rester auprès du roi, devait faire parvenir aux princesses si Louis XVI était malade. Voilà tout ce que les malheureux prisonniers avaient la prétention de se communiquer les uns aux autres. Le roi fut averti par sa sœur de sa prochaine comparution, et de la séparation qu'on devait lui faire subir pendant le procès. Il reçut cette nouvelle avec une parfaite résignation, et se prépara à subir avec fermeté cette scène douloureuse.

La commune avait ordonné que, dès le 11 au matin, tous les corps administratifs seraient en séance, que toutes les sections seraient armées, que la garde de tous les lieux publics, caisses, dépôts, etc., serait augmentée de deux cents hommes par poste, que des réserves nombreuses seraient placées sur divers points, avec une forte artillerie, et qu'une escorte d'élite accompagnerait la voiture.

Dès le 11 au matin, la générale annonça dans Paris cette scène si triste et si nouvelle. Des troupes nombreuses entouraient le Temple, et le bruit des armes et des chevaux arrivait jusqu'aux prisonniers, qui feignaient d'ignorer la cause de cette agitation. A neuf heures du matin, la famille, suivant l'usage, se rendit chez le roi, pour y déjeuner. Les officiers municipaux, plus vigilants que jamais, empêchaient par leur présence le moindre épanchement. Enfin on les sépara. Le roi demanda en vain qu'on lui laissât son fils encore quelques instants. Malgré sa prière, le jeune enfant lui fut enlevé, et il demeura seul environ deux heures.

Alors le maire de Paris, le procureur de la commune, arrivèrent, et lui communiquèrent l'arrêt de la Convention, qui le mandait à sa barre sous le nom de Louis Capet. « Capet, reprit le prince, est le nom de l'un de mes ancêtres, et n'est pas le mien. » Il se leva ensuite, et se rendit dans la voiture du maire, qui l'attendait. Six cents hommes d'élite entouraient la voiture. Elle était précédée de trois pièces de canon et suivie de trois autres. Une nombreuse cavalerie formait l'avant-garde et l'arrière-garde. Une foule immense contemplait en silence ce triste cortége, et souffrait cette rigueur comme elle avait souffert si longtemps celles de l'ancien gouvernement. Il y eut quelques cris, mais fort rares. Le prince n'en fut point ému, et s'entretint paisiblement des objets qui étaient sur la route. Dès qu'on fut rendu aux Feuillants, on le déposa dans une salle, en attendant les ordres de l'Assemblée.

Pendant ce temps, on faisait diverses motions relativement à la manière de recevoir Louis XVI. On proposait qu'aucune pétition ne pût être entendue, qu'aucun député ne pût prendre la parole, qu'aucun signe d'improbation ou d'approbation ne pût être donné au roi. « Il faut, dit Legendre, l'effrayer par le silence des tombeaux. » Un murmure condamna ces paroles cruelles. Defermon demanda qu'on disposât un siége pour l'accusé. La proposition fut trouvée trop juste pour être mise aux voix, et l'on plaça un siége à la barre. Par une vanité ridicule, Manuel proposa de discuter la question à l'ordre du jour, pour n'avoir pas l'air de ne s'occuper que du roi, dût-on, ajouta-t-il, le faire attendre à la porte. On se mit donc à discuter une loi sur les émigrés.

Santerre annonce enfin l'arrivée de Louis XVI. Barère est président. « Citoyens, dit-il, l'Europe « vous regarde. La postérité vous jugera avec une

« sévérité inflexible; conservez donc la dignité et
« l'impassibilité qui conviennent à des juges. Sou-
« venez-vous du silence terrible qui accompagna
« Louis ramené de Varennes. »

<small>Décembre 1792.</small>

Louis paraît à la barre vers deux heures et demie. Le maire et les généraux Santerre et Wittengoff sont à ses côtés. Un silence profond règne dans l'Assemblée. La dignité de Louis, sa contenance tranquille, dans une si grande infortune, touchent tout le monde. Les députés du milieu sont émus. Les girondins éprouvent un profond attendrissement. Saint-Just, Robespierre, Marat, sentent défaillir eux-mêmes leur fanatisme, et s'étonnent de trouver un homme dans le roi dont ils demandent le supplice.

« Asseyez-vous, dit Barère à Louis, et répondez aux questions qui vont vous être adressées. » Louis s'assied, et entend la lecture de l'acte énonciatif, article par article. Là, toutes les fautes de la cour étaient rappelées et rendues personnelles à Louis XVI. On lui reprochait l'interruption des séances le 20 juin 1789, le lit de justice tenu le 23 du même mois, la conspiration aristocratique, déjouée par l'insurrection du 14 juillet, le repas des gardes du corps, les outrages faits à la cocarde nationale, le refus de sanctionner la Déclaration des Droits ainsi que les divers articles constitutionnels; tous les faits enfin qui manifestaient une nou-

<small>Acte énonciatif des faits imputés à Louis XVI.</small>

velle conspiration en octobre, et qui furent suivis des scènes des 5 et 6; les discours de réconciliation qui avaient suivi toutes ces scènes, et qui promettaient un retour qui n'était pas sincère; le faux serment prêté à la fédération du 14 juillet; les menées de Talon et de Mirabeau pour opérer une contre-révolution; l'argent donné pour corrompre une foule de députés; la réunion des chevaliers du Poignard le 28 février 1791; la fuite à Varennes; la fusillade du Champ-de-Mars; le silence gardé sur la convention de Pilnitz; le retard apporté à la promulgation du décret qui réunissait Avignon à la France; les mouvements de Nîmes, Montauban, Mende, Jallès; la continuation de paie accordée aux gardes du corps émigrés et à la garde constitutionnelle licenciée; la correspondance secrète avec les princes émigrés; l'insuffisance des armées réunies sur la frontière; le refus de sanctionner le décret pour le camp de vingt mille hommes; le désarmement de toutes les places fortes; l'annonce tardive de la marche des Prussiens; l'organisation de compagnies secrètes dans l'intérieur de Paris; la revue des Suisses et des troupes qui formaient la garnison du château le matin du 10 août; le doublement de cette garde; la convocation du maire aux Tuileries; enfin l'effusion du sang qui avait été la suite de ces dispositions militaires.

Si l'on n'admettait pas comme naturel le regret

de son ancienne puissance, tout dans la conduite du roi pouvait être tourné à crime; car sa conduite n'était qu'un long regret, mêlé de quelques efforts timides pour recouvrer ce qu'il avait perdu. A chaque article, le président s'arrêtait en disant: *Qu'avez-vous à répondre?* Le roi, répondant toujours d'une voix assurée, avait nié une partie des faits, rejeté l'autre partie sur ses ministres, et s'était appuyé constamment sur la Constitution, de laquelle il assurait ne s'être jamais écarté. Ses réponses avaient toujours été mesurées. Mais à cette interpellation: *Vous avez fait couler le sang du peuple au 10 août*, il s'écria d'une voix forte: *Non, Monsieur, non, ce n'est pas moi!*

On lui montra ensuite toutes les pièces, et, usant d'un respectable privilége, il refusa d'en avouer une partie, et il contesta l'existence de l'armoire de fer. Cette dénégation produisit un effet défavorable, et elle était impolitique, car le fait était démontré. Il demanda ensuite une copie de l'acte d'accusation ainsi que des pièces, et un conseil pour l'aider dans sa défense.

Le président lui signifia qu'il pouvait se retirer. On lui fit prendre quelques rafraîchissements, dans la salle voisine, et, le faisant remonter en voiture, on le ramena au Temple. Il y arriva à six heures et demie, et son premier soin fut de demander à revoir sa famille; on le lui refusa, en disant que la

Décembre 1792.

Premier
interrogatoire
du roi.

De retour
au Temple,
le roi est séparé
de sa famille.

commune avait ordonné la séparation pendant la durée de la procédure. A huit heures et demie, lorsqu'on lui annonça le moment de souper, il demanda de nouveau à embrasser ses enfants. Les ombrages de la commune rendaient tous les gardiens barbares, et on lui refusa encore cette consolation.

Pendant ce temps, l'Assemblée était livrée au tumulte, par suite de la demande d'un conseil que Louis XVI avait faite. Treilhard, Pétion, insistaient avec force pour que cette demande fût accordée : Tallien, Billaud-Varennes, Chabot, Merlin, s'y opposaient, en disant qu'on allait encore différer le jugement par des chicanes. Enfin l'Assemblée accorda un conseil. Une députation fut chargée d'aller l'apprendre à Louis XVI, et de lui demander sur qui tomberait son choix. Le roi désigna Target, ou à son défaut Tronchet, et tous deux s'il était possible. Il demanda en outre qu'on lui donnât de l'encre, des plumes et du papier, pour travailler à sa défense, et qu'on lui permît de voir sa famille. La Convention décida sur-le-champ qu'on lui donnerait tout ce qui était nécessaire pour écrire, qu'on avertirait les deux défenseurs dont il avait fait choix, qu'il lui serait permis de communiquer librement avec eux, et qu'il pourrait voir sa famille.

Target refusa la commission dont le chargeait

Louis XVI, en donnant pour raison que depuis 1785 il ne pouvait plus se livrer à la plaidoirie. Tronchet écrivit sur-le-champ qu'il était prêt à accepter la défense qui lui était confiée; et, tandis qu'on s'occupait à désigner un nouveau conseil, on reçut une lettre écrite par un citoyen de soixante-dix ans, par le vénérable Malesherbes, ami et compagnon de Turgot et le magistrat le plus respecté de la France. Le noble vieillard écrivait au président : « J'ai été « appelé deux fois au conseil de celui qui fut mon « maître, dans le temps que cette fonction était am-« bitionnée par tout le monde : je lui dois le même « service lorsque c'est une fonction que bien des « gens trouvent dangereuse. »

Il priait le président d'avertir Louis XVI qu'il était prêt à se dévouer à sa défense.

Beaucoup d'autres citoyens firent la même offre, et l'on en instruisit le roi. Il les remercia tous, et n'accepta que Tronchet et Malesherbes. La commune décida que les deux défenseurs seraient fouillés jusque dans les endroits les plus secrets, avant de pénétrer auprès de leur client. La Convention, qui avait ordonné *la libre communication*, renouvela son ordre, et ils purent entrer librement dans le Temple. En voyant Malesherbes, le roi courut au-devant de lui : le vénérable vieillard tomba à ses pieds en fondant en larmes. Le roi le releva, et ils demeurèrent longtemps embrassés. Ils commencèrent aussitôt à s'occuper de la défense. Des commissaires de l'Assemblée apportaient tous les jours au Temple les pièces, et avaient ordre de les communiquer, sans jamais s'en dessaisir. Le roi les compulsait avec beaucoup d'attention, et avec un calme qui, chaque fois, étonnait davantage les commissaires.

La seule consolation qu'il eût demandée, celle de voir sa famille, ne lui était point accordée, malgré le décret de la Convention. La commune, y mettant toujours obstacle, avait demandé le rapport de ce décret. « Vous aurez beau l'ordonner, dit Tallien à la Convention, si la commune ne le veut pas, cela ne sera pas. » Ces insolentes paroles excitèrent un grand tumulte. Cependant l'Assemblée, modifiant son décret, ordonna que le roi pourrait avoir ses deux enfants auprès de lui, mais à condition que les enfants ne retourneraient plus auprès de leur mère pendant tout le procès. Le roi, sentant qu'ils étaient plus nécessaires à leur mère, ne voulut pas les lui enlever, et se soumit à cette nouvelle douleur avec une résignation qu'aucun événement ne pouvait altérer.

A mesure que le procès s'avançait, on sentait davantage l'importance de la question. Les uns comprenaient que procéder par le régicide envers l'ancienne royauté, c'était s'engager dans un système inexorable de vengeances et de cruautés, et déclarer une guerre à mort à l'ancien ordre de choses, qu'ils voulaient bien abolir, mais non pas détruire d'une manière aussi violente. Les autres au contraire désiraient cette guerre à mort, qui n'admettait plus ni faiblesse ni retour et creusait un abîme entre la monarchie et la révolution. La personne du roi disparaissait presque dans cette immense question, et l'on n'examinait plus qu'une chose, savoir, s'il fallait ou ne fallait pas rompre entièrement avec le passé par un acte éclatant et terrible. On ne voyait que le résultat, et l'on perdait de vue la victime sur laquelle allait tomber le coup.

Décembre 1792.

Les girondins, constants à poursuivre les jacobins, leur rappelaient sans cesse les crimes de septembre, et les présentaient comme des anarchistes qui voulaient dominer la Convention par la terreur, et immoler le roi pour le remplacer par les triumvirs. Guadet réussit presque à les expulser de la Convention, en faisant décréter que les assemblées électorales de toute la France seraient convoquées pour confirmer ou révoquer leurs députés. Cette proposition, décrétée et rapportée en quelques minutes, avait singulièrement effrayé les jacobins. D'autres circonstances les inquiétaient bien plus encore. Les fédérés continuaient d'arriver de toutes parts. Les municipalités envoyaient une multitude d'adresses dans lesquelles, en approuvant la répu-

Inquiétudes des jacobins.

blique, et en félicitant l'Assemblée de l'avoir instituée, elles condamnaient les crimes et les excès de l'anarchie. Les sociétés affiliées reprochaient toujours à la société-mère d'avoir dans son sein des hommes de sang qui pervertissaient la morale publique et voulaient attenter à la sûreté de la Convention. Quelques-unes reniaient leur mère, déclaraient ne plus vouloir de l'affiliation, et annonçaient qu'au premier signal elles voleraient à Paris pour soutenir l'Assemblée. Toutes demandaient surtout la radiation de Marat, et quelques-unes celle de Robespierre lui-même.

Les jacobins désolés avouaient que l'opinion se corrompait en France; ils se recommandaient de se tenir unis, de ne pas perdre de temps pour écrire dans les provinces, et éclairer leurs frères égarés; ils accusaient le traître Roland d'arrêter leur correspondance et d'y substituer des écrits hypocrites qui pervertissaient les esprits. Ils proposaient un don volontaire pour répandre les bons écrits, et particulièrement les *admirables* discours de Robespierre, et ils cherchaient les moyens de les faire parvenir malgré Roland, qui violait, disaient-ils, la liberté des postes. Cependant ils convenaient d'une chose, c'est que Marat les compromettait par la violence de ses écrits; et il fallait, suivant eux, que la société-mère apprît à la France quelle différence elle mettait entre Marat, que son tempérament enflammé emportait au delà des bornes, et le sage, le vertueux Robespierre, qui, toujours dans la véritable limite, voulait sans faiblesse, mais sans exagération, ce qui était juste et possible. Une forte dispute s'était engagée sur ces deux hommes. On avait reconnu que Marat était une tête forte et hardie, mais trop emportée. Il avait été utile, disait-on, à la cause du peuple, mais il ne savait pas s'arrêter. Les partisans de Marat avaient répondu qu'il ne croyait pas nécessaire d'exécuter tout ce qu'il avait dit, et qu'il sentait mieux que personne le terme où il fallait s'arrêter. Ils citaient diverses paroles de lui. Marat avait dit : *Il ne faut qu'un Marat dans la république.* — *Je demande le plus pour obtenir le moins.* — *Ma main sécherait plutôt que d'écrire, si je croyais que le peuple exécutât à la lettre tout ce que je lui conseille.* — *Je surfais au peuple, parce que je sais qu'il me marchande.* Des tribunes avaient appuyé cette justification de Marat par leurs applaudissements. Pourtant la société avait résolu de faire une adresse dans laquelle décrivant le caractère de Marat et de Robespierre, elle montrerait quelle différence elle faisait entre la sagesse de l'un et la véhémence de l'autre [1]. Après cette mesure on en proposa plusieurs autres, et surtout on se promit de demander continuellement

Décembre 1792.

---

1. Voyez la note 5 à la fin du volume.

le départ des fédérés pour la frontière. Si l'on apprenait en effet que l'armée de Dumouriez s'affaiblissait par la désertion, les jacobins s'écriaient que le renfort des fédérés lui était indispensable. Marat écrivait que depuis plus d'un an on retenait les volontaires qui étaient partis les premiers, et qu'il était temps de les remplacer par ceux qui séjournaient à Paris : on venait d'apprendre que Custine avait été obligé d'abandonner Francfort, que Beurnonville avait inutilement attaqué l'électorat de Trèves, et les jacobins soutenaient que si ces deux généraux avaient eu avec eux les fédérés qui remplissaient inutilement la capitale, ils n'eussent pas essuyé cet échec.

Les diverses nouvelles de l'inutile tentative de Beurnonville et de l'échec de Custine avaient singulièrement agité l'opinion. Elles étaient faciles à prévoir, car Beurnonville, attaquant par une mauvaise saison, et sans moyens suffisants, des positions inabordables, ne pouvait réussir ; et Custine, s'obstinant à ne pas reculer spontanément sur le Rhin, pour ne pas avouer sa témérité, devait infailliblement être réduit à une retraite à Mayence. Les malheurs publics sont pour les partis une occasion de reproches. Les jacobins, qui n'aimaient pas les généraux suspects d'aristocratie, déclamèrent contre eux, et les accusèrent d'être feuillants et girondins. Marat ne manqua pas de s'élever de nouveau contre la fureur des conquêtes, qu'il avait, disait-il, toujours blâmée, et qui n'était qu'une ambition déguisée des généraux pour arriver à un degré de puissance redoutable. Robespierre, dirigeant le reproche selon les inspirations de sa haine, soutint que ce n'était pas les généraux qu'il fallait accuser, mais la faction infâme qui dominait l'Assemblée, et le pouvoir exécutif. Le perfide Roland, l'intrigant Brissot, les scélérats Louvet, Guadet, Vergniaud, étaient les auteurs de tous les maux de la France. Il demandait à être le premier assassiné par eux; mais il voulait avant tout avoir le plaisir de les dénoncer. Dumouriez et Custine, ajoutait-il, les connaissaient et se gardaient bien de se ranger avec eux : mais tout le monde les craignait parce qu'ils disposaient de l'or, des places et de tous les moyens de la république. Leur intention était de l'asservir, et pour cela ils enchaînaient tous les vrais patriotes, ils empêchaient le développement de leur énergie, et exposaient ainsi la France à être vaincue par ses ennemis. Leur intention était principalement de détruire la société des Jacobins, et de poignarder quiconque aurait le courage de résister. « Et pour moi, s'écriait Robespierre, je demande à être assassiné par Roland ! » (*Séance des Jacobins du* 12 *décembre.*)

Cette haine furibonde, se communiquant à toute la société, la soulevait comme une mer orageuse.

On se promettait un combat à mort contre la faction; on repoussait d'avance toute idée de réconciliation, et comme il avait été question d'un nouveau projet de transaction, on s'engageait à refuser à jamais le *baiser Lamourette*.

Les mêmes scènes se reproduisaient dans l'Assemblée pendant le délai qui avait été accordé à Louis XVI pour préparer sa défense. On ne manquait pas d'y répéter que partout les royalistes menaçaient les patriotes, et répandaient des pamphlets en faveur du roi. Thuriot proposa un moyen, c'était de punir de mort quiconque méditerait de rompre l'unité de la république ou d'en détacher quelque partie. C'était là un décret contre la fable du fédéralisme, c'est-à-dire contre les girondins.

Buzot se hâte de répondre par un autre projet de décret, et demande l'exil de la famille d'Orléans. Les partis échangent les faussetés, et se vengent des calomnies par d'autres calomnies. Tandis que les jacobins accusaient les girondins de fédéralisme, ceux-ci reprochaient aux premiers de destiner le duc d'Orléans au trône, et de ne vouloir immoler Louis XVI que pour rendre la place vacante.

Le duc d'Orléans existait à Paris, s'efforçant en vain de se faire oublier dans le sein de la Convention. Cette place sans doute ne lui convenait pas au milieu de furieux démagogues; mais où fuir? En Europe, l'émigration l'attendait, et les outrages, peut-être même les supplices, menaçaient ce parent de la royauté qui avait répudié sa naissance et son rang. En France, il s'efforçait de cacher son rang sous les titres les plus humbles, et il se nommait *Égalité*. Mais il restait l'ineffaçable souvenir de son ancienne existence, et le témoignage toujours présent de ses immenses richesses. A moins de prendre les haillons, de se rendre méprisable à force de cynisme, comment échapper aux soupçons? Dans les rangs girondins, il eût été perdu dès le premier jour, et tous les reproches de royalisme qu'on leur faisait eussent été justifiés. Dans ceux des jacobins, il avait la violence de Paris pour appui; mais il ne pouvait pas échapper aux accusations des girondins, et c'est ce qui lui arriva en effet. Ceux-ci, ne lui pardonnant pas de se ranger avec leurs ennemis, supposaient que, pour se rendre supportable, il prodiguait ses trésors aux anarchistes et leur fournissait le secours de sa puissante fortune.

L'ombrageux Louvet croyait mieux, et s'imaginait sincèrement qu'il nourrissait toujours l'espoir de la royauté. Sans partager cette opinion, mais pour combattre la sortie de Thuriot par une autre, Buzot monte à la tribune. « Si le décret proposé
« par Thuriot doit ramener la confiance, je vais,
« dit-il, vous en proposer un qui ne la ramènera
« pas moins. La monarchie est renversée, mais elle
« vit encore dans les habitudes, dans les souvenirs

« de ses anciennes créatures. Imitons les Romains :
« ils ont chassé Tarquin et sa famille; comme eux,
« chassons la famille des Bourbons. Une partie de
« cette famille est dans les fers, mais il en est une
« autre bien plus dangereuse, parce qu'elle fut
« plus populaire, c'est celle d'Orléans. Le buste
« d'Orléans fut promené dans Paris; ses fils, bouil-
« lants de courage, se distinguent dans nos armées,
« et les mérites mêmes de cette famille la rendent
« dangereuse pour la liberté. Qu'elle fasse un der-
« nier sacrifice à la patrie en s'exilant de son sein;
« qu'elle aille porter ailleurs le malheur d'avoir
« approché du trône, et le malheur plus grand
« encore de porter un nom qui nous est odieux,
« et dont l'oreille d'un homme libre ne peut man-
« quer d'être blessée. » Louvet succédant à Buzot,
et s'adressant à d'Orléans lui-même, lui cite l'exil
volontaire de Collatin, et l'engage à l'imiter. Lanjuinais rappelle les élections de Paris dont Égalité
fait partie, et qui se firent sous le poignard de la
faction anarchique; il rappelle les efforts qu'on a
tentés pour nommer ministre de la guerre un chan-
celier de la maison d'Orléans, l'influence que les
fils de cette famille ont acquise dans les armées, et
par toutes ces raisons, il demande le bannissement
des Bourbons. Bazire, Saint-Just, Chabot, s'y refusent, plutôt par opposition aux girondins que par
intérêt pour d'Orléans. Ils soutiennent que ce n'est

pas le moment de sévir contre le seul des Bourbons qui se soit loyalement conduit envers la nation, qu'il faut d'abord punir le Bourbon prisonnier, faire ensuite la Constitution, et qu'après on s'occupera des citoyens devenus dangereux ; qu'au reste, envoyer d'Orléans hors de France, c'est l'envoyer à la mort, et qu'il faut au moins ajourner cette cruelle mesure. Néanmoins le bannissement est décrété par acclamation. Il ne s'agit plus que de décider l'époque du bannissement en rédigeant le décret. « Puisque vous employez l'ostracisme contre Égalité, dit Merlin, employez-le contre tous les hommes dangereux, et tout d'abord je le demande contre le pouvoir exécutif. — Contre Roland ! s'écrie Albitte. — Contre Roland et Pache ! ajoute Barère, qui sont devenus une cause de division parmi nous. Qu'ils soient bannis l'un et l'autre du ministère, pour nous rendre le calme et l'union. Cependant Kersaint craint que l'Angleterre ne profite cette désorganisation du ministère pour nous faire une guerre désastreuse, comme elle fit en 1757, lorsque d'Argenson et Machau furent disgraciés.

Rewbell demande si l'on peut bannir un représentant du peuple, et si Philippe Égalité n'appartient pas à ce titre à la nation qui l'a nommé. Ces diverses observations arrêtent le mouvement des esprits. On s'interrompt, on revient, et sans révoquer le décret de bannissement contre les Bour-

Décembre 1792.

L'exil du duc d'Orléans est décrété et ajourné.

bons, on ajourne la discussion à trois jours, pour se calmer, et pour réfléchir plus mûrement à la question de savoir si l'on pouvait bannir Égalité, et destituer sans danger les deux ministres de l'intérieur et de la guerre.

Après cette discussion, on devine quel désordre dut régner dans les sections, à la commune et aux Jacobins. On cria de toutes parts à l'ostracisme, et les pétitions se préparèrent pour la reprise de la discussion. Les trois jours écoulés, la discussion recommença; le maire vint à la tête des sections demander le rapport du décret. L'Assemblée passa à l'ordre du jour après la lecture de l'adresse; mais Pétion, voyant quel tumulte excitait cette question, en demanda l'ajournement après le jugement de Louis XVI. Cette espèce de transaction fut adoptée, et l'on se jeta de nouveau sur la victime contre laquelle s'acharnaient toutes les passions. Le célèbre procès fut donc aussitôt repris.

Le temps accordé à Louis XVI pour préparer sa défense était à peine suffisant pour compulser les immenses matériaux sur lesquels elle devait être établie. Ses deux défenseurs demandèrent à s'en adjoindre un troisième, plus jeune et plus actif, qui rédigerait et prononcerait la défense, tandis qu'ils en chercheraient et prépareraient les moyens. Ce jeune adjoint était l'avocat Desèze, qui avait défendu Bezenval après le 14 juillet. La Convention, ayant accordé la défense, ne refusa pas un nouveau conseil, et M. Desèze eut, comme Malesherbes et Tronchet, la faculté de pénétrer au Temple. Une commission y portait tous les jours les pièces, les montrait à Louis XVI, qui les recevait avec beaucoup de sang-froid, et comme si ce procès *eût regardé un autre*, disait un rapport de la commune. Il montrait aux commissaires la plus grande politesse, et leur faisait servir à manger quand les séances avaient été trop longues. Pendant qu'il s'occupait ainsi de son procès, il avait trouvé un moyen de correspondre avec sa famille. Il écrivait au moyen du papier et des plumes qu'on lui avait donnés pour travailler à sa défense, et les princesses traçaient leur réponse sur du papier avec des piqûres d'épingle. Quelquefois on pliait les billets dans des pelotons de fil, qu'un garçon de l'office, en servant le repas, jetait sous la table; quelquefois on les faisait descendre par une ficelle d'un étage à un autre. Les malheureux prisonniers se donnaient ainsi des nouvelles de leur santé, et trouvaient une grande consolation à apprendre qu'ils n'étaient point malades.

Décembre 1792.

Enfin, M. Desèze avait terminé sa défense en y travaillant nuit et jour. Le roi lui fit retrancher tout ce qui était trop oratoire, et voulut s'en tenir à la simple discussion des moyens qu'il avait à faire valoir. Le 26, à neuf heures et demie du

Défense du roi présentée par Desèze.

matin, toute la force armée était en mouvement pour le conduire du Temple aux Feuillants, avec les mêmes précautions et dans le même ordre que lors de sa première comparution. Monté dans la voiture du maire, il s'entretint avec lui pendant le trajet avec la même tranquillité que de coutume. On parla de Sénèque, de Tite-Live, des hôpitaux; il adressa même une plaisanterie assez fine à un des municipaux, qui avait dans la voiture le chapeau sur la tête. Arrivés aux Feuillants, il montra beaucoup de sollicitude pour ses défenseurs; il s'assit à leurs côtés dans l'Assemblée, regarda avec beaucoup de calme les bancs où siégeaient ses accusateurs et ses juges, sembla rechercher sur leur visage l'impression que produisait la plaidoirie de M. Desèze, et plus d'une fois il s'entretint en souriant avec Tronchet et Malesherbes. L'Assemblée accueillit sa défense avec un morne silence, et ne témoigna aucune improbation.

Le défenseur s'occupa d'abord des principes du droit, et en second lieu des faits imputés à Louis XVI. Bien que l'Assemblée, en décidant que le roi serait jugé par elle, eût implicitement décrété que l'inviolabilité ne pouvait être invoquée, M. Desèze démontra fort bien que rien ne pouvait limiter la défense, et qu'elle demeurait entière, même après le décret; que par conséquent, si Louis jugeait l'inviolabilité soutenable, il avait le droit de la faire valoir. Il fut d'abord obligé de reconnaître la souveraineté du peuple ; et, avec tous les défenseurs de la Constitution de 1791, il soutint que la souveraineté, bien que maîtresse absolue, pouvait s'engager ; qu'elle l'avait voulu à l'égard de Louis XVI, en stipulant l'inviolabilité ; qu'elle n'avait pas voulu une chose absurde dans le système de la monarchie ; que par conséquent l'engagement devait être exécuté ; et que tous les crimes possibles, le roi en eût-il commis, ne pouvaient être punis que de la déchéance. Il dit que, sans cela, la Constitution de 1791 serait un piége barbare tendu à Louis XVI, puisqu'on lui aurait promis avec l'intention secrète de ne pas tenir ; que, si l'on refusait à Louis ses droits de roi, il fallait lui laisser au moins ceux de citoyen ; et il demanda où étaient les formes conservatrices que tout citoyen avait droit de réclamer, telles que la distinction entre le jury d'accusation et celui de jugement, la faculté de récusation, la majorité des deux tiers, le vote secret, et le silence des juges pendant que leur opinion se formait. Il ajouta, avec une hardiesse qui ne rencontra qu'un silence absolu, qu'il cherchait partout des juges et ne trouvait que des accusateurs. Il passa ensuite à la discussion des faits, qu'il rangea sous deux divisions, ceux qui avaient précédé et ceux qui avaient suivi l'acceptation de l'acte constitutionnel. Les premiers étaient couverts par l'acceptation de cet acte, les autres par l'inviolabilité. Cependant il ne refusait pas de les discuter, et il le fit avec avantage, parce qu'on avait amassé une foule de faits insignifiants, à défaut de la preuve précise des intelligences avec l'étranger ; crime dont on était persuadé, mais dont la preuve positive manquait encore. Il repoussa victorieusement l'accusation d'avoir versé le sang français au 10 août. Dans ce jour, en effet, l'agresseur n'était pas Louis XVI, mais le peuple. Il était légitime que Louis XVI, attaqué, cherchât à se défendre, et qu'il prît les précautions nécessaires. Les magistrats eux-mêmes l'avaient approuvé, et avaient donné aux troupes l'ordre formel de repousser la force par la force. Malgré cela, disait M. Desèze, le roi n'avait pas voulu faire usage de cette autorisation qu'il tenait et de la nature et de la loi, et il s'était retiré dans le sein du corps législatif pour éviter toute effusion de sang. Le combat qui avait suivi ne le regardait plus, devait même lui valoir des actions de grâces plutôt que des vengeances, puisque c'était sur un ordre de sa main que les Suisses avaient abandonné la défense du château et de leur vie. Il y avait donc une criante injustice à reprocher à Louis XVI d'avoir versé le sang français, et sur ce point il avait été irréprochable ; il s'était montré au contraire plein de délicatesse et de vertu.

Le défenseur termina par ces mots si courts, si

justes, et les seuls où il fût question des vertus de Louis XVI :

« Louis était monté sur le trône à vingt ans,
« et à vingt ans il donna sur le trône l'exemple
« des mœurs ; il n'y porta aucune faiblesse cou-
« pable ni aucune passion corruptrice ; il y fut éco-
« nome, juste, sévère, et il s'y montra toujours
« l'ami constant du peuple. Le peuple désirait la
« destruction d'un impôt désastreux qui pesait sur
« lui, il le détruisit ; le peuple demandait l'abo-
« lition de la servitude, il commença par l'abolir
« lui-même dans ses domaines ; le peuple sollicitait
« des réformes dans la législation criminelle pour
« l'adoucissement du sort des accusés, il fit ces ré-
« formes ; le peuple voulait que des milliers de
« Français, que la rigueur de nos usages avait
« privés jusqu'alors des droits qui appartiennent
« aux citoyens, acquissent ces droits ou les recou-
« vrassent, il les en fit jouir par ses lois ; le peuple
« voulut la liberté, il la lui donna ! Il vint même
« au-devant de lui par ses sacrifices, et cependant
« c'est au nom de ce même peuple qu'on demande
« aujourd'hui..... Citoyens, je n'achève pas..... je
« m'arrête devant l'histoire : songez qu'elle jugera
« votre jugement, et que le sien sera celui des
« siècles ! »

Louis XVI, prenant la parole immédiatement après son défenseur, prononça quelques mots qu'il

Décembre 1792.

Paroles de Louis XVI à la Convention.

avait écrits. « On vient, dit-il, de vous exposer mes « moyens de défense ; je ne les renouvellerai point ; « en vous parlant peut-être pour la dernière fois, je « vous déclare que ma conscience ne me reproche « rien, et que mes défenseurs vous ont dit la vérité.

« Je n'ai jamais craint que ma conduite fût exa-« minée publiquement ; mais mon cœur est déchiré « de trouver dans l'acte d'accusation l'imputation « d'avoir voulu faire répandre le sang du peuple, « et surtout que les malheurs du 10 août me soient « attribués !

« J'avoue que les preuves multipliées que j'avais « données, dans tous les temps, de mon amour « pour le peuple, et la manière dont je m'étais tou-« jours conduit, me paraissaient devoir prouver « que je ne craignais pas de m'exposer pour épar-« gner son sang, et éloigner à jamais de moi une « pareille imputation. »

Le président demande ensuite à Louis XVI s'il ne lui reste plus rien à dire pour sa défense. Louis XVI ayant déclaré qu'il a tout dit, le président lui annonce qu'il peut se retirer. Conduit dans une salle voisine avec ses défenseurs, il s'occupe avec sollicitude du jeune Desèze, qui paraît fatigué d'une longue plaidoirie. Ramené ensuite en voiture, il parle avec la même sérénité à ceux qui l'escortent, et arrive au Temple à cinq heures.

A peine avait-il quitté la Convention, qu'un

orage violent s'y était élevé. Les uns voulaient qu'on ouvrît la discussion ; les autres, se plaignant des délais éternels qu'on apportait à la décision de ce procès, demandaient sur-le-champ l'appel nominal, en disant que, dans tout tribunal, après avoir ouï l'accusé, on passait aux voix. Lanjuinais nourrissait depuis le commencement du procès une indignation que son caractère impétueux ne lui permettait plus de contenir. Il s'élance à la tribune, et au milieu des cris qu'excite sa présence, il demande, non pas un délai pour la discussion, mais l'annulation même de la procédure ; il s'écrie que le temps des hommes féroces est passé, qu'il ne faut pas déshonorer l'Assemblée en lui faisant juger Louis XVI ; que personne n'en a le droit en France, et que l'Assemblée particulièrement n'a aucun titre pour le faire ; que si elle veut agir comme corps politique, elle ne peut prendre que des mesures de sûreté contre le ci-devant roi ; mais que si elle agit comme tribunal, elle est hors de tous les principes, car c'est faire juger le vaincu par le vainqueur lui-même, puisque la plupart des membres présents se sont déclarés les conspirateurs du 10 août. Au mot de *conspirateurs*, un tumulte épouvantable s'élève de toutes parts. On crie *à l'ordre ! à l'Abbaye ! à bas de la tribune !* Lanjuinais veut en vain justifier le mot de *conspirateurs*, en disant qu'il doit être pris ici dans un sens favorable, et que le 10 août

Décembre 1792.

Débats tumultueux à la Convention.

Lanjuinais.

fut une conspiration glorieuse : il continue au milieu du bruit, et finit en déclarant qu'il aimerait mieux périr mille fois que de condamner, contre toutes les lois, le tyran même le plus abominable !

Une foule d'orateurs lui succèdent, et le tumulte ne fait que s'accroître. On ne veut plus rien entendre, on quitte sa place, on se mêle, on se forme par groupes, on s'injurie, on se menace, et le président est obligé de se couvrir. Après une heure d'agitation, le calme se rétablit enfin, et l'Assemblée, adoptant l'avis de ceux qui demandaient la discussion sur le procès de Louis XVI, déclare que la discussion est ouverte, et qu'elle sera continuée, toutes affaires cessantes, jusqu'à ce que l'arrêt soit rendu.

La discussion est donc reprise le 27 ; la foule des orateurs déjà entendus reparaît à la tribune. Saint-Just s'y montre de nouveau. La présence de Louis XVI, humilié, vaincu, et serein encore dans l'infortune, a fait naître quelques objections dans son esprit. Mais il répond à ces objections en appelant Louis un tyran modeste et souple, qui a opprimé avec modestie, qui se défend avec modestie, et contre la douceur insinueuse duquel il faut se prémunir avec le plus grand soin. Il a appelé les États-Généraux, mais c'était pour humilier la noblesse et régner en divisant ; aussi, quand il a vu la puissance des États s'élever si rapidement, il a voulu la détruire. Au 14 juillet, aux 5 et 6 octobre, on l'a vu amasser secrètement des moyens pour accabler le peuple ; mais chaque fois que ses conspirations étaient déjouées par l'énergie nationale, il feignait de revenir lui-même, il montrait de sa défaite et de la victoire du peuple une joie hypocrite et qui n'était pas naturelle. Depuis, ne pouvant plus faire usage de la force, il corrompait les défenseurs de la liberté, il complotait avec l'étranger, il désespérait les ministres, dont l'un était obligé de lui écrire : *Vos relations secrètes m'empêchent d'exécuter les lois, et je me retire.* Enfin il avait employé tous les moyens de la plus profonde perfidie jusqu'au 10 août, et maintenant encore il affectait une feinte douceur pour ébranler ses juges et leur échapper.

C'est ainsi que les incertitudes si naturelles de Louis XVI se peignaient dans un esprit violent, qui voyait une perfidie forte et calculée là où il n'y avait que faiblesse et regret du passé. D'autres orateurs succèdent à Saint-Just, et l'on attend avec impatience que les girondins prennent la parole. Ils ne s'étaient pas prononcés encore, et il était temps qu'ils s'expliquassent. On a déjà vu quelles étaient et leurs incertitudes, et leurs dispositions à s'émouvoir, et leur penchant à excuser dans Louis XVI une résistance qu'il étaient plus capables de comprendre que leurs adversaires. Vergniaud convint devant quelques amis de l'attendrissement qu'il éprouvait. Sans être aussi touchés peut-être, les autres étaient tout disposés à s'intéresser à la victime, et, dans cette situation, ils imaginèrent un moyen qui décèle leur émotion et l'embarras de leur position : ce moyen était l'appel au peuple. Se décharger d'une responsabilité dangereuse, et rejeter sur la nation le reproche de barbarie si le roi était condamné, ou celui de royalisme s'il était absous, tel était le but des girondins, et c'était un acte de faiblesse. Puisqu'ils étaient touchés à la vue de la profonde infortune de Louis XVI, ils devaient avoir le courage de le défendre eux-mêmes, et ne devaient pas provoquer la guerre civile en renvoyant aux quarante-quatre mille sections qui partageaient la France une question qui allait infailliblement mettre tous les partis en présence, et soulever les passions les plus furieuses. Il fallait se saisir fortement de l'autorité, avoir le courage d'en user soi-même, sans se décharger sur la multitude d'un soin dont elle était incapable, et qui eût exposé le pays à une confusion épouvantable. Ici, les girondins donnèrent à leurs adversaires un avantage immense, en les autorisant à répondre qu'ils fomentaient la guerre civile, et en faisant suspecter leur courage et leur franchise. Aussi ne manqua-t-on pas de dire chez les jacobins que ceux qui voulaient absoudre Louis XVI étaient plus francs et plus estimables que ceux qui voulaient en appeler au peuple. Mais telle est l'ordinaire conduite des partis modérés; se conduisant ici comme aux 2 et 3 septembre, les girondins hésitaient à se compromettre pour un roi qu'ils regardaient comme un ennemi, et qui, dans leur persuasion, avait voulu les détruire par le fer étranger; cependant, émus à la vue de cet ennemi vaincu, ils essayaient de le défendre, ils s'indignaient de la violence commise à son égard, et ils faisaient assez pour se perdre eux-mêmes, sans faire assez pour le sauver.

<small>Décembre 1792.</small>

Salles, celui de tous qui se prêtait le mieux aux imaginations de Louvet, et qui même le surpassait dans la supposition de complots imaginaires, Salles proposa et soutint le premier le système de l'appel au peuple, dans la séance du 27. Livrant à tout le blâme des républicains la conduite de Louis XVI, et avouant qu'elle méritait toute la sévérité qu'on pourrait déployer, il fit observer cependant que ce n'était point une vengeance, mais un grand acte de politique que l'Assemblée devait exercer; il soutint donc que c'était sous le point de vue de l'intérêt public que la question devait être jugée. Or, dans les deux cas, de l'absolution et de la condamnation, il voyait des inconvénients énormes. L'absolution serait une cause éternelle de discorde, et le roi deviendrait le point de ralliement de tous les partis. Le souvenir de ses attentats serait constam-

<small>Opinion du député Salles.</small>

ment rappelé à l'Assemblée pour lui reprocher son indulgence : cette impunité serait un scandale public qui provoquerait peut-être des révoltes populaires, et qui servirait de prétexte à tous les agitateurs. Les hommes atroces qui avaient déjà bouleversé l'État par leurs crimes, ne manqueraient pas de s'autoriser de cet acte de clémence pour commettre de nouveaux attentats, comme ils s'étaient autorisés de la lenteur des tribunaux pour exécuter les massacres de septembre. De toutes parts, enfin, on accuserait la Convention de n'avoir pas eu le courage de terminer tant d'agitations, et de fonder la république par un exemple énergique et terrible.

Condamné, le roi léguerait à sa famille toutes les prétentions de sa race, et les léguerait à des frères plus dangereux, parce qu'ils étaient moins déconsidérés par leur faiblesse. Le peuple ne voyant plus les crimes, mais le supplice, viendrait peut-être à s'apitoyer sur le sort du roi, et les factieux trouveraient encore dans cette disposition un moyen de l'irriter contre la Convention nationale. Les souverains de l'Europe gardaient un morne silence dans l'attente d'un événement qu'ils espéraient devoir soulever une indignation générale; mais dès que la tête du roi serait tombée, tous, profitant de ce prétexte, fondraient à la fois sur la France pour la déchirer. Peut-être alors la France, aveuglée par ses souffrances, reprocherait à la Convention un acte qui lui aurait valu une guerre cruelle et désastreuse.

Telle est, disait Salles, la funeste alternative offerte à la Convention nationale. Dans une situation pareille, c'est à la nation elle-même à se décider, et à fixer son sort en fixant celui de Louis XVI. Le danger de la guerre civile est chimérique, car la guerre civile n'a pas éclaté en convoquant les assemblées primaires pour nommer une Convention qui devait décider du sort de la France, et l'on ne paraît pas la redouter davantage dans une occasion tout aussi grave, puisqu'on défère à ces mêmes assemblées primaires la sanction de la Constitution. On objecte vainement les longueurs et les difficultés d'une nouvelle délibération dans quarante-quatre mille assemblées; car il ne s'agit pas de délibérer, mais de choisir sans discussion entre les deux propositions présentées par la Convention. On posera ainsi la question aux assemblées primaires: Louis XVI sera-t-il puni de mort, ou détenu jusqu'à la paix? Et elles répondront par ces mots: *détenu*, ou *mis à mort*. Avec des courriers extraordinaires, la réponse peut être arrivée en quinze jours des extrémités les plus éloignées de la France.

Cette opinion avait été écoutée avec des dispositions très-diverses. Serres, député des Hautes-Alpes, se rétracte de sa première opinion, qui était pour le jugement, et demande l'appel au peuple.

Barbaroux combat la justification de Louis XVI, sans prendre de conclusions, car il n'osait absoudre contre le vœu de ses commettants, ni condamner contre celui de ses amis. Buzot se prononce pour l'appel au peuple ; toutefois il modifie l'opinion de Salles, et demande que la Convention prenne elle-même l'initiative en votant pour la mort, et en n'exigeant des assemblées primaires que la simple sanction de ce jugement. Rabaut Saint-Étienne, ce ministre protestant déjà distingué par ses talents dans la Constituante, s'indigne de cette cumulation de pouvoirs qu'exerce la Convention. « Quant à
« moi, dit-il, je suis las de ma portion de despo-
« tisme ; je suis fatigué, harcelé, bourrelé de la
« tyrannie que j'exerce pour ma part, et je sou-
« pire après le moment où vous aurez créé un tri-
« bunal qui me fasse perdre les formes et la conte-
« nance d'un tyran..... Vous cherchez des raisons
« politiques ; ces raisons sont dans l'histoire.... Ce
« peuple de Londres, qui avait tant pressé le sup-
« plice du roi, fut le premier à maudire ses juges
« et à se prosterner devant son successeur. Lorsque
« Charles II monta sur le trône, la ville lui donna
« un superbe repas, le peuple se livra à la joie la
« plus extravagante, et il courut assister au sup-
« plice de ces mêmes juges que Charles immola
« depuis aux mânes de son père. Peuple de Paris,
« parlement de France, m'avez-vous entendu?... »

Faure demande le rapport de tous les décrets portant la mise en jugement. Le sombre Robespierre reparaît enfin, tout plein de colère et d'amertume. « Lui aussi, dit-il, avait été touché et « avait senti chanceler dans son cœur la vertu « républicaine, en présence du coupable humilié « devant la puissance souveraine. Mais la dernière « preuve de dévouement qu'on devait à la patrie, « c'était d'étouffer tout mouvement de sensibilité. » Il répète alors tout ce qui a été dit sur la compétence de la Convention, sur les délais éternels apportés à la vengeance nationale, sur les ménagements gardés envers le tyran, tandis qu'on attaque sans aucune espèce de réserve les plus chauds amis de la liberté; il prétend que cet appel au peuple n'est qu'une ressource semblable à celle qu'avait imaginée Guadet en demandant le scrutin épuratoire; que cette ressource perfide avait pour but de remettre tout en question, et la députation actuelle, et le 10 août, et la république elle-même. Ramenant toujours la question à lui-même et à ses ennemis, il compare la situation actuelle à celle de juillet 1791, lorsqu'il s'agissait de juger Louis XVI pour sa fuite à Varennes. Robespierre y avait joué un rôle important. Il rappelle et ses dangers, et les efforts heureux de ses adversaires pour replacer Louis XVI sur le trône, et la fusillade du Champ-de-Mars qui s'en était suivie, et les périls que

Décembre 1792.

Discours de Robespierre.

Louis XVI, replacé sur le trône, avait fait courir à la chose publique. Il signale perfidement ses adversaires d'aujourd'hui comme étant les mêmes que ses adversaires d'autrefois; il se présente comme exposé, et la France avec lui, au même danger qu'alors, et toujours par les intrigues de ces fripons qui s'appellent exclusivement les honnêtes gens. « Aujourd'hui, ajoute Robespierre, ils se taisent
« sur les plus grands intérêts de la patrie; ils s'abs-
« tiennent de prononcer leur opinion sur le der-
« nier roi; mais leur sourde et pernicieuse activité
« produit tous les troubles qui agitent la patrie, et
« pour égarer la majorité saine, mais souvent trom-
« pée, ils poursuivent les plus chauds patriotes
« sous le titre de minorité factieuse. La minorité,
« s'écrie-t-il, se changea souvent en majorité, en
« éclairant les assemblées trompées. La vertu fut
« toujours en minorité sur la terre! Sans cela la
« terre serait-elle peuplée de tyrans et d'esclaves?
« Hampden et Sidney étaient de la minorité, car
« ils expirèrent sur un échafaud. Les Critias, les
« Anitus, les César, les Clodius étaient de la ma-
« jorité, mais Socrate était de la minorité, car il
« avala la ciguë; Caton était de la minorité, car
« il déchira ses entrailles. » Robespierre recommande ensuite le calme au peuple pour ôter tout prétexte à ses adversaires, qui présentent de simples applaudissements donnés à ses députés fidèles

VERGNIAUD.

Publié par Furne, à Paris.

comme une rébellion. « Peuple, s'écrie-t-il, garde
« tes applaudissements, fuis le spectacle de nos
« débats ! Loin de tes yeux nous n'en combattrons
« pas moins. » Il termine enfin en demandant que
Louis XVI soit sur-le-champ déclaré coupable et
condamné à mort.

Décembre 1792

Les orateurs se succèdent le 28, le 29, et jusqu'au 31. Vergniaud prend enfin la parole pour la première fois, et l'on écoute avec un empressement extraordinaire les girondins s'exprimant par la bouche de leur plus grand orateur, et rompant un silence dont Robespierre n'était pas le seul à les accuser.

Discours de Vergniaud.

Vergniaud développe d'abord le principe de la souveraineté du peuple, et distingue les cas où les représentants doivent s'adresser à elle. Il serait trop long, trop difficile de recourir à un grand peuple pour tous les actes législatifs; mais pour certains actes d'un haute importance, il en est tout autrement. La Constitution, par exemple, a été d'avance destinée à la sanction nationale. Mais cet objet n'est pas le seul qui mérite une sanction extraordinaire. Le jugement de Louis a de si graves caractères, soit par la cumulation de pouvoirs qu'exerce l'Assemblée, soit par l'inviolabilité qui avait été constitutionnellement accordée au monarque, soit enfin par les effets politiques qui doivent résulter d'une condamnation, qu'on ne saurait contester sa haute importance, et la nécessité de le soumettre au peuple lui-même. Après avoir développé ce système, Vergniaud, qui réfute particulièrement Robespierre, arrive enfin aux inconvénients politiques de l'appel au peuple, et touche à toutes les grandes questions qui divisent les deux partis.

Il s'occupe d'abord des discordes qu'on redoute de voir éclater si l'on renvoie au peuple la sanction du jugement du roi. Il reproduit les raisons données par d'autres girondins, et soutient que si l'on ne craignait pas la guerre civile en réunissant les assemblées primaires pour sanctionner la Constitution, il ne voyait pas pourquoi on la redouterait en les réunissant pour sanctionner le jugement du roi. Cette raison, souvent répétée, était de peu de valeur, car la Constitution n'était pas la véritable question de la révolution, elle ne pouvait être que le règlement détaillé d'une institution déjà décrétée et consentie, la république. Mais la mort du roi étant une question formidable, il s'agissait de savoir si, en procédant par la voie de mort contre la royauté, la révolution romprait sans retour avec le passé, et marcherait par les vengeances et une énergie inexorable au but qu'elle se proposait. Or, si une question aussi terrible divisait déjà si fortement la Convention et Paris, il y avait le plus grand danger à la proposer encore aux quarante-quatre mille sections du territoire français. Dans tous les théâtres, dans toutes les sociétés populaires, on disputait tumultueusement, et il fallait que la Convention eût la force de décider elle-même la question, pour ne pas la livrer à la France, qui l'eût peut-être résolue par les armes.

Vergniaud, partageant à cet égard l'opinion de ses amis, soutient que la guerre civile n'est pas à craindre. Il dit que dans les départements les agitateurs n'ont pas acquis la prépondérance qu'une lâche faiblesse leur a laissé usurper à Paris, qu'ils ont bien parcouru la surface de la république, mais qu'ils n'y ont trouvé partout que le mépris, et qu'on a donné le plus grand exemple d'obéissance à la loi, en respectant le sang impur qui coulait dans leurs veines. Il réfute ensuite les craintes qu'on a exprimées sur la véritable majorité qu'on a dit être composée d'intrigants, de royalistes, d'aristocrates; il s'élève contre cette orgueilleuse assertion, que la vertu était en minorité sur la terre. « Citoyens, s'écrie-t-il, Catilina fut en mino-
« rité dans le sénat romain, et si cette minorité eût
« prévalu, c'en était fait de Rome, du sénat et de
« la liberté. Dans l'Assemblée constituante, Maury,
« Cazalès, furent en minorité, et s'ils avaient pré-
« valu, c'en était fait de vous! Les rois aussi sont
« en minorité sur la terre; et pour enchaîner les
« peuples, ils disent aussi que la vertu est en
« minorité ! ils disent aussi que la majorité des

« peuples est composée d'intrigants auxquels il
« faut imposer silence par la terreur, si l'on veut
« préserver les empires d'un bouleversement gé-
« néral. »

Vergniaud demande si, pour faire une majorité conforme aux vœux de certains hommes, il faut employer le bannissement et la mort, changer la France en désert, et la livrer ainsi aux conceptions de quelques scélérats.

Après avoir vengé la majorité et la France, il se venge lui-même et ses amis, qu'il montre résistant toujours, avec un égal courage, à tous les despotismes, celui de la cour et celui des brigands de septembre. Il les montre pendant la journée du 10 août, siégeant au bruit du canon du château, prononçant la déchéance avant la victoire du peuple, tandis que ces Brutus, si pressés aujourd'hui d'égorger les tyrans abattus, cachaient leurs frayeurs dans les entrailles de la terre, et attendaient ainsi l'issue du combat incertain que la liberté livrait au despotisme.

Il rejette ensuite sur ses adversaires le reproche de provoquer à la guerre civile. « Oui, dit-il, ils
« veulent la guerre civile ceux qui, en prêchant
« l'assassinat contre les partisans de la tyrannie,
« appliquent ce nom à toutes les victimes que leur
« haine veut immoler; ceux qui appellent les poi-
« gnards sur les représentants du peuple, et de-

« mandent la dissolution du gouvernement et de
« la Convention ; ceux qui veulent que la minorité
« devienne arbitre de la majorité, qu'elle puisse
« légitimer ses jugements par des insurrections, et
« que les Catilina soient appelés à régner dans le
« sénat. Ils veulent la guerre civile, ceux qui prê-
« chent ces maximes dans tous les lieux publics,
« et pervertissent le peuple en accusant la raison
« de *feuillantisme*, la justice de pusillanimité, et la
« sainte humanité de conspiration.

« La guerre civile, s'écrie l'orateur, pour avoir
« invoqué la souveraineté du peuple !... Cependant
« en juillet 1791 vous étiez plus modestes, vous
« ne vouliez pas la paralyser et régner à sa place.
« Vous faisiez courir une pétition pour consulter
« le peuple sur le jugement à rendre contre Louis
« revenu de Varennes ! Alors vous vouliez de la
« souveraineté du peuple, et vous ne pensiez pas
« que l'invoquer pût exciter la guerre civile ! Se-
« rait-ce qu'alors elle favorisait vos vues secrètes,
« et qu'aujourd'hui elle les contrarie ? »

L'orateur passe ensuite à d'autres considérations.
On a dit que l'Assemblée devait montrer assez de
grandeur et de courage pour faire exécuter elle-
même son jugement sans s'appuyer de l'avis du
peuple. « Du courage, dit-il, il en fallait pour at-
« taquer Louis XVI dans sa toute-puissance ; en
« faut-il tant pour envoyer au supplice Louis

« vaincu et désarmé? Un soldat cimbre entre dans
« la prison de Marius pour l'égorger; effrayé à
« l'aspect de la victime, il s'enfuit sans oser la
« frapper. Si ce soldat avait été membre d'un sé-
« nat, doutez-vous qu'il eût hésité à voter la mort
« du tyran? Quel courage trouvez-vous à faire un
« acte dont un lâche serait capable? »

Il parle encore d'un autre genre de courage, de celui qu'il faut déployer contre les puissances étrangères. « Puisqu'on parle continuellement, dit-il,
« d'un grand acte politique, il n'est pas inutile
« d'examiner la question sous ce rapport. Il n'est
« pas douteux que les puissances n'attendent ce
« dernier prétexte pour fondre toutes ensemble sur
« la France. On les vaincra sans doute; l'héroïsme
« des soldats français en est un sûr garant : mais
« ce sera un surcroît de dépenses, d'efforts de tout
« genre. Si la guerre force à de nouvelles émis-
« sions d'assignats, qui feront croître dans une
« proportion effrayante le prix des denrées de pre-
« mière nécessité; si elle porte de nouvelles et
« mortelles atteintes au commerce; si elle fait ver-
« ser des torrents de sang sur le continent et sur
« les mers, quels si grands services aurez-vous
« rendus à l'humanité? Quelle reconnaissance vous
« devra la patrie pour avoir fait en son nom, et
« au mépris de sa souveraineté méconnue, un acte
« de vengeance devenu la cause ou seulement le

« prétexte d'événements si calamiteux? J'écarte,
« s'écrie l'orateur, toute idée de revers, mais ose-
« rez-vous lui vanter vos services? Il n'y aura pas
« une famille qui n'ait à pleurer ou son père ou son
« fils; l'agriculture manquera bientôt de bras; les
« ateliers seront abandonnés; vos trésors écoulés
« appelleront de nouveaux impôts; le corps social,
« fatigué des assauts que lui livreront au dehors
« les ennemis armés, au dedans les factions sou-
« levées, tombera dans une langueur mortelle.
« Craignez qu'au milieu de ces triomphes, la France
« ne ressemble à ces monuments fameux qui dans
« l'Égypte ont vaincu le temps : l'étranger qui
« passe s'étonne de leur grandeur; s'il veut y pé-
« nétrer; qu'y trouve-t-il? Des cendres inanimées,
« et le silence des tombeaux. »

Après ces craintes, il en est d'autres qui se présentent encore à l'esprit de Vergniaud; elles lui sont suggérées par l'histoire anglaise, et par la conduite de Cromwell, auteur principal, mais caché, de la mort de Charles Ier. Celui-ci, poussant toujours les peuples, d'abord contre le roi, puis contre le parlement lui-même, brisa ensuite son faible instrument, et s'assit au suprême pouvoir.
« N'avez-vous pas, ajoute Vergniaud, n'avez-vous
« pas entendu, dans cette enceinte et ailleurs, des
« hommes crier : *Si le pain est cher, la cause en est*
« *au Temple; si le numéraire est rare, si nos armées*

Décembre 1792.

« sont mal approvisionnées, la cause en est au Tem-
« ple; si nous avons à souffrir chaque jour du spec-
« tacle de l'indigence, la cause en est au Temple!

« Ceux qui tiennent ce langage n'ignorent pas
« cependant que la cherté du pain, le défaut de
« circulation des subsistances, la mauvaise admi-
« nistration dans les armées, et l'indigence dont le
« spectacle nous afflige, tiennent à d'autres causes
« que celles du Temple. Quels sont donc leurs pro-
« jets ? Qui me garantira que ces mêmes hommes
« qui s'efforcent continuellement d'avilir la Con-
« vention, qui peut-être y auraient réussi si la
« majesté du peuple, qui réside en elle, pouvait
« dépendre de leurs perfidies; que ces mêmes
« hommes qui proclament partout qu'une nouvelle
« révolution est nécessaire, qui font déclarer telle
« ou telle section en état d'insurrection permanente,
« qui disent à la commune que, lorsque la Conven-
« tion a succédé à Louis, on n'a fait que changer de
« tyran, et qu'il faut une autre journée du 10 août;
« que ces mêmes hommes qui ne parlent que de
« complots, de mort, de traîtres, de proscriptions ;
« qui publient dans les assemblées de sections et
« dans leurs écrits qu'il faut nommer un *défenseur*
« à la république, qu'il n'y a qu'un chef qui puisse
« la sauver; qui me garantira, dis-je, que ces
« mêmes hommes ne crieront pas, après la mort
« de Louis, avec la plus grande violence : *Si le pain*

« *est cher, la cause en est dans la Convention ; si le*
« *numéraire est rare, si nos armées sont mal appro-*
« *visionnées, la cause en est dans la Convention; si*
« *la machine du gouvernement se traîne avec peine,*
« *la cause en est dans la Convention chargée de la*
« *diriger ; si les calamités de la guerre se sont ac-*
« *crues par les déclarations de l'Angleterre et de*
« *l'Espagne, la cause en est dans la Convention, qui*
« *a provoqué ces déclarations par la condamnation*
« *précipitée de Louis?*

« Qui me garantira qu'à ces cris séditieux de la
« turbulence anarchique ne viendront pas se rallier
« l'aristocratie avide de vengeance, la misère avide
« de changement, et jusqu'à la pitié, que des pré-
« jugés invétérés auront excitée sur le sort de
« Louis ? Qui me garantira que de cette tempête,
« où l'on verra ressortir de leurs repaires les tueurs
« du 2 septembre, on ne vous présentera pas tout
« couvert de sang, et comme un libérateur, ce
« *défenseur*, ce chef, qu'on dit être si nécessaire?
« Un chef! ah! si telle était leur audace, il ne pa-
« raîtrait que pour être à l'instant percé de mille
« coups! Mais à quelles horreurs ne serait pas livré
« Paris, Paris, dont la postérité admirera le courage
« héroïque contre les rois et ne concevra jamais
« l'ignominieux asservissement à une poignée de
« brigands, rebut de l'espèce humaine, qui s'agitent
« dans son sein et le déchirent en tous sens par les

« mouvements convulsifs de leur ambition et de
« leur fureur! Qui pourrait habiter une cité où ré-
« gneraient la terreur et la mort! Et vous, citoyens
« industrieux, dont le travail fait toute la richesse,
« et pour qui les moyens de travail seraient dé-
« truits, vous qui avez fait de si grands sacrifices
« à la révolution, et à qui l'on enlèverait les der-
« niers moyens d'existence, vous dont les vertus,
« le patriotisme ardent et la bonne foi ont rendu la
« séduction si facile, que deviendriez-vous? quelles
« seraient vos ressources? quelles mains essuieraient
« vos larmes et porteraient des secours à vos fa-
« milles désespérées?

« Irez-vous trouver ces faux amis, ces perfides
« flatteurs qui vous auraient précipités dans l'abîme?
« Ah! fuyez-les plutôt! redoutez leur réponse! je
« vais vous l'apprendre. Vous leur demanderiez du
« pain, ils vous diraient : *Allez dans les carrières
« disputer à la terre quelques lambeaux sanglants
« des victimes que vous avez égorgées!* Ou : *Voulez-
« vous du sang? Prenez, en voici! du sang et des
« cadavres, nous n'avons pas d'autre nourriture à
« vous offrir!....* Vous frémissez, citoyens! O ma
« patrie, je demande acte à mon tour des efforts
« que je fais pour te sauver de cette crise déplo-
« rable! »

L'improvisation de Vergniaud avait produit sur
ses auditeurs de tous les côtés une impression pro-

MORT DE LOUIS XVI.

fonde et une admiration générale. Robespierre avait été atterré sous cette franche et entraînante éloquence. Cependant Vergniaud avait ébranlé, mais n'avait pas entraîné l'Assemblée, qui hésitait entre les deux partis. Plusieurs orateurs furent successivement entendus, pour ou contre l'appel au peuple. Brissot, Gensonné, Pétion, le soutinrent à leur tour. Enfin un orateur eut sur la question une influence décisive; ce fut Barère. Par sa souplesse, son éloquence évasive et froide, il était le modèle et l'oracle du milieu. Il parla longuement sur le procès, l'envisagea sous tous les rapports, des faits, des lois et de la politique, fournit des motifs de condamnation à tous les faibles qui ne demandaient que des raisons spécieuses pour céder. Sa médiocre argumentation servit de prétexte à tous ceux qui tremblaient, et dès cet instant le malheureux roi fut condamné. La discussion s'était prolongée jusqu'au 7 janvier 1793, et déjà personne ne voulait plus entendre cette éternelle répétition des mêmes faits et des mêmes raisonnements. La clôture fut prononcée sans opposition; mais la proposition d'un nouvel ajournement excita un soulèvement des plus violents, et fut enfin décidée par un décret qui fixa la position des questions et l'appel nominal au 14 janvier.

Ce jour fatal arrivé, un concours extraordinaire de spectateurs entourait l'Assemblée et remplissait

Janvier 1795.

Opinion de Barère.

Position des questions.

les tribunes. Une foule d'orateurs se pressent pour proposer différentes manières de poser les questions. Enfin, après de longs débats, la Convention renferme toutes les questions dans les trois suivantes :

Louis Capet est-il coupable de conspiration contre la liberté de la nation, et d'attentats contre la sûreté générale de l'État ?

Le jugement, quel qu'il soit, sera-t-il envoyé à la sanction du peuple ?

Quelle peine lui sera-t-il infligé ?

Toute la journée du 14 avait été occupée à poser les questions. Celle du 15 fut réservée à l'appel nominal. L'Assemblée décida d'abord que chaque membre prononcerait son vote à la tribune; que ce vote pourrait être motivé, et serait écrit et signé, que les absents sans cause seraient censurés, mais que ceux qui rentreraient pourraient émettre leur vœu, même après l'appel nominal. Enfin ce fatal appel commence sur la première question. Huit membres sont absents pour cause de maladie, vingt par commission de l'Assemblée. Trente-sept, en motivant leurs votes de diverses manières, reconnaissent Louis XVI coupable, mais se déclarent incompétents pour prononcer un jugement, et ne demandent contre lui que des mesures de sûreté générale. Enfin six cent quatre-vingt-trois membres déclarent sans explication Louis XVI coupable. L'Assemblée se composait de sept cent quarante-neuf membres.

<small>Janvier 1793.</small>

Le président, au nom de la Convention nationale, déclare *Louis Capet coupable de conspiration contre la liberté de la nation, et d'attentats contre la sûreté générale de l'État.*

L'appel nominal recommence sur la seconde question, celle de l'appel au peuple. Vingt-neuf membres sont absents. Quatre, lesquels sont Lafon, Waudelaincourt, Morrison et Lacroix, refusent de voter. Le nommé Noël se récuse. Onze donnent leur opinon avec différentes conditions. Deux cent quatre-vingt-un votent pour l'appel au peuple; quatre cent vingt-trois le rejettent. Le président déclare, au nom de la Convention nationale, que *le jugement de Louis Capet ne sera pas envoyé à la ratification du peuple.*

<small>Rejet de l'appel au peuple.</small>

La journée du 15 avait été absorbée tout entière par ces deux appels nominaux, le troisième fut renvoyé à la séance du lendemain.

L'agitation augmentait dans Paris à mesure que l'instant décisif s'approchait. Aux théâtres, des voix favorables à Louis XVI s'étaient fait entendre à l'occasion de la pièce de *l'Ami des lois.* La commune avait ordonné la suspension de tous les spectacles; mais le conseil exécutif avait révoqué cette mesure, comme attentatoire à la liberté de la presse, dans laquelle on comprenait la liberté du théâtre. Dans les prisons, il régnait une consternation profonde. On avait répandu que les épouvantables journées de septembre devaient s'y renouveler, et les prisonniers, leurs parents, assiégeaient les députés de supplications, pour qu'on les arrachât à la mort. Les jacobins, de leur côté, disaient que de toutes parts on conspirait pour soustraire Louis XVI au supplice, et pour rétablir la royauté. Leur colère, excitée par les délais et les obstacles, en devenait plus menaçante, et les deux partis s'effrayaient ainsi l'un l'autre, en se supposant des projets sinistres. La séance du 16 avait excité un concours encore plus considérable que les précédentes. C'était la séance décisive, car la déclaration de la culpabilité n'était rien si Louis XVI était condamné au simple bannissement, et le but de ceux qui voulaient son salut était rempli, puisque tout ce qu'ils pouvaient attendre dans le moment, c'était de l'arracher à l'échafaud. Les tribunes avaient été envahies de bonne heure par les jacobins, et leurs regards étaient fixés sur le bureau où chaque membre allait paraître pour déposer son vote. Une grande partie du jour est consacrée à des mesures d'ordre public, à appeler les ministres, à les entendre, à provoquer des explications de la part du maire, sur la clôture des barrières, qu'on disait avoir été fermées pendant la journée. La Convention décrète qu'elles resteront ouvertes, et que les fédérés présents à Paris partageront avec les Parisiens le service de la ville et de tous les établissements publics. Comme la journée était avancée, on décide que la séance sera permanente jusqu'à la fin de l'appel nominal. A l'instant où l'appel nominal allait commencer, on demande à fixer à quel nombre de voix l'arrêt doit être rendu. Lehardy propose les deux tiers des voix, comme dans les tribunaux criminels. Danton, qui venait d'arriver de Belgique, s'y oppose fortement, et requiert la simple majorité, c'est-à-dire la moitié des voix plus une. Lanjuinais s'expose à de nouveaux orages, en demandant qu'après tant de violations des formes de la justice, on observe au moins celle qui exige les deux tiers des suffrages. « Nous votons, s'écrie-t-il, sous le poignard et le « canon des factieux! » A ces mots de nombreux cris s'élèvent, et la Convention termine le débat en déclarant que la forme de ses décrets est unique, et que, d'après cette forme, ils sont tous rendus à la simple majorité.

Il est sept heures et demie du soir, et l'appel nominal commence pour durer toute la nuit. Les uns prononcent simplement la mort; les autres se déclarent pour la détention et le bannissement à la paix, un certain nombre votent la mort avec une restriction, c'est d'examiner s'il ne serait pas convenable de surseoir à l'exécution. Mailhe était l'auteur de cette restriction, qui pouvait sauver Louis XVI, car le temps était tout ici, et un délai équivalait à une absolution. Un assez grand nombre de députés s'étaient rangés à cet avis. L'appel continue au milieu du tumulte. Dans ce moment, l'intérêt qu'avait inspiré Louis XVI était parvenu à son comble, et beaucoup de membres étaient arrivés avec l'intention de voter en sa faveur; mais d'autre part aussi, l'acharnement de ses ennemis s'était accru, et le peuple avait fini par identifier la cause de la république avec la mort du dernier roi, et regardait la république comme condamnée, et la royauté comme rétablie, si Louis XVI était sauvé. Effrayés de la fureur que soulevait cette conviction populaire, beaucoup de membres redoutaient la guerre civile, et, quoique fort émus du sort de Louis XVI, étaient épouvantés des suites d'un acquittement. Cette crainte devenait plus grande à la vue de l'Assemblée et de la scène qui s'y passait. A mesure que chaque député montait l'escalier du bureau, on se taisait pour l'entendre; mais après son vote, les mouvements d'approbation et d'improbation s'élevaient aussitôt, et accompagnaient son retour. Les tribunes accueillaient par des murmures tout vote qui n'était point pour la mort; souvent elles adressaient à l'Assemblée elle-même des gestes menaçants. Les députés y répondaient de l'intérieur de la salle, et il en résultait un échange tumultueux de menaces et de paroles injurieuses. Cette scène sombre et terrible avait ébranlé toutes les âmes, et changé bien des résolutions. Lecointre de Versailles, dont le courage n'était pas douteux, et qui n'avait cessé de gesticuler contre les tribunes, arrive au bureau, hésite, et laisse tomber de sa bouche le mot inattendu et terrible : *La mort.* Vergniaud, qui avait paru profondément touché du sort de Louis XVI, et qui avait déclaré à des amis que jamais il ne pourrait condamner ce malheureux prince, Vergniaud, à l'aspect de cette scène désordonnée, croit voir la guerre civile en France, et prononce un arrêt de mort, en y ajoutant néanmoins l'amendement de Mailhe. On l'interroge sur son changement d'opinion, et il répond qu'il a cru voir la guerre civile prête à éclater; et qu'il n'a pas osé mettre en balance la vie d'un individu avec le salut de la France.

Presque tous les girondins adoptèrent l'amendement de Mailhe. Un député dont le vote excita surtout une vive sensation, fut le duc d'Orléans. Obligé de se rendre supportable aux jacobins ou de périr, il prononça la mort de son parent, et retourna à sa place au milieu de l'agitation causée par son vote. Cette triste séance dura toute la nuit du 16, et toute la journée du 17 jusqu'à sept heures du soir. On attendait le recensement des voix avec une impatience extraordinaire. Les avenues étaient remplies d'une foule immense, au milieu de laquelle on se demandait de proche en proche le résultat du scrutin. Dans l'Assemblée on était incertain encore, et l'on croyait avoir entendu les mots de *réclusion* ou de *bannissement* proférés aussi souvent que celui *la mort*. Suivant les uns, il manquait un suffrage pour la condamnation; suivant les autres, la majorité existait, mais elle n'était que d'une seule voix. De toutes parts enfin, on disait qu'un seul avis pouvait décider la question, et l'on regardait avec anxiété si un votant nouveau n'arrivait pas. En ce moment paraît à la tribune un homme qui s'avance avec peine, et dont la tête enveloppée annonce un malade. C'est Duchastel, député des Deux-Sèvres, qui s'est arraché de son lit pour venir donner son vote. A cette vue, des cris tumultueux s'élèvent. On prétend que les machinateurs sont allés le chercher pour sauver Louis XVI. On veut l'interroger; mais l'Assemblée s'y refuse, et lui donne la faculté de voter en vertu de la décision qui admettait le suffrage après l'appel nominal. Duchastel monte avec fermeté à la tribune, et au milieu de l'attente universelle prononce le bannissement.

De nouveaux incidents se succèdent, le ministre des affaires étrangères demande la parole pour communiquer une note du chevalier d'Ocariz, ambassadeur d'Espagne. Il offrait la neutralité de l'Espagne, et sa médiation auprès de toutes les puissances, si on laissait la vie à Louis XVI. Les montagnards impatients prétendent que c'est un incident combiné pour faire naître de nouveaux obstacles, et demandent l'ordre du jour. Danton veut que sur-le-champ on déclare la guerre à l'Espagne. L'Assemblée adopte l'ordre du jour. On annonce ensuite une nouvelle demande : ce sont les défenseurs de Louis XVI qui veulent paraître devant l'Assemblée pour lui faire une communication. Nouveaux cris du côté de la Montagne. Robespierre prétend que toute défense est terminée, que les conseils n'ont plus rien à faire entendre à la Convention, que l'arrêt est rendu, et qu'il faut le prononcer. On décide que les défenseurs ne seront introduits qu'après la prononciation de l'arrêt.

Janvier 1795.

Note de l'ambassadeur d'Espagne communiquée à la Convention.

Vergniaud présidait. « Citoyens, dit-il, je vais
« proclamer le résultat du scrutin. Vous garderez,
« je l'espère, un profond silence. Quand la justice
« a parlé, l'humanité doit avoir son tour. »

L'Assemblée était composée de sept cent quarante-neuf membres : quinze étaient absents par commission, huit par maladie, cinq n'avaient pas voulu voter, ce qui réduisait le nombre des députés présents à sept cent vingt-un, et la majorité absolue

Résultat du scrutin.

à trois cent soixante-une voix. Deux cent quatre-vingt-six avaient voté pour la détention ou le bannissement avec différentes conditions. Deux avaient voté pour les fers; quarante-six pour la mort avec sursis, soit jusqu'à la paix, soit jusqu'à la ratification de la Constitution. Vingt-six s'étaient prononcés pour la mort; mais, comme Mailhe, ils avaient demandé qu'il fût examiné s'il ne serait pas utile de surseoir à l'exécution. Leur vote était néanmoins indépendant de cette dernière clause. Trois cent soixante-un avaient voté pour la mort sans condition.

Le président, avec l'accent de la douleur, déclare au nom de la Convention *que la peine prononcée contre Louis Capet est la mort.*

Dans ce moment, on introduit à la barre les défenseurs de Louis XVI. M. Desèze prend la parole, et dit qu'il est envoyé par son client pour interjeter appel auprès du peuple du jugement rendu par la Convention. Il s'appuie sur le petit nombre de voix qui ont décidé la condamnation, et soutient que, puisque de tels doutes se sont élevés dans les esprits, il convient d'en référer à la nation elle-même. Tronchet ajoute que le code pénal ayant été suivi quant à la sévérité de la peine, on aurait dû le suivre au moins quant à l'humanité des formes, et que celle qui exige les deux tiers des voix n'aurait pas dû être négligée. Le vénérable Malesherbes parle à son tour, et d'une voix entrecoupée par des sanglots : « Citoyens, dit-il, je n'ai pas l'habitude de « la parole... Je vois avec douleur qu'on me refuse « le temps de rallier mes idées sur la manière de « compter les voix... J'ai beaucoup réfléchi autre-« fois sur ce sujet ; j'ai beaucoup d'observations à « vous communiquer... mais... Citoyens... pardon-« nez mon trouble... accordez-moi jusqu'à demain « pour vous présenter mes idées. »

Janvier 1793.

L'Assemblée est émue à la vue des larmes et des cheveux blanchis de ce vénérable vieillard. « Ci-« toyens, dit Vergniaud aux trois défenseurs, la « Convention a entendu vos réclamations ; elles « étaient pour vous un devoir sacré. Veut-on, « ajoute-t-il en s'adressant à l'Assemblée, décerner « les honneurs de la séance aux défenseurs de « Louis ? » Oui, oui, s'écrie-t-on à l'unanimité.

Robespierre prend aussitôt la parole, et, rappelant le décret rendu contre l'appel au peuple, repousse la demande des défenseurs. Guadet veut que, sans admettre l'appel au peuple, on accorde vingt-quatre heures à Malesherbes. Merlin de Douai soutient qu'il n'y a rien à dire sur la manière de compter les voix ; car, si le code pénal qu'on invoque exige les deux tiers des voix pour la déclaration du fait, il n'exige que la simple majorité pour l'application de la peine. Or, dans le cas actuel, la culpabilité a été déclarée à la presque una-

Rejet de l'appel de Louis XVI au peuple.

nimité des voix ; et dès lors peu importe que pour la peine on n'ait obtenu que la simple majorité.

D'après ces diverses observations, la Convention passe à l'ordre du jour sur les réclamations des défenseurs, déclare nul l'appel de Louis, et renvoie au lendemain la question du sursis. Le lendemain 18, on prétend que l'énumération des votes ne s'est pas faite exactement, et l'on demande qu'elle soit recommencée. Toute la journée se passe en contestations ; enfin le calcul est reconnu exact, et l'on est obligé de remettre au jour suivant la question du sursis.

Le 19 enfin, on agite cette dernière question. C'était remettre en problème tout le procès, car un délai était pour Louis XVI la vie même. Aussi, après avoir épuisé toutes les raisons, en discutant la peine et l'appel, les girondins et ceux qui voulaient sauver Louis XVI ne savaient plus quels moyens employer ; ils alléguèrent encore des raisons politiques ; mais on leur répondit que si Louis XVI était mort, on s'armerait pour le venger ; que s'il était vivant et détenu, on s'armerait encore pour le délivrer, et que par conséquent les résultats seraient les mêmes. Barère prétendit qu'il était indigne de promener ainsi une tête dans les cours étrangères, et de stipuler la vie ou la mort d'un condamné comme un article de traité. Il ajouta que ce serait une cruauté pour Louis XVI lui-même, qui mourrait à chaque mouvement des armées. L'Assemblée, fermant aussitôt la discussion, décida que chaque membre voterait par *oui* ou par *non* sans désemparer. Le 20 janvier, à trois heures du matin, l'appel nominal est terminé, et le président déclare, à la majorité de trois cent quatre-vingt voix sur trois cent dix, qu'il ne sera pas sursis à l'exécution de Louis Capet.

Dans cet instant il arrive une lettre de Kersaint. Ce député donne sa démission. Il ne peut plus, dit-il à l'Assemblée, supporter la honte de s'asseoir dans son enceinte avec des hommes de sang, alors que leur avis, précédé de la terreur, l'emporte sur celui des gens de bien, alors que Marat l'emporte sur Pétion. Cette lettre cause une rumeur extraordinaire. Gensonné prend la parole et choisit cette occasion de se venger sur les septembriseurs du décret de mort qu'on venait de rendre. « Ce n'était « rien, disait-il, que d'avoir puni les attentats de « la tyrannie, si l'on ne punissait d'autres attentats « plus redoutables. On n'avait rempli que la moitié « de sa tâche, si l'on ne punissait pas les forfaits de « septembre, et si l'on n'ordonnait pas une instruc- « tion contre leurs auteurs. » A cette proposition, la plus grande partie de l'Assemblée se lève avec acclamation. Marat et Tallien s'opposent à ce mouvement. « Si vous punissez, s'écrient-ils, les au- « teurs de septembre, punissez aussi les conspi-

« rateurs qui étaient retranchés au château dans la « journée du 10 août. » Aussitôt l'Assemblée, accueillant toutes ces demandes, ordonne au ministre de la justice de poursuivre tout à la fois les auteurs des brigandages commis dans les premiers jours de septembre, les individus trouvés les armes à la main dans le château pendant la nuit du 9 au 10 août, et les fonctionnaires qui avaient quitté leur poste pour venir à Paris conspirer avec la cour.

Louis XVI était définitivement condamné, aucun sursis ne pouvait différer le moment de la sentence, et tous les moyens imaginés pour reculer l'instant fatal étaient épuisés. Tous les membres du côté droit, les royalistes secrets comme les républicains, étaient également consternés et de cette sentence cruelle, et de l'ascendant que venait d'acquérir la Montagne. Dans Paris régnait une stupeur profonde, l'audace du nouveau gouvernement avait produit l'effet ordinaire de la force sur les masses; elle avait paralysé, réduit au silence le plus grand nombre, et excité seulement l'indignation de quelques âmes plus fortes. Il y avait encore quelques anciens serviteurs de Louis XVI, quelques jeunes seigneurs, quelques gardes du corps, qui se proposaient, dit-on, de voler au secours du monarque et de l'arracher au supplice. Mais se voir, s'entendre, se concerter au milieu de la terreur profonde des uns et de la surveillance active des autres, était impraticable, et tout ce qui était possible, c'était de tenter quelques actes isolés de désespoir. Les jacobins, charmés de leur triomphe, en étaient cependant étonnés, et ils se recommandaient de se tenir serrés pendant les dernières vingt-quatre heures, d'envoyer des commissaires à toutes les autorités, à la commune, à l'état-major de la garde nationale, au département, au conseil exécutif, pour réveiller leur zèle et assurer l'exécution de l'arrêt. Ils se disaient que cette exécution aurait lieu, qu'elle était infaillible; mais, au soin qu'ils mettaient à le répéter, on voyait qu'ils n'y croyaient pas entièrement. Ce supplice d'un roi, au sein d'un pays qui, trois années auparavant, était, par les mœurs, les usages et les lois, une monarchie absolue, paraissait encore douteux, et ne devenait croyable qu'après l'événement.

Janvier 1795.

Le conseil exécutif était chargé de la douloureuse mission de faire exécuter la sentence. Tous les ministres étaient réunis dans la salle de leurs séances, frappés de consternation. Garat, comme ministre de la justice, était chargé du plus pénible de tous les rôles, celui d'aller signifier à Louis XVI les décrets de la Convention. Il se rend au Temple, accompagné de Santerre, d'une députation de la commune et du tribunal criminel, et du secrétaire du conseil exécutif. Louis XVI attendait depuis quatre jours ses défenseurs, et demandait en vain

Le ministre Garat signifie à Louis XVI les décrets de la Convention.

à les voir. Le 20 janvier, à deux heures après midi, il les attendait encore, lorsque tout à coup il entend le bruit d'un cortége nombreux; il s'avance, il aperçoit les envoyés du conseil exécutif. Il s'arrête avec dignité sur la porte de sa chambre, et ne paraît point ému. Garat lui dit alors avec tristesse qu'il est chargé de lui communiquer les décrets de la Convention. Grouvelle, secrétaire du conseil exécutif, en fait la lecture. Le premier déclare Louis XVI coupable d'attentat contre la sûreté générale de l'État; le second le condamne à mort; le troisième rejette tout appel au peuple; le quatrième enfin ordonne l'exécution sous vingt-quatre heures. Louis, promenant sur tous ceux qui l'entouraient un regard tranquille, prend l'arrêt des mains de Grouvelle, l'enferme dans sa poche, et lit à Garat une lettre dans laquelle il demandait à la Convention trois jours pour se préparer à mourir, un confesseur pour l'assister dans ses derniers moments, la faculté de voir sa famille, et la permission pour elle de sortir de France. Garat prit la lettre, en promettant d'aller la remettre tout de suite à la Convention. Le roi lui donna en même temps l'adresse de l'ecclésiastique dont il désirait recevoir les derniers secours.

Louis XVI rentra avec beaucoup de calme, demanda à dîner, et mangea comme à l'ordinaire. On avait retiré les couteaux, et l'on refusait de les lui

donner. « Me croit-on assez lâche, dit-il avec di-
« gnité, pour attenter à ma vie? Je suis innocent,
« et je saurai mourir sans crainte. » Il fut obligé
de se passer de couteau : il acheva son repas, rentra
dans son appartement, et attendit avec sang-froid
la réponse à sa lettre.

<small>Janvier 1793.</small>

La Convention refusa le sursis, mais accorda
toutes les autres demandes. Garat envoya chercher
M. Edgeworth de Firmont, l'ecclésiastique dont
Louis XVI avait fait choix; il le fit monter dans
sa voiture, et le conduisit lui-même au Temple. Il
arriva à six heures, et se présenta dans la grande
tour, accompagné de Santerre. Il apprit au roi que
la Convention lui permettait d'appeler un ministre
du culte, et de voir sa famille sans témoins, mais
qu'elle rejetait la demande d'un sursis.

Garat ajouta que M. Edgeworth était arrivé,
qu'il était dans la salle du conseil, et qu'on allait
l'introduire. Garat se retira, toujours plus surpris
et plus touché de la tranquille magnanimité du
prince.

A peine introduit auprès du roi, M. Edgeworth
voulut se jeter à ses pieds; mais le roi le releva
aussitôt, et versa avec lui des larmes d'attendrissement. Il lui demanda ensuite, avec une vive curiosité, des nouvelles du clergé de France, de
plusieurs évêques, et surtout de l'archevêque de
Paris, et le pria d'assurer à ce dernier qu'il mourait

<small>Entrevue
de
Louis XVI
et de
son confesseur,
M. Edgeworth.</small>

fidèlement attaché à sa communion. Huit heures étant sonnées, il se leva, pria M. Edgeworth d'attendre, et sortit avec émotion, en disant qu'il allait voir sa famille. Les municipaux, ne voulant pas perdre de vue la personne du roi, même pendant qu'il serait avec sa famille, avaient décidé qu'il la verrait dans la salle à manger, qui était fermée par une porte vitrée, à travers laquelle on pouvait apercevoir tous ses mouvements sans entendre ses paroles. Le roi s'y rendit, se fit placer de l'eau sur une table pour secourir les princesses, si elles en avaient besoin. Il se promenait avec anxiété, attendant le moment douloureux où paraîtraient les êtres qui lui étaient si chers. A huit heures et demie la porte s'ouvrit; la reine, tenant le dauphin par la main, madame Élisabeth, madame Royale, se précipitèrent dans les bras de Louis XVI, en poussant des sanglots. La porte fut fermée, et les municipaux, Cléry, M. Edgeworth, se placèrent devant le vitrage pour être témoins de cette entrevue déchirante. Ce ne fut, pendant le premier moment, qu'une scène de confusion et de désespoir. Les cris, les lamentations empêchaient de rien distinguer. Enfin, les larmes tarirent, la conversation devint plus tranquille, et les princesses, tenant toujours le roi embrassé, lui parlèrent quelque temps à voix basse. Après un entretien assez long, mêlé de silence et d'abattement, il se leva pour se

LOUIS XVI ET SA FAMILLE
en Janvier 1793

soustraire à cette situation douloureuse, et promit de les revoir le lendemain matin à huit heures. « Nous le promettez-vous? lui demandèrent avec instance les princesses. — Oui, oui, » répondit le roi avec douleur. Dans ce moment la reine l'avait saisi par un bras, madame Élisabeth par l'autre; madame Royale tenait son père embrassé par le milieu du corps, et le jeune prince était devant lui, donnant la main à sa mère et à sa tante. Au moment de sortir, madame Royale tomba évanouie; on l'emporta aussitôt, et le roi retourna auprès de M. Edgeworth, accablé de cette scène cruelle. Après quelques instants, il parvint à se remettre, et recouvra tout son calme.

M. Edgeworth lui offrit alors de lui dire la messe, qu'il n'avait pas entendue depuis longtemps. Après quelques difficultés, la commune consentit à cette cérémonie, et l'on fit demander à l'église voisine les ornements nécessaires pour le lendemain matin. Le roi se coucha vers minuit, en recommandant à Cléry de l'éveiller avant cinq heures. M. Edgeworth se jeta sur un lit; Cléry resta debout près du chevet de son maître, contemplant le sommeil paisible dont il jouissait à la veille de l'échafaud.

Pendant que ceci se passait au Temple, une scène épouvantable avait eu lieu dans Paris. Quelques âmes indignées fermentaient çà et là, tandis que la masse, ou indifférente ou terrifiée, demeurait immobile. Un garde du corps, nommé Pâris, avait résolu de venger la mort de Louis XVI sur l'un de ses juges. Lepelletier-Saint-Fargeau avait, comme beaucoup d'hommes de son rang, voté la mort, pour faire oublier sa naissance et sa fortune. Il avait excité plus d'indignation chez les royalistes, à cause même de la classe à laquelle il appartenait. Le 20 au soir, chez un restaurateur du Palais-Royal, on le montra au garde du corps Pâris, tandis qu'il se mettait à table. Le jeune homme, revêtu d'une grande houppelande, se présente et lui dit : « C'est toi, scélérat de Lepelletier, qui as voté la mort du roi ? — Oui, répond celui-ci ; mais je ne suis pas un scélérat, j'ai voté selon ma conscience. — Tiens, reprend Pâris, voilà pour ta récompense. » Et il lui enfonce son sabre dans le flanc. Lepelletier tombe, et Pâris disparaît sans qu'on ait le temps de s'emparer de sa personne.

La nouvelle de cet événement se répand aussitôt de toutes parts. On le dénonce à la Convention, aux Jacobins, à la commune ; et cette nouvelle donne plus de consistance aux bruits d'une conspiration des royalistes, tendant à massacrer le côté gauche et à délivrer le roi au pied de l'échafaud. Les jacobins se déclarent en permanence, et envoient de nouveaux commissaires à toutes les autorités, à toutes les sections, pour réveiller le zèle et mettre la population entière sous les armes.

MORT DE LOUIS XVI.

Le lendemain 21 janvier, cinq heures avaient sonné au Temple. Le roi s'éveille, appelle Cléry, lui demande l'heure, et s'habille avec beaucoup de calme. Il s'applaudit d'avoir retrouvé ses forces dans le sommeil. Cléry allume du feu, transporte une commode dont il fait un autel. M. Edgeworth se revêt des ornements sacerdotaux, et commence à célébrer la messe; Cléry la sert, et le roi l'entend à genoux avec le plus grand recueillement. Il reçoit ensuite la communion des mains de M. Edgeworth, et, après la messe, se relève plein de force, et attendant avec calme le moment d'aller à l'échafaud. Il demande des ciseaux pour couper ses cheveux lui-même, et se soustraire à cette humiliante opération faite par la main des bourreaux; mais la commune les lui refuse par défiance.

Dans ce moment, le tambour battait dans la capitale. Tous ceux qui faisaient partie des sections armées se rendaient à leur compagnie avec une complète soumission; ceux qu'aucune obligation n'appelait à figurer dans cette terrible journée se cachaient chez eux. Les portes, les fenêtres étaient fermées, et chacun attendait chez soi la fin de ce triste événement. On disait que quatre ou cinq cents hommes dévoués devaient fondre sur la voiture, et enlever le roi. La Convention, la commune, le conseil exécutif, les jacobins, étaient en séance.

A huit heures du matin, Santerre, avec une dé-

Janvier 1793. 21 Janvier. Derniers moments passés par le roi au Temple.

Janvier 1793.
Trajet du Temple à la place de la Révolution.

putation de la commune, du département et du tribunal criminel, se rend au Temple. Louis XVI, en entendant le bruit, se lève et se dispose à partir. Il n'avait pas voulu revoir sa famille, pour ne pas renouveler la triste scène de la veille. Il charge Cléry de faire pour lui ses adieux à sa femme, à sa sœur et à ses enfants; il lui donne un cachet, des cheveux et divers bijoux, avec commission de les leur remettre. Il lui serre ensuite la main en le remerciant de ses services. Après cela, il s'adresse à l'un des municipaux en le priant de transmettre son testament à la commune. Ce municipal était un ancien prêtre, nommé Jacques Roux, qui lui répond brutalement qu'il est chargé de le conduire au supplice, et non de faire ses commissions. Un autre s'en charge, et Louis, se retournant vers le cortége, donne avec assurance le signal du départ.

Des officiers de gendarmerie étaient placés sur le devant de la voiture, le roi et M. Edgeworth étaient assis dans le fond. Pendant la route, qui fut assez longue, le roi lisait, dans le bréviaire de M. Edgeworth, les prières des agonisants, et les deux gendarmes étaient confondus de sa piété et de sa résignation tranquille. Ils avaient, dit-on, la commission de le frapper si la voiture était attaquée. Cependant aucune démonstration hostile n'eut lieu depuis le Temple jusqu'à la place de la Révolution.

Une multitude armée bordait la haie : la voiture s'avançait lentement et au milieu d'un silence universel. Sur la place de la Révolution, un grand espace avait été laissé vide autour de l'échafaud. Des canons environnaient cet espace; les fédérés les plus exaltés étaient placés autour de l'échafaud, et la vile populace, toujours prête à outrager le génie, la vertu, le malheur, quand on lui en donne le signal, se pressait derrière les rangs des fédérés, et donnait seule quelques signes extérieurs de satisfaction, tandis que partout on ensevelissait au fond de son cœur les sentiments qu'on éprouvait. A dix heures dix minutes, la voiture s'arrête. Louis XVI, se levant avec force, descend sur la place. Trois bourreaux se présentent; il les repousse et se déshabille lui-même. Mais, voyant qu'ils voulaient lui lier les mains, il éprouve un mouvement d'indignation et semble prêt à se défendre. M. Edgeworth, dont toutes les paroles furent alors sublimes, lui adresse un dernier regard, et lui dit : « Souffrez cet outrage comme une dernière « ressemblance avec le Dieu qui va être votre ré- « compense. » A ces mots, la victime résignée et soumise se laisse lier et conduire à l'échafaud. Tout à coup Louis fait un pas, se sépare des bourreaux, et s'avance pour parler au peuple. « Français, dit-il « d'une voix forte, je meurs innocent des crimes « qu'on m'impute; je pardonne aux auteurs de ma

Janvier 1793.

Dernières paroles de Louis XVI au pied de l'échafaud.

« mort, et je demande que mon sang ne retombe
« pas sur la France ». Il allait continuer ; mais aussitôt l'ordre de battre est donné aux tambours ; leur roulement couvre la voix du prince, les bourreaux s'en emparent, et M. Edgeworth lui dit ces paroles : *Fils de saint Louis, montez au ciel !* A peine le sang avait-il coulé, que des furieux y trempent leurs piques et leurs mouchoirs, se répandent dans Paris en criant *vive la république ! vive la nation !* et vont jusqu'aux portes du Temple montrer la brutale et fausse joie que la multitude manifeste à la naissance, à l'avénement et à la chute de tous les princes.

FIN DU LIVRE ONZIÈME.

LIVRE XII.

PREMIÈRE COALITION.

Position des partis après la mort de Louis XVI. — Changement dans le pouvoir exécutif. Retraite de Roland; Beurnonville est nommé ministre de la guerre, en remplacement de Pache. — Situation de la France à l'égard des puissances étrangères; rôle de l'Angleterre; politique de Pitt. — État de nos armées dans le Nord; anarchie dans la Belgique par suite du gouvernement révolutionnaire. — Dumouriez vient encore à Paris; son opposition aux jacobins. — Première coalition contre la France; plans de défense générale proposés par Dumouriez. — Levée de trois cent mille hommes. — Invasion de la Hollande par Dumouriez; détails des plans et des opérations militaires. — Pache est nommé maire de Paris. — Agitation des partis dans la capitale; leur physionomie, leur langage et leurs idées dans la commune, dans les Jacobins et dans les sections. — Troubles à Paris à l'occasion des subsistances; pillage des boutiques des épiciers. — Continuation de la lutte des girondins et des montagnards; leurs forces, leurs moyens. — Revers de nos armées dans le nord. Décrets révolutionnaires pour la défense du pays. — Établissement du *tribunal criminel extraordinaire*; orageuses discussions dans l'assemblée à ce sujet; événement de la soirée du 10 mars; le projet d'attaque contre la Convention échoue.

La mort de l'infortuné Louis XVI avait causé en France une terreur profonde, et en Europe un mélange d'étonnement et d'indignation. Comme l'avaient prévu les révolutionnaires les plus clairvoyants, la lutte se trouvait engagée sans retour, et toute retraite était irrévocablement fermée. Il fallait donc combattre la coalition des trônes, et la vaincre ou périr sous ses coups. Aussi, dans l'Assemblée, aux Jacobins, partout, on disait qu'on devait s'occuper uniquement de la défense extérieure, et dès cet instant les questions de guerre et de finances furent constamment à l'ordre du jour.

On a vu quelle crainte s'inspiraient l'un à l'autre les deux partis intérieurs. Les jacobins croyaient voir un dangereux reste de royalisme dans cette résistance opposée à la condamnation de Louis XVI, et dans cette horreur qu'inspiraient à beaucoup de départements les excès commis depuis le 10 août. Aussi doutèrent-ils de leur victoire jusqu'au dernier moment; mais la facile exécution du 21 janvier les avait enfin rassurés. Depuis lors ils commençaient à croire que la cause de la révolution pouvait être sauvée, et ils préparaient des adresses pour éclairer les départements et achever leur conversion. Les girondins, au contraire, déjà touchés du sort de la victime, et alarmés en outre de la victoire de leurs adversaires, commençaient à découvrir dans l'événement du 21 janvier le prélude de longues et sanglantes fureurs, et le premier fait du système inexorable qu'ils combattaient. On leur avait bien accordé la poursuite des auteurs de septembre, mais c'était là une concession sans résultat. En abandonnant Louis XVI, ils avaient voulu prouver qu'ils n'étaient pas royalistes; en leur abandonnant les septembriseurs, on voulait leur prouver qu'on ne protégeait pas le crime ; mais cette double preuve n'avait satisfait ni rassuré personne. On voyait toujours en eux de faibles républicains et presque des royalistes, et ils voyaient toujours dans leurs adversaires des ennemis altérés de sang et de carnage. Roland, complétement découragé, non par le danger, mais par l'impossibilité manifeste d'être utile, donna sa démission le 23 janvier. Les jacobins s'en applaudirent, mais s'écrièrent aussitôt qu'il restait encore au ministère les traîtres Clavière et Lebrun, dont l'intrigant Brissot s'était rendu maître ; que le mal n'était pas entièrement détruit ; qu'il ne fallait pas se ralentir, mais au contraire redoubler de zèle jusqu'à ce qu'on eût écarté du gouvernement les *intrigants*, les *girondins*, les *rolandins*, les *brissotins*, etc... Sur-le-champ les girondins demandèrent la réorganisation du ministère de la guerre, que Pache, par sa faiblesse envers les jacobins, avait mis dans l'état le plus déplorable. Après de violentes discussions, Pache fut renvoyé comme incapable. Ainsi les deux chefs qui partageaient le ministère, et dont les noms étaient devenus les deux points opposés de ralliement, furent exclus du gouvernement. La majorité de la Convention crut avoir fait par là quelque chose pour la paix, comme si, en supprimant les noms dont se servaient les passions ennemies, ces passions elles-mêmes n'eussent pas dû survivre pour trouver des noms nouveaux et continuer de se combattre. Beurnonville, l'ami de Dumouriez, et surnommé l'*Ajax français,* fut appelé à l'administration de la guerre. Il n'était connu encore des partis que par sa bravoure; mais son attachement à la discipline allait bientôt le mettre en opposition avec le génie désordonné des jacobins. Après ces mesures, on mit à l'ordre du jour les questions de finances, qui étaient les plus importantes dans ce moment suprême où la révolution avait à lutter avec toute l'Europe. En même temps on décida que dans quinze jours au plus tard le comité de Constitution ferait son rapport, et qu'immédiatement après on s'occuperait de l'instruction publique. Un grand nombre d'hommes, qui ne comprenaient pas la cause des troubles révolutionnaires, se figuraient que c'était le défaut de lois qui amenait tous les malheurs de l'État, et que la Constitution remédierait à tous les désordres. Aussi une grande partie des girondins et tous les membres de la Plaine ne cessaient de demander la Constitution, et de se plaindre des retards qu'on y apportait, en disant que leur mission était de constituer. Ils le croyaient en effet; ils s'imaginaient tous qu'ils n'avaient été appelés que pour ce but, et que cette tâche pouvait être terminée en quelques mois. Ils n'avaient pas encore compris qu'ils étaient appelés, non à constituer, mais à combattre; que leur terrible mission était de défendre la révolution contre l'Europe et la Vendée; que bientôt, de corps délibérant qu'ils étaient, ils allaient se changer en une dictature sanglante, qui tout à la fois proscrirait les ennemis intérieurs, livrerait des batailles à l'Europe et aux provinces révoltées, et se défendrait en tout sens par la violence; que leurs lois, passagères comme une crise, ne seraient considérées que comme des mouvements de colère, et que de leur œuvre, la seule chose qui devait subsister, c'était la gloire de la défense, unique et terrible mission qu'ils avaient reçue de la destinée, et qu'ils ne jugeaient pas eux-mêmes encore devoir être la seule.

Cependant, soit l'accablement causé par une longue lutte, soit l'unanimité des avis sur les questions de guerre, tout le monde étant d'accord pour se défendre, et même pour provoquer l'ennemi, un peu de calme succéda aux terribles agitations produites par le procès de Louis XVI, et l'on applaudit encore Brissot dans ses rapports diplomatiques contre les puissances.

Telle était la situation intérieure de la France et l'état des partis qui la divisaient. Sa situation à l'égard de l'Europe était effrayante. C'était une rupture générale avec toutes les puissances. Jusqu'ici la France n'avait eu encore que trois ennemis déclarés, le Piémont, l'Autriche et la Prusse. La ré-

Janvier 1793.

volution, partout approuvée des peuples selon le degré de leurs lumières, partout odieuse aux gouvernements selon le degré de leurs craintes, venait cependant de produire des sensations toutes nouvelles sur l'opinion du monde, par les terribles événements du 10 août, des 2 et 3 septembre, et du 21 janvier. Moins dédaignée depuis qu'elle s'était si énergiquement défendue, mais moins estimée depuis qu'elle s'était souillée par des crimes, elle avait cessé d'intéresser aussi vivement les peuples, et d'être considérée avec autant de mépris par les gouvernements.

La guerre allait donc devenir générale. On a vu l'Autriche se laissant, par des liaisons de famille, engager dans une guerre peu utile à ses intérêts; on a vu la Prusse, dont l'intérêt naturel était de s'allier avec la France contre le chef de l'Empire, se portant, par les raisons les plus frivoles, au delà du Rhin, et compromettant ses armées dans l'Argonne; on a vu Catherine, autrefois philosophe, désertant comme tous les gens de cour la cause qu'elle avait d'abord embrassée par vanité, poursuivre la révolution à la fois par mode et par politique, exciter enfin Gustave, l'empereur d'Autriche et le roi de Prusse, pour les distraire de la Pologne et les rejeter sur l'Occident; on a vu le Piémont attaquant la France contre ses intérêts, mais par des raisons de parenté et de haine contre

la révolution; les petites cours d'Italie détestant
notre nouvelle république, mais n'osant l'attaquer,
la reconnaissant même à la vue de notre pavillon;
la Suisse gardant une parfaite neutralité; la Hollande
et la diète germanique ne s'expliquant pas encore,
mais laissant apercevoir une malveillance profonde; l'Espagne observant une neutralité prudente
sous l'influence du sage comte d'Aranda; et enfin
l'Angleterre laissant la France se déchirer elle-
même, le continent s'épuiser, les colonies se dévas-
ter, et abandonnant ainsi le soin de sa vengeance
aux désordres inévitables des révolutions.

Janvier 1793.

Rôle de l'Angleterre.

La nouvelle impétuosité révolutionnaire allait déconcerter toutes ces neutralités calculées. Jusqu'ici
Pitt avait raisonné sa conduite d'une manière assez
juste. Dans sa patrie, une demi-révolution, qui n'a-
vait régénéré qu'à moitié l'état social, avait laissé
subsister une foule d'institutions féodales, qui devaient être un objet d'attachement pour l'aristocratie
et pour la cour, et un objet de réclamations pour
l'opposition. Pitt avait un double but : premiè-
rement, de modérer la haine aristocratique, de contenir l'esprit de réforme, et de conserver ainsi son
ministère en dominant les deux partis; secondement,
d'accabler la France sous ses propres désastres et
sous la haine de tous les gouvernements européens;
il voulait, en un mot, rendre sa patrie maîtresse du
monde, et être maître de sa patrie; c'était là le

Politique de Pitt.

double objet qu'il poursuivait, avec l'égoïsme et la force d'esprit d'un grand homme d'État. La neutralité servait à merveille ses projets. En empêchant la guerre, il contenait la haine aveugle de sa cour pour la liberté; en laissant se développer sans obstacle tous les excès de la révolution française, il faisait tous les jours de sanglantes réponses aux apologistes de cette révolution, réponses qui ne prouvaient rien, mais qui produisaient un effet certain. Au célèbre Fox, l'homme le plus éloquent de l'opposition et de l'Angleterre, il répondait en citant les crimes de la France réformée. Burke, déclamateur véhément, était chargé d'énumérer ces crimes, et s'acquittait de ce soin avec une violence absurde; un jour même il alla jusqu'à jeter de la tribune un poignard qui, disait-il, était fabriqué par les propagandistes jacobins. Tandis qu'à Paris on accusait Pitt de payer des troubles, à Londres il accusait les révolutionnaires français de répandre l'argent pour exciter des révolutions, et nos émigrés accréditaient encore ces bruits en les répétant. Tandis que, par cette logique machiavélique, il désenchantait les Anglais de la liberté française, il soulevait l'Europe contre nous, et ses envoyés disposaient toutes les puissances à la guerre. En Suisse, il n'avait pas réussi; mais à La Haye, le docile stathouder, éprouvé par une première révolution, se défiant toujours de son peuple, et n'ayant d'autre appui que les flottes anglaises, lui avait donné toute espèce de satisfaction, et témoignait, par une foule de démonstrations hostiles, sa malveillance pour la France. C'est surtout en Espagne que Pitt employait le plus d'intrigues pour décider cette puissance à la plus grande faute qu'elle ait jamais commise, celle de se réunir à l'Angleterre contre la France, sa seule alliée maritime. Les Espagnols avaient été peu émus par notre révolution; et c'étaient moins des raisons de sûreté et de politique que des raisons de parenté et des répugnances communes à tous les gouvernements, qui indisposaient le cabinet de Madrid contre la république française. Le sage comte d'Aranda, résistant aux intrigues des émigrés, à l'humeur de l'aristocratie espagnole, et aux suggestions de Pitt, avait eu soin de ménager la susceptibilité de notre nouveau gouvernement. Renversé néanmoins en dernier lieu, et remplacé par don Manuel Godoï, depuis prince de la Paix, il laissa sa malheureuse patrie en proie aux plus mauvais conseils. Jusque-là le cabinet de Madrid avait refusé de s'expliquer à l'égard de la France; au moment du jugement définitif de Louis XVI, il offrit la reconnaissance politique de la république, et sa médiation auprès de toutes les puissances, si on laissait au monarque détrôné la vie sauve. Pour toute réponse, Danton avait proposé la guerre, et l'Assemblée adopté l'ordre du jour. Depuis ce temps,

Janvier 1793.

Le ministre d'Espagne Aranda remplacé par le prince de la Paix.

la disposition à la guerre ne fut plus douteuse. La Catalogne se remplissait de troupes. Dans tous les ports on armait avec activité, et une prochaine attaque était résolue. Pitt triomphait donc, et sans se déclarer encore, sans se compromettre trop précipitamment, il se donnait le temps d'élever sa marine à un état redoutable, il satisfaisait son aristocratie par ses préparatifs, il dépopularisait notre révolution par les déclamations qu'il payait; et tandis qu'il se renforçait ainsi en silence, il nous préparait une ligue accablante qui, en occupant toutes nos forces, ne nous permettrait ni de secourir nos colonies, ni d'arrêter les succès de la puissance anglaise dans l'Inde.

Jamais à aucune époque on ne vit l'Europe être saisie d'un pareil aveuglement, et commettre autant de fautes contre elle-même. Dans l'Occident, en effet, on voyait l'Espagne, la Hollande, toutes les puissances maritimes, égarées par les passions aristocratiques, s'armer avec leur ennemie l'Angleterre, contre la France, leur seule alliée. On voyait encore la Prusse, par une inconcevable vanité, s'unir au chef de l'Empire contre cette France dont le grand Frédéric avait toujours recommandé l'alliance. Le petit roi de Sardaigne tombait dans la même faute par des motifs à la vérité plus naturels, ceux de la parenté. Dans l'Orient et le Nord, on laissait Catherine commettre un crime contre la Pologne, un attentat contre la sûreté de l'Allemagne, pour le frivole avantage d'acquérir quelques provinces, et pour pouvoir encore déchirer la France sans distraction. On méconnaissait donc à la fois toutes les anciennes et utiles amitiés, et l'on cédait aux perfides suggestions des deux dominations les plus redoutables, pour s'armer contre notre malheureuse patrie, ancienne protectrice ou alliée de ceux qui l'attaquaient aujourd'hui. Tout le monde y contribuait, tout le monde se prêtait aux vues de Pitt et de Catherine; d'imprudents Français parcouraient l'Europe pour hâter ce funeste renversement de la politique et de la prudence, et pour attirer sur leur pays le plus affreux des orages. Et quels étaient les motifs d'une aussi étrange conduite? On livrait la Pologne à Catherine, parce qu'elle avait voulu régulariser son antique liberté; on livrait la France à Pitt, parce qu'elle avait voulu se donner la liberté qu'elle n'avait pas encore! Sans doute la France avait commis des excès; mais ces excès devaient s'accroître encore avec la violence de la lutte, et on allait, sans parvenir à immoler cette liberté détestée, préparer trente ans de la guerre la plus meurtrière, provoquer de vastes invasions, faire naître un conquérant, amener des désordres immenses, et finir par l'établissement des deux colosses qui dominent aujourd'hui l'Europe sur les deux éléments, l'Angleterre et la Russie.

Janvier 1793.
Conduite sage
du Danemark et
de la Suède.

Au milieu de cette conjuration générale, le Danemark seul, conduit par un ministre habile, et la Suède, délivrée des rêves présomptueux de Gustave, gardaient une sage réserve, que la Hollande et l'Espagne auraient dû imiter en se réunissant au système de la neutralité armée. Le gouvernement français avait parfaitement jugé ces dispositions générales, et l'impatience qui le caractérisait dans ce moment ne lui permettait pas d'attendre les déclarations de guerre, mais le portait au contraire à les provoquer. Depuis le 10 août il n'avait cessé de demander à être reconnu, mais il avait gardé encore quelque mesure à l'égard de l'Angleterre, dont la neutralité était précieuse à cause des ennemis qu'on avait déjà à combattre. Mais après le 21 janvier il avait mis toutes les considérations de côté, et il était décidé à une guerre universelle. Voyant que les hostilités cachées n'étaient pas moins dangereuses que les hostilités ouvertes, il se hâta de faire déclarer ses ennemis; aussi dès le 22 janvier, la Convention nationale passa en revue tous les cabinets, ordonna des rapports sur la conduite de chacun d'eux à l'égard de la France, et se prépara à leur déclarer la guerre s'ils tardaient à s'expliquer d'une manière catégorique.

Depuis le 10 août, l'Angleterre avait retiré son ambassadeur de Paris, et n'avait souffert l'ambassadeur français à Londres, M. de Chauvelin, que comme envoyé de la royauté renversée. Toutes ces subtilités diplomatiques n'avaient d'autre but que de satisfaire aux convenances à l'égard du roi enfermé au Temple, et en même temps de différer les hostilités, qu'il ne convenait pas de commencer encore. Cependant Pitt feignit de demander un envoyé secret pour expliquer ses griefs contre le gouvernement français. On envoya le citoyen Maret dans le mois de décembre. Il eut avec Pitt un entretien particulier. Après de mutuelles protestations, pour déclarer que l'entrevue n'avait rien d'officiel, qu'elle était tout amicale, et qu'elle n'avait d'autre motif que le désir bienveillant de contribuer à éclairer les deux nations sur leurs griefs réciproques, Pitt se plaignit de ce que la France menaçait les alliés de l'Angleterre, attaquait même leurs intérêts, et en preuve il cita la Hollande. Le grief principalement allégué fut l'ouverture de l'Escaut, mesure peut-être imprudente, mais généreuse, que les Français avaient prise en entrant dans les Pays-Bas. Il était absurde en effet que, pour procurer aux Hollandais le monopole de la navigation, les Pays-Bas, que traverse l'Escaut, ne pussent pas faire usage de ce fleuve. L'Autriche n'avait pas osé abolir cette servitude, mais Dumouriez le fit par ordre de son gouvernement, et les habitants d'Anvers virent avec joie des navires remonter l'Escaut jusque dans leur ville. La réponse était facile : car la France, en respectant les droits des voisins neutres, n'avait pas promis de consacrer des iniquités politiques parce que des neutres y seraient intéressés. D'ailleurs le gouvernement hollandais s'était montré assez malveillant pour qu'on ne lui dût pas de si grands ménagements. Le second grief allégué était le décret du 15 novembre, par lequel la Convention nationale promettait secours à tous les peuples qui secoueraient le joug de la tyrannie. Ce décret, imprudent peut-être, rendu dans un moment d'enthousiasme, ne signifiait pas, comme le prétendait Pitt, qu'on invitait tous les peuples à la révolte, mais que dans tous les pays en guerre avec la révolution, on prêterait secours aux peuples contre leurs gouvernements. Pitt se plaignait enfin des menaces et des déclamations continuelles qui partaient des Jacobins contre tous les gouvernements; et sous ce rapport les gouvernements n'étaient pas en reste avec les jacobins, et l'on ne se devait rien en fait d'injures.

Cet entretien n'amena rien, et laissa voir seulement que l'Angleterre cherchait des longueurs pour différer la guerre, qu'elle voulait sans doute, mais qu'il ne lui convenait pas encore de déclarer. Cependant le célèbre procès du mois de janvier précipita les événements : le parlement anglais fut soudainement réuni et avant le terme ordinaire. Une loi inquisitoriale fut rendue contre les Français qui voyageaient en Angleterre; la Tour de Londres fut armée; on ordonna la levée des milices; des préparatifs et des proclamations annoncèrent une guerre imminente. On excita la populace de Londres; on réveilla cette aveugle passion qui, en Angleterre, fait regarder une guerre contre la France comme un grand service national; on arrêta enfin des vaisseaux chargés de grains qui venaient dans nos ports; et, à la nouvelle du 21 janvier, l'ambassadeur français, que jusque-là on avait refusé en quelque sorte de reconnaître, reçut l'ordre de sortir sous huit jours du royaume. La Convention nationale ordonna aussitôt un rapport sur la conduite du gouvernement anglais envers la France, sur ses intelligences avec le stathouder des Provinces-Unies, et le 1er février, après avoir entendu Brissot, qui, pour un moment, réunit les applaudissements des deux partis, elle déclara solennellement la guerre à la Hollande et à l'Angleterre. La guerre avec le gouvernement espagnol était imminente, et sans être encore déclarée, on la regardait comme telle. La France avait ainsi l'Europe tout entière pour ennemie; et la condamnation du 21 janvier fut l'acte par lequel elle avait rompu avec tous les trônes, et s'était engagée irrévocablement dans la carrière de la révolution.

Il fallait soutenir l'assaut terrible de tant de puissances conjurées, et quelque riche que fût la France

Février 1795.

Déclaration de guerre à la Hollande et à l'Angleterre.

Ressources de la France.

Février 1795.

en population et en matériel, il était difficile qu'elle pût résister à l'effort universel dirigé contre elle. Cependant ses chefs n'en étaient pas moins remplis de confiance et d'audace. Les succès inespérés de la république dans l'Argonne et dans la Belgique leur avaient persuadé que tout homme, surtout le Français, pouvait devenir un soldat en six mois. Le mouvement qui agitait la France leur faisait croire en outre que la population entière pouvait être transportée sur les champs de bataille, et qu'ainsi il était possible de réunir jusqu'à trois ou quatre millions d'hommes, qui seraient bientôt des soldats, et surpasser de la sorte tout ce que pourraient faire tous les souverains de l'Europe ensemble. « Voyez, disaient-ils, tous les royaumes ; c'est une petite quantité d'hommes recrutés avec effort qui remplissent les cadres des armées ; la population entière y est étrangère, et l'on voit une petite poignées d'individus enrégimentés décider du sort des empires les plus vastes. Mais supposez, au contraire, une nation tout entière arrachée à la vie privée, et s'armant pour sa défense, ne doit-elle pas détruire tous les calculs ordinaires ? Qu'y a-t-il d'impossible à *vingt-cinq millions d'hommes qui exécutent ?* Quant aux dépenses, elles ne les inquiétaient pas davantage. Le capital des biens nationaux s'augmentait chaque jour par l'émigration, et il excédait de beaucoup la dette. Dans le moment, ce capital n'avait pas de valeur par le défaut d'acheteurs, mais les assignats en tenaient la place, et leur valeur fictive suppléait à la valeur future des biens qu'ils représentaient. Au cours, ils étaient réduits à un tiers de leur valeur nominale ; mais ce n'était qu'un tiers à ajouter à la circulation, et ce capital était si énorme, qu'il suffisait au delà de l'excédant qu'il fallait émettre. Après tout, ces hommes qu'on allait transporter sur le champ de bataille vivaient bien dans leurs foyers, beaucoup même vivaient avec luxe, pourquoi ne vivraient-ils pas en campagne? La terre et le vivre peuvent-ils manquer à des hommes, quelque part qu'ils se trouvent? D'ailleurs l'ordre social tel qu'il existait avait des richesses plus qu'il n'en fallait pour suffire au besoin de tous; il n'y avait qu'à en faire une meilleure distribution; et pour cela on se proposait d'imposer les riches, et de leur faire supporter les frais de la guerre. Enfin, les États dans lesquels on allait pénétrer, ayant aussi un ancien ordre social à renverser, des abus à détruire, pourraient réaliser des profits immenses sur le clergé, la noblesse, la royauté, et ils devaient payer à la France le secours qu'on leur fournissait.

C'est ainsi que raisonnait l'ardente imagination de Cambon, et ces idées envahissaient toutes les têtes. L'ancienne politique des cabinets calculait autrefois sur cent ou deux cent mille soldats, payés

Février 1795.

avec quelques taxes ou quelques revenus de domaine; maintenant c'est toute une masse d'hommes qui se levait elle-même et se disait : *Je composerai les armées;* qui regardait à la somme générale des richesses, et se disait encore : *Cette somme est suffisante, et, partagée entre tous, elle suffira au besoin de tous.* Sans doute ce n'était pas la nation entière qui tenait ce langage; mais c'était la portion la plus exaltée qui formait ces résolutions, et qui allait par tous les moyens les imposer à la masse de la nation.

Avant de montrer la distribution des ressources imaginées par les révolutionnaires français, il faut se reporter sur nos frontières, et y voir comment s'était achevée la dernière campagne. Son début avait été brillant, mais un premier succès, mal soutenu, n'avait servi qu'à étendre notre ligne d'opérations, et à provoquer de la part de l'ennemi un effort plus grand et plus décisif. Ainsi notre défense était devenue plus difficile, parce qu'elle était plus étendue; l'ennemi battu devait réagir avec énergie, et son effort redoublé allait concourir avec une désorganisation presque générale de nos armées. Ajoutez que le nombre des coalisés était doublé, car les Anglais sur nos côtes, les Espagnols sur les Pyrénées, les Hollandais vers le nord des Pays-Bas, nous menaçaient de nouvelles attaques.

Dumouriez s'était arrêté sur les bords de la

Meuse, et n'avait pu pousser jusqu'au Rhin, par des raisons qui n'ont pas été assez appréciées, parce qu'on n'a pu s'expliquer les lenteurs qui avaient suivi la rapidité de ses premières opérations. Arrivé à Liége, la désorganisation de son armée était complète. Les soldats étaient presque nus; faute de chaussure, ils s'enveloppaient les pieds avec du foin; ils n'avaient, avec quelque abondance, que la viande et le pain, grâce à un marché que Dumouriez avait maintenu d'autorité. Mais l'argent manquait pour leur fournir le prêt, et ils pillaient les paysans, ou se battaient avec eux pour leur faire recevoir des assignats. Les chevaux mouraient de faim faute de fourrages, et ceux de l'artillerie avaient péri presque tous. Les privations, le ralentissement de la guerre, ayant dégoûté les soldats, tous les volontaires partaient en bandes, s'appuyant sur un décret qui déclarait que la patrie avait cessé d'être en danger. Il fallut un autre décret de la Convention pour empêcher la désertion, et, quelque sévère qu'il fût, la gendarmerie placée sur les routes suffisait à peine à arrêter les fuyards. L'armée était réduite d'un tiers. Ces causes réunies empêchèrent de poursuivre les Autrichiens avec toute la vivacité nécessaire. Clerfayt avait eu le temps de se retrancher sur les bords de l'Erft, Beaulieu du côté de Luxembourg; et il était impossible à Dumouriez, avec une armée réduite à trente

Février 1793.

État des armées françaises dans le Nord.

ou quarante mille hommes, de chasser devant lui un ennemi retranché dans des montagnes et des bois, et appuyé sur Luxembourg, l'une des plus fortes places du monde. Si, comme on le répétait sans cesse, Custine, au lieu de faire des courses en Allemagne, se fût rabattu sur Coblentz, s'il s'était joint à Beurnonville pour prendre Trèves, et que tous deux eussent ensuite descendu le Rhin, Dumouriez s'y serait porté de son côté par Cologne; tous trois se donnant ainsi la main, Luxembourg se serait trouvé investi, et serait tombé par défaut de communications. Mais rien de tout cela n'avait eu lieu; Custine, voulant attirer la guerre de son côté, ne fit que provoquer inutilement une déclaration de la diète impériale, qu'irriter la vanité du roi de Prusse, et l'engager davantage dans la coalition; Beurnonville, réduit à ses propres forces, n'avait pu faire tomber Trèves; et l'ennemi s'était maintenu à la fois dans l'électorat de Trèves et dans le duché de Luxembourg. En cet état de choses, Dumouriez, en s'avançant vers le Rhin, aurait découvert son flanc droit et ses derrières, et n'aurait pu d'ailleurs, dans la situation où se trouvait son armée, envahir le pays immense qui s'étend de la Meuse jusqu'au Rhin et jusqu'aux frontières de la Hollande, pays difficile, sans moyens de transports, coupé de bois, de montagnes, et occupé par un ennemi encore respectable. Certes, Dumouriez, s'il en avait eu les moyens, aurait bien mieux aimé faire des conquêtes sur le Rhin que venir solliciter à Paris pour Louis XVI. Le zèle pour la royauté, qu'il s'est attribué à Londres pour se faire valoir, et que les jacobins lui ont imputé à Paris pour le perdre, n'était pas assez grand pour le faire renoncer à des victoires et venir se compromettre au milieu des factions de la capitale. Il ne quitta le champ de bataille que parce qu'il n'y pouvait plus rien faire, et parce qu'il voulait, par sa présence auprès du gouvernement, terminer les difficultés qu'on lui avait suscitées en Belgique.

On a déjà vu au milieu de quels embarras allait le placer sa conquête. Le pays conquis désirait une révolution, mais ne la voulait pas entière et radicale comme la révolution de France. Dumouriez, par goût, par politique, par raison de prudence militaire, devait se prononcer naturellement pour les penchants modérés des pays qu'il occupait. Déjà on l'a vu en lutte pour épargner aux Belges les inconvénients de la guerre, pour les faire participer au profit des approvisionnements, enfin pour leur insinuer plutôt que leur imposer les assignats. Il n'était payé de tant de soins que par les invectives des jacobins. Cambon avait préparé une autre contrariété à Dumouriez en faisant rendre le décret du 15 décembre. « Il faut, avait dit Cambon au milieu « des plus vifs applaudissements, nous déclarer

Février 1793.

Discours révolutionnaire de Cambon.

« *pouvoir révolutionnaire* dans les pays où nous
« entrons. Il est inutile de nous cacher; les des-
« potes savent ce que nous voulons; il faut donc
« le proclamer hautement puisqu'on le devine, et
« que d'ailleurs la justice en peut être avouée. Il
« faut que, partout où nos généraux entreront, ils
« proclament la souveraineté du peuple, l'abolition
« de la féodalité, de la dîme, de tous les abus; que
« toutes les anciennes autorités soient dissoutes,
« que de nouvelles administrations locales soient
« provisoirement formées, sous la direction de nos
« généraux; que ces administrations gouvernent le
« pays et avisent aux moyens de former des con-
« ventions nationales qui décideront de son sort;
« que sur-le-champ les biens de nos ennemis, c'est-
« à-dire les biens des nobles, des prêtres, des
« communautés, laïques ou religieuses, des égli-
« ses, etc., soient séquestrés et mis sous la sauve-
« garde de la nation française, pour qu'il en soit
« tenu compte aux administrations locales, et pour
« qu'ils servent de gage aux frais de la guerre, dont
« les pays délivrés devront supporter une partie,
« puisque cette guerre a pour but de les affranchir.
« Il faut qu'après la campagne on entre en compte.
« Si la république a reçu en fournitures plus qu'il
« ne faut pour la portion des frais qu'on lui devra,
« elle paiera le surplus, sinon on le lui paiera à
« elle. Il faut que nos assignats, fondés sur la nou-

« velle distribution de la propriété, soient reçus
« dans les pays conquis, et que leur champ s'étende
« avec les principes qui les ont produits; qu'enfin
« le pouvoir exécutif envoie des commissaires pour
« s'entendre avec ces administrations provisoires,
« pour fraterniser avec elles, tenir les comptes de
« la république, et exécuter le séquestre décrété.
« Point de demi-révolution, ajoutait Cambon. Tout
« peuple qui ne voudra pas ce que nous proposons
« ici sera notre ennemi, et méritera d'être traité
« comme tel. Paix et fraternité à tous les amis de
« la liberté, guerre aux lâches partisans du des-
« potisme; *guerre aux châteaux, paix aux chau-*
« *mières !* »

Février 1795.

Ces dispositions avaient été sur-le-champ consa- crées par un décret, et mises à exécution dans toutes les provinces conquises. Aussitôt une nuée d'agents, choisis par le pouvoir exécutif dans les Jacobins, s'étaient répandus dans la Belgique. Les administrations provisoires avaient été formées sous leur influence, et ils les poussaient à la plus excessive démagogie. Le bas peuple, excité par eux contre les classes moyennes, commettait les plus grands désordres. C'était l'anarchie de 93, qui, amenée progressivement chez nous par quatre années de troubles, se produisait là tout à coup, et sans aucune transition de l'ancien au nouvel ordre de choses. Ces proconsuls, revêtus de pouvoirs

Anarchie dans la Belgique par suite du gouvernement révolutionnaire.

presque absolus, faisaient emprisonner, séquestrer hommes et biens; en faisant enlever toute l'argenterie des églises, ils avaient fort indisposé les malheureux Belges, très-attachés à leur culte, et surtout donné lieu à beaucoup de malversations. Ils avaient formé des espèces de Conventions pour décider du sort de chaque contrée, et, sous leur despotique influence, la réunion à la France fut votée à Liége, à Bruxelles, à Mons, etc... C'étaient là des malheurs inévitables, et d'autant plus grands, que la violence révolutionnaire se joignait, pour les produire, à la brutalité militaire. Des divisions d'un autre genre éclataient encore dans ce malheureux pays. Des agents du pouvoir exécutif prétendaient asservir à leurs ordres les généraux qui se trouvaient dans l'étendue de leur commissariat; et si ces généraux n'étaient pas jacobins, comme il arrivait souvent, c'était une nouvelle occasion de querelles et de luttes qui contribuaient à augmenter le désordre général. Dumouriez, indigné de voir ses conquêtes compromises, et par la désorganisation de son armée, et par la haine qu'on inspirait aux Belges, avait déjà traité durement quelques-uns de ces proconsuls, et était venu à Paris exprimer son indignation, avec la vivacité de son caractère et la hauteur d'un général victorieux qui se croyait nécessaire à la république.

Telle était notre situation sur ce principal théâtre

de la guerre. Custine, rejeté dans Mayence, y déclamait contre la manière dont Beurnonville avait exécuté sa tentative sur Trèves. Kellermann se maintenait aux Alpes, à Chambéry et à Nice. Servan s'efforçait en vain de composer une armée aux Pyrénées; et Monge, aussi faible pour les jacobins que l'était Pache, avait laissé décomposer l'administration de la marine. Il fallait donc porter toute l'attention publique sur la défense des frontières. Dumouriez avait passé la fin de décembre et le mois de janvier à Paris, où il s'était compromis par quelques mots en faveur de Louis XVI, par son absence des Jacobins, où on l'annonçait sans cesse et où il ne paraissait jamais, enfin par ses liaisons avec son ancien ami Gensonné. Il avait rédigé quatre mémoires, l'un sur le décret du 15 décembre, l'autre sur l'organisation de l'armée, le troisième sur les fournitures, et le dernier sur le plan de campagne pour l'année qui s'ouvrait. Au bas de chacun de ces mémoires se trouvait sa démission si l'on refusait d'admettre ce qu'il proposait.

Février 1793.

L'Assemblée avait, outre son comité diplomatique et son comité militaire, établi un troisième comité extraordinaire, dit de *défense générale*, chargé de s'occuper universellement de tout ce qui intéressait la défense de la France. Il était fort nombreux, et tous les membres de l'Assemblée pouvaient même, s'il leur plaisait, assister à ses

Comité de défense générale.

séances. L'objet qu'on avait eu en le formant était de concilier les membres des partis opposés et de les rassurer sur leurs intentions en les faisant travailler ensemble au salut commun. Robespierre irrité d'y voir les girondins, y paraissait peu; ceux-ci étaient au contraire fort assidus. Dumouriez y comparut avec ses plans, et ne fut pas toujours compris, déplut souvent par sa hauteur, et abandonna ses mémoires à leur sort. Il se retira donc à quelque distance de Paris, peu disposé à se démettre de son généralat, quoiqu'il en eût menacé la Convention, et attendant le moment d'ouvrir la campagne.

Il était entièrement dépopularisé aux Jacobins, et calomnié tous les jours dans les feuilles de Marat, pour avoir soutenu la demi-révolution en Belgique, et y avoir affiché une grande sévérité contre les démagogues. On l'accusait d'avoir volontairement laissé échapper les Autrichiens de la Belgique; et remontant même plus haut, on assurait publiquement qu'il avait ouvert les portes de l'Argonne à Frédéric-Guillaume, qu'il aurait pu détruire. Cependant les membres du conseil et des comités, qui cédaient moins aveuglément aux passions démagogiques, sentaient son utilité, et le ménageaient encore. Robespierre même le défendait, en rejetant tous les torts sur ses prétendus amis les girondins. On se mit ainsi d'accord pour lui donner toutes les satisfactions possibles, sans déroger cependant aux décrets rendus et aux principes rigoureux de la révolution. On lui rendit ses deux commissaires ordonnateurs Malus et Petit-Jean, on lui accorda de nombreux renforts, on lui promit des approvisionnements suffisants, on adopta ses idées pour le plan général de campagne, mais on ne fit aucune concession, quant au décret du 15 décembre et à la nouvelle administration de l'armée. La nomination de Beurnonville, son ami, au ministère de la guerre, fut un nouvel avantage pour lui, et il put espérer de la part de l'administration le plus grand zèle à le pourvoir de tout ce dont il aurait besoin.

Février 1793.

Il crut un moment que l'Angleterre le prendrait pour médiateur entre elle et la France, et il était parti pour Anvers avec cette espérance flatteuse. Mais la Convention, fatiguée des perfidies de Pitt, avait, comme on l'a vu, déclaré la guerre à la Hollande et à l'Angleterre. Cette déclaration le trouva donc à Anvers, et voici ce qui fut résolu, en partie d'après ses plans, pour la défense du territoire. On convint de porter les armées à cinq cent six mille hommes, et l'on trouvera que c'était peu, si l'on songe à l'idée qu'on s'était faite de la puissance de la France, et comparativement à la force à laquelle on les éleva plus tard. On devait garder la défensive à l'Est et au Midi, demeurer en observation le long des Pyrénées et des côtes, et déployer toute l'au-

Plan de défense générale.

dace de l'offensive dans le Nord, où, comme l'avait dit Dumouriez, « on ne pouvait se défendre qu'en « gagnant des batailles ». Pour exécuter ce plan, cent cinquante mille hommes devaient occuper la Belgique et couvrir la frontière de Dunkerque à la Meuse ; cinquante mille devaient garder l'espace compris entre la Meuse et la Sarre ; cent cinquante mille s'étendre le long du Rhin et des Vosges, de Mayence à Besançon et à Gex. Enfin une réserve était préparée à Châlons avec le matériel nécessaire pour se rendre partout où le besoin l'exigerait. On faisait garder la Savoie et Nice par deux armées de soixante-dix mille hommes chacune ; les Pyrénées par une de quarante mille ; on plaçait sur les côtes de l'Océan et de la Bretagne quarante-six mille hommes, dont partie servirait à l'embarquement, s'il était nécessaire. Sur ces cinq cent six mille hommes, il y en avait cinquante mille de cavalerie et vingt mille d'artillerie. Telle était la force projetée ; mais la force effective était bien moindre, et se réduisait à deux cent soixante-dix mille hommes, dont cent mille dans les diverses parties de la Belgique, vingt-cinq mille sur la Moselle, quarante-cinq mille à Mayence, sous les ordres de Custine, trente mille sur le haut Rhin, quarante mille en Savoie et à Nice, et trente mille au plus dans l'intérieur. Mais pour arriver au complet, l'Assemblée décréta que le recrutement se ferait dans les gardes nationales; que tout membre de cette garde, non marié, ou marié sans enfants, ou veuf sans enfants, était à la disposition du pouvoir exécutif, depuis dix-huit ans jusqu'à quarante-cinq. Elle ajouta que trois cent mille hommes étaient encore nécessaires pour résister à la coalition, et que le recrutement ne s'arrêterait que lorsque ce nombre serait atteint [1]. En même temps on ordonna l'émission de huit cents millions d'assignats, et la coupe des bois de la Corse pour les constructions de la marine.

Février 1795.

Levée de trois cent mille hommes.

Nouvelle émission d'assignats.

En attendant l'accomplissement de ces projets, on entra en campagne avec deux cent soixante-dix mille hommes. Dumouriez en avait trente mille sur l'Escaut, et environ soixante-dix mille sur la Meuse (*Voir la carte n° 4*). Envahir rapidement la Hollande était un projet audacieux qui fermentait dans toutes les têtes, et auquel Dumouriez était forcément entraîné par l'opinion générale. Plusieurs plans furent proposés. L'un, imaginé par les réfugiés bataves sortis de leur patrie après la révolution de 1787, consistait à envahir la Zélande avec quelques mille hommes, et à s'emparer du gouvernement qui voulait s'y retirer. Dumouriez avait feint de se prêter à ce plan, mais il le trouvait stérile, parce que c'était se réduire à l'occupation d'une partie peu considérable et d'ailleurs peu importante de la Hollande. Le

Divers plans pour envahir la Hollande.

---

[1]. Décret du 24 février.

second lui appartenait ; il consistait à descendre la Meuse par Venloo jusqu'à Grave, à se rabattre de Grave sur Nimègue, et à fondre ensuite sur Amsterdam. Ce projet eût été le plus sûr, si l'on avait pu prévoir l'avenir. Mais, placé à Anvers, Dumouriez en conçut un troisième, plus hardi, plus prompt, plus convenable à l'imagination révolutionnaire, et plus fécond en résultats décisifs, s'il eût réussi. Tandis que ses lieutenants, Miranda, Valence, Dampierre et autres, descendraient la Meuse, en occupant Maëstricht, dont on n'avait pas voulu s'emparer l'année précédente, et Venloo, qui ne devait pas résister longtemps, Dumouriez avait le projet de prendre avec lui vingt-cinq mille hommes, et de se porter furtivement entre Berg-op-Zoom et Breda, d'arriver ainsi au Moerdyk, de traverser la petite mer du Bielbos, et de courir par les embouchures des fleuves jusqu'à Leyde et Amsterdam. Ce plan audacieux n'était pas moins fondé que beaucoup d'autres qui ont réussi, et, s'il était hasardeux, il offrait cependant de bien plus grands avantages que celui d'attaquer directement par Venloo et Nimègue. En prenant ce dernier parti, Dumouriez attaquait de front les Hollandais, qui avaient déjà fait tous leurs préparatifs entre Grave et Gorkum, et il leur donnait même le temps de se renforcer d'Anglais et de Prussiens. Au contraire, en passant par l'embouchure des fleuves, il pénétrait par l'intérieur de la Hollande, qui n'était pas défendu, et s'il surmontait l'obstacle des eaux, la Hollande était à lui. En revenant d'Amsterdam, il prenait les défenses à revers, et faisait tout tomber entre lui et ses lieutenants, qui devaient le joindre par Nimègue et Utrecht.

Février 1793.

Il était naturel qu'il prît le commandement de l'armée d'expédition, parce que c'était là qu'il fallait le plus de promptitude, d'audace et d'habileté. Ce projet avait le danger de tous les plans d'offensive, c'était de s'exposer soi-même à l'invasion en se découvrant. Ainsi la Meuse restait ouverte aux Autrichiens; mais, dans le cas d'une offensive réciproque, l'avantage reste à celui qui résiste le mieux au danger et cède le moins vite à la terreur de l'invasion.

Dumouriez envoya sur la Meuse Thouvenot dans lequel il avait toute confiance; il fit connaître à ses lieutenants Valence et Miranda les projets qu'il leur avait cachés jusque-là; il leur enjoignit de hâter les siéges de Maëstricht et de Venloo, et, en cas de retard, de se succéder devant ces places, de manière à faire toujours des progrès vers Nimègue. Il leur recommanda encore de fixer des points de ralliement autour de Liége et d'Aix-la-Chapelle, afin de réunir les quartiers dispersés, et de pouvoir résister à l'ennemi, s'il venait en forces troubler les siéges qu'on devait exécuter sur la Meuse.

Dumouriez partit aussitôt d'Anvers avec dix-huit mille hommes réunis à la hâte. Il divisa sa petite armée en plusieurs corps, qui avaient ordre de faire des sommations aux diverses places fortes, sans cependant s'arrêter à commencer des siéges. Son avant-garde devait se hâter d'enlever les bateaux et les moyens de transport, tandis que lui, avec un gros de troupes, se tiendrait à portée de donner secours à ceux de ses lieutenants qui en auraient besoin. Le 17 février 1793, il pénétra sur le territoire hollandais en publiant une proclamation où il promettait amitié aux Bataves, et guerre seulement au stathouder et à l'influence anglaise. On s'avança en laissant le général Leclerc devant Berg-op-Zoom, en portant le général Berneron devant Klundert et Willemstadt, et en donnant à l'excellent ingénieur d'Arçon la mission de feindre une attaque sur l'importante place de Breda. Dumouriez était avec l'arrière-garde à Sevenberghe. Le 25, le général Berneron s'empara du fort de Klundert, et se porta devant Willemstadt. Le général d'Arçon lança quelques bombes sur Breda. Cette place était réputée très-forte ; la garnison était suffisante, mais mal commandée, et, après quelques heures, elle se rendit à une armée d'assiégeants qui n'était guère plus forte qu'elle-même. Les Français entrèrent dans Breda le 27, et s'emparèrent d'un matériel considérable, consistant en deux cent cinquante bouches à feu, trois cents milliers de poudre et cinq mille fusils. Après avoir laissé garnison dans Breda, le général d'Arçon se rendit le 1ᵉʳ mars devant Gertruydenberg, place très-forte aussi, et s'empara le même jour de tous les travaux avancés. Dumouriez s'était rendu au Moerdyk, et réparait les retards de son avant-garde. Cette suite de surprises si heureuses sur des places capables d'une longue résistance, jetait beaucoup d'éclat sur le début de cette tentative; mais des retards imprévus contrariaient le passage du bras de mer, opération la plus difficile de ce projet. Dumouriez avait d'abord espéré que son avant-garde, agissant plus promptement, traverserait le Bielbos au moyen de quelques bateaux, occuperait l'île de Dort, gardée tout au plus par quelques cents hommes, et, s'emparant d'une nombreuse flottille, la ramènerait sur l'autre bord, pour transporter l'armée. Des délais inévitables empêchèrent l'exécution de cette partie du plan. Dumouriez tâcha d'y suppléer en s'emparant de tous les bateaux qu'il put trouver, et en réunissant des charpentiers pour se composer une flottille. Cependant il avait besoin de se hâter, car l'armée hollandaise se réunissait à Gorkum, au Stry et à l'île de Dort; quelques chaloupes ennemies et une frégate anglaise menaçaient son embarquement, et canonnaient son camp, appelé par nos soldats le Camp des Castors. Ils avaient en effet construit des

Février 1795.

Le camp des Castors.

huttes de paille, et, encouragés par la présence de leur général, ils bravaient le froid, les privations, les dangers, l'avenir d'une entreprise aussi audacieuse, et ils attendaient avec impatience le moment de passer sur la rive opposée. Le 3 mars, le général Deflers arriva avec une nouvelle division; le 4, Gertruydenberg ouvrit ses portes, et tout fut préparé pour opérer le passage du Bielbos.

Pendant ce temps, la lutte continuait entre les deux partis de l'intérieur. La mort de Lepelletier avait déjà donné occasion aux montagnards de se dire menacés dans leurs personnes, et l'on n'avait pu leur refuser de renouveler dans l'Assemblée le comité de surveillance. Ce comité avait été composé de montagnards qui, pour premier acte, firent arrêter Gorsas, député et journaliste attaché aux intérêts de la Gironde. Les jacobins avaient encore obtenu un autre avantage, c'était la suspension des poursuites décrétées le 20 janvier contre les auteurs de septembre. A peine ces poursuites avaient-elles été commencées, qu'on découvrit des preuves accablantes contre les principaux révolutionnaires, et contre Danton lui-même. Alors les jacobins s'étaient soulevés, avaient soutenu que tout le monde était coupable dans ces journées, parce que tout le monde les avait crues nécessaires, et les avait souffertes; ils osèrent même dire que le seul tort de ces journées était d'être restées incomplètes;

et ils demandèrent la suspension des procédures dont on se servait pour attaquer les plus purs révolutionnaires. Conformément à leurs demandes, les procédures furent suspendues, c'est-à-dire abolies, et une députation de jacobins s'était aussitôt rendue auprès du ministre de la justice, pour qu'il dépêchât des courriers extraordinaires, à l'effet d'arrêter les poursuites déjà commencées contre les *frères de Meaux*.

Février 1793.

On a déjà vu que Pache avait été obligé de quitter le ministère, et que Roland avait donné volontairement sa démission. Cette concession réciproque ne calma point les haines. Les jacobins peu satisfaits demandaient qu'on instruisît le procès de Roland. Ils disaient qu'il avait ravi à l'État des sommes énormes, et placé à Londres plus de douze millions; que ses richesses étaient employées à pervertir l'opinion par des écrits, et à exciter des séditions, en accaparant les grains; ils voulaient qu'on instruisît aussi contre Clavière, Lebrun et Beurnonville, tous traîtres, suivant eux, et complices des intrigues des girondins. En même temps, ils préparaient un dédommagement bien autrement précieux à leur complaisant destitué. Chambon, le successeur de Pétion dans la mairie de Paris, avait abdiqué des fonctions trop au-dessus de sa faiblesse. Les jacobins songèrent aussitôt à Pache, auquel ils trouvèrent le caractère sage et impassible d'un magistrat. Ils s'applaudirent de cette idée, la communiquèrent à la commune, aux sections, à tous les clubs, et les Parisiens entraînés par eux vengèrent Pache de sa disgrâce en le nommant leur maire. Pourvu que Pache fût aussi docile à la mairie qu'au ministère de la guerre, la domination des jacobins était assurée dans Paris, et dans ce choix ils avaient consulté autant leur utilité que leurs passions.

La difficulté des subsistances et les embarras du commerce étaient toujours des sujets continuels de désordres et de plaintes, et de décembre en février le mal s'était considérablement accru. La crainte des troubles et du pillage, la répugnance des cultivateurs à recevoir du papier, la cherté des prix provenant de la grande abondance du numéraire fictif, étaient, comme nous l'avons dit, les causes qui empêchaient le facile commerce des grains, et produisaient la disette. Cependant les efforts administratifs des communes suppléaient, jusqu'à un certain point, à l'activité du commerce, et les denrées ne manquaient pas dans les marchés, mais elles y étaient d'un prix exorbitant. La valeur des assignats diminuant chaque jour en raison de leur masse, il en fallait toujours davantage pour acquérir la même somme d'objets, et c'est ainsi que les prix devenaient excessifs. Le peuple, ne recevant que la même valeur nominale pour son travail, ne pouvait plus atteindre aux objets de ses besoins, et se répandait en plaintes et en menaces. Le pain n'était pas la seule chose dont le prix fût excessivement augmenté : le sucre, le café, la chandelle, le savon, avaient doublé de valeur. Les blanchisseuses étaient venues se plaindre à la Convention de payer trente sous le savon, qu'elles ne payaient autrefois que quatorze. En vain on disait au peuple d'augmenter le prix de son travail, pour rétablir la proportion entre ses salaires et sa consommation; il ne pouvait se concerter pour y parvenir, et il criait contre les riches, contre les accapareurs, contre l'aristocratie marchande; il demandait enfin le moyen le plus simple, la taxe forcée et le *maximum*. Les jacobins, les membres de la commune, qui étaient peuple par rapport à l'Assemblée, mais qui, par rapport au peuple lui-même, étaient des assemblées presque éclairées, sentaient les inconvénients de la taxe. Quoique plus portés que la Convention à l'admettre, ils résistaient cependant, et l'on entendait aux Jacobins Dubois de Crancé, les deux Robespierre, Thuriot et autres montagnards, s'élever tous les jours contre les projets du *maximum*. Chaumette et Hébert faisaient de même à la commune, mais les tribunes murmuraient, et leur répondaient quelquefois par des huées. Souvent des députations des sections venaient reprocher à la commune sa modération et sa connivence avec les accapareurs.

Février 1793.

Le *maximum* combattu par les jacobins.

C'était dans ces assemblées de sections que se réunissaient les dernières classes des agitateurs, et l'on y voyait régner un fanatisme révolutionnaire encore plus ignorant et plus emporté qu'à la commune et aux Jacobins. Coalisées avec les Cordeliers, où se rendaient tous les hommes d'exécution, les sections produisaient tous les troubles de la capitale. Leur infériorité et leur obscurité, en les exposant à plus d'agitations, les exposaient aussi à des menées en sens contraires; et c'était là que les restes de l'aristocratie osaient se montrer, et faire quelques essais de résistance. Les anciennes créatures de la noblesse, les anciens domestiques des émigrés, tous les oisifs turbulents qui, entre les deux causes opposées, avaient préféré la cause aristocratique, se rendaient dans quelques sections où une bourgeoisie honnête persévérait en faveur des girondins, et se cachaient derrière cette opposition raisonnable et sage pour combattre les montagnards, et travailler en faveur de l'étranger et de l'ancien régime. Dans ces luttes, la bourgeoisie honnête se retirait le plus souvent; les deux classes extrêmes d'agitateurs restaient alors en présence, et se combattaient dans cette région inférieure avec une violence effrayante. Tous les jours d'horribles scènes avaient lieu pour des pétitions à faire à la commune, aux Jacobins ou à l'Assemblée. Suivant le résultat de la lutte, il sortait de ces orages des adresses contre septembre et le *maximum*, ou des adresses contre les appelants, les aristocrates et les accapareurs.

Février 1793.

La commune repoussait les pétitions incendiaires des sections, et les engageait à se défier des agitateurs secrets qui voulaient y introduire le désordre. Elle remplissait, par rapport aux sections, le rôle que la Convention remplissait à son égard. Les jacobins n'ayant pas, comme la commune, des fonctions déterminées à exercer, s'occupant en revanche à raisonner sur tous les sujets, avaient de grandes prétentions philosophiques, et aspiraient à mieux comprendre l'économie sociale que les sections et le club des Cordeliers. Ils affectaient donc en beaucoup de choses de ne pas partager les passions vulgaires de ces assemblées subalternes, et ils condamnaient la taxe comme dangereuse pour la liberté du commerce. Mais, pour substituer un autre moyen à celui qu'ils repoussaient, ils proposaient de faire prendre les assignats au pair, et de punir de mort quiconque refuserait de les recevoir selon la valeur portée sur leur titre, comme si ce n'eût pas été là une autre manière d'attaquer la liberté du commerce. Ils voulaient encore qu'on s'engageât réciproquement à ne plus prendre ni sucre, ni café, pour en faire baisser forcément la valeur; enfin, ils avaient imaginé d'arrêter la création des assignats, et d'y suppléer par des emprunts

Moyens imaginés par les jacobins pour remédier à la disette.

sur les riches, emprunts forcés, et répartis d'après le nombre des domestiques, des chevaux, etc.... Toutes ces propositions n'empêchaient pas le mal de s'accroître et de rendre une crise inévitable. En attendant qu'elle éclatât, on se reprochait réciproquement les malheurs publics. On accusait les girondins de s'entendre avec les riches et les accapareurs, pour affamer le peuple, pour le porter à des émeutes, et pour en prendre occasion de porter de nouvelles lois martiales; on les accusait même de vouloir amener l'étranger par des désordres, reproche absurde, mais qui devint mortel. Les girondins répondaient par les mêmes accusations. Ils reprochaient à leurs adversaires de causer la disette et les troubles par les craintes qu'ils inspiraient au commerce, et de vouloir arriver par des troubles à l'anarchie, par l'anarchie au pouvoir, et peut-être à la domination étrangère.

Déjà la fin de février approchait, et la difficulté de se procurer les denrées avait poussé l'irritation du peuple au dernier terme. Les femmes, apparemment plus touchées de ce genre de souffrances, étaient dans une extrême agitation. Elles se présentèrent aux Jacobins le 22, pour demander qu'on leur prêtât la salle, où elles voulaient délibérer sur la cherté des subsistances, et préparer une pétition à la Convention nationale. On savait que le but de cette pétition serait de proposer le *maximum*, et la demande fut refusée. Les tribunes traitèrent alors les jacobins comme elles traitaient quelquefois l'Assemblée : *à bas les accapareurs ! à bas les riches !* fut le cri général. Le président fut obligé de se couvrir pour apaiser le tumulte, et l'on expliqua ce manque de respect en disant qu'il y avait dans la salle des séances des aristocrates déguisés. Robespierre, Dubois de Crancé, s'élevèrent de nouveau contre le projet de la taxe, recommandèrent au peuple de se tenir tranquille, pour ne pas donner prétexte à ses adversaires de le calomnier, et ne pas leur fournir l'occasion de rendre des lois meurtrières.

Marat, qui avait la prétention d'imaginer toujours les moyens les plus simples et les plus prompts, écrivit dans sa feuille, le 25 au matin, que jamais l'accaparement ne cesserait, si l'on n'employait des moyens plus sûrs que tous ceux qu'on avait proposés jusque-là. S'élevant contre *les monopoleurs, les marchands de luxe, les suppôts de la chicane, les robins, les ex-nobles*, que les infidèles mandataires du peuple encourageaient au crime par l'impunité, il ajoutait : « Dans tout pays où les droits
« du peuple ne seraient pas de vains titres, consi-
« gnés fastueusement dans une simple déclaration,
« le pillage de quelques magasins, à la porte des-
« quels on pendrait les accapareurs, mettrait bientôt
« fin à ces malversations, qui réduisent cinq mil-

Février 1795.

Marat excite le peuple au pillage.

« lions d'hommes au désespoir, et qui en font périr
« des milliers de misère. Les députés du peuple ne
« sauront-ils donc jamais que bavarder sur ses
« maux sans en proposer le remède ¹ ? »

C'était le 25 au matin que ce fou orgueilleux écrivait ces paroles. Soit qu'elles eussent réellement agi sur le peuple, soit que l'irritation portée à son comble ne pût déjà plus se contenir, une multitude de femmes s'assemblèrent en tumulte devant les boutiques des épiciers. D'abord on se plaignit du prix des denrées, et l'on en demanda tumultueusement la réduction. La commune n'avait pas été prévenue : le commandant Santerre était allé à Versailles pour organiser un corps de cavalerie, et aucun ordre n'était donné pour mettre la force publique en mouvement. Aussi les perturbateurs ne trouvèrent aucun obstacle, et purent passer des menaces aux violences et au pillage. Le rassemblement commença dans les rues de la Vieille-Monnaie, des Cinq-Diamants et des Lombards. On exigea d'abord que tous les objets fussent réduits à moitié prix, le savon à seize sous, le sucre à vingt-cinq, la cassonade à quinze, la chandelle à treize. Une grande quantité de denrées furent forcément arrachées à ce taux, et le prix en fut compté par les acheteurs aux épiciers. Mais bientôt on ne

1. *Journal de la République*, numéro du 25 février 1793.

voulut plus payer, et l'on enleva les marchandises sans donner en échange aucune partie de leur valeur. La force armée accourue sur un point fut repoussée, et l'on cria de tous côtés : *A bas les baïonnettes!* L'Assemblée, la commune, les jacobins, étaient en séance. L'Assemblée écoutait un rapport sur ce sujet; le ministre de l'intérieur lui démontrait que les denrées abondaient dans Paris, mais que le mal provenait de la disproportion entre la valeur du numéraire et celle des denrées elles-mêmes. Aussitôt l'Assemblée, voulant parer aux difficultés du moment, alloua de nouveaux fonds à la commune, pour faire délivrer des subsistances à meilleur prix. Dans le même instant, la commune, partageant ses sentiments et son zèle, se faisait rapporter les événements, et ordonnait des mesures de police. A chaque nouveau fait qu'on venait lui dénoncer, les tribunes criaient *tant mieux!* A chaque moyen proposé, elles criaient : *à bas!* Chaumette et Hébert étaient hués pour avoir proposé de battre la générale et de requérir la force armée. Cependant il fut arrêté que deux fortes patrouilles, précédées de deux officiers municipaux, seraient envoyées pour rétablir l'ordre, et que vingt-sept autres officiers municipaux iraient faire des proclamations dans les sections.

Février 1793.

Le désordre s'était propagé, on pillait dans différentes rues, et l'on proposait même de passer des épiciers chez les marchands. Pendant ce temps, des gens de tous les partis saisissaient l'occasion de se reprocher ce désordre et les maux qui en étaient la cause. « Quand vous aviez un roi, disaient dans les rues les partisans du régime aboli, vous n'étiez pas réduits à payer les choses aussi cher, ni exposés à des pillages. — Voilà, disaient les partisans des girondins, où nous conduiront le système de la violence et l'impunité des excès révolutionnaires. »

Les montagnards en étaient désolés, et soutenaient que c'étaient des aristocrates déguisés, des fayettistes, des rolandins, des brissotins, qui, dans les groupes, excitaient le peuple à ces pillages. Ils assuraient avoir trouvé dans la foule des femmes de haut rang, des gens à poudre, des domestiques de grands seigneurs, qui distribuaient des assignats pour entraîner le peuple dans les boutiques. Enfin, après plusieurs heures, la force armée se trouva réunie; Santerre revint de Versailles; les ordres nécessaires furent donnés; le bataillon des Brestois, présent à Paris, déploya beaucoup de zèle et d'assurance, et l'on parvint à dissiper les pillards.

Le soir il y eut une vive discussion aux Jacobins. On déplora ces désordres, malgré les cris des tribunes et malgré leurs démentis. Collot-d'Herbois, Thuriot, Robespierre, furent unanimes pour conseiller la tranquillité, et rejeter les excès sur les aristocrates et les girondins. Robespierre fit sur ce sujet un long discours où il soutint que le peuple était *impeccable*, qu'il ne pouvait jamais avoir tort, et que, si on ne l'égarait pas, il ne commettrait jamais aucune faute. Il soutint que dans ces groupes de pillards on plaignait le roi mort, qu'on y disait du bien du côté droit de l'Assemblée, qu'il l'avait entendu lui-même, et que par conséquent il ne pouvait pas y avoir de doute sur les véritables instigateurs qui avaient égaré le peuple. Marat lui-même vint conseiller le bon ordre, condamner les pillages qu'il avait prêchés le matin dans sa feuille, et les imputer aux girondins et aux royalistes.

Le lendemain, les plaintes accoutumées et toujours inutiles retentirent dans l'Assemblée. Barère s'éleva avec force contre les crimes de la veille. Il fit remarquer les retards apportés par les autorités dans la répression du désordre. Les pillages en effet avaient commencé à dix heures du matin, et à cinq heures du soir la force armée n'était pas encore réunie. Barère demanda que le maire et le commandant général fussent mandés pour expliquer les motifs de ce retard. Une députation de la section de Bon-Conseil appuyait cette demande. Salles prend alors la parole; il propose un acte d'accusation contre l'instigateur des pillages, contre Marat, et lit l'article inséré la veille dans sa feuille. Souvent on avait demandé une accusation contre les provocateurs au désordre, et particulièrement contre Marat; l'occasion ne pouvait être plus favorable pour les poursuivre, car jamais le désordre n'avait suivi de plus près la provocation. Marat, sans se déconcerter, soutint à la tribune qu'il est tout naturel que le peuple se fasse justice des accapareurs, puisque les lois sont insuffisantes, et qu'il faut *envoyer aux Petites-Maisons ceux qui proposent de l'accuser.* Buzot demande l'ordre du jour sur la proposition d'accuser *monsieur* Marat. « La loi est « précise, dit-il, mais *monsieur* Marat incidentera « sur ses expressions, le jury sera embarrassé, et « il ne faut pas préparer un triomphe à *monsieur* « Marat, en présence de la justice elle-même. » Un membre demande que la Convention déclare à la république qu'hier matin Marat a conseillé le pillage, qu'hier soir on a pillé. Une foule de propositions se succèdent; enfin on s'arrête à celle de renvoyer sans distinction tous les auteurs des troubles aux tribunaux ordinaires. « Eh bien, s'écrie « alors Marat, rendez un acte d'accusation contre « moi-même, afin que la Convention prouve qu'elle « a perdu toute pudeur! » A ces mots, un grand tumulte s'élève; sur-le-champ la Convention renvoie devant les tribunaux Marat et tous les auteurs des délits commis dans la journée du 25. La proposition de Barère est adoptée. Santerre et Pache sont mandés à la barre. De nouvelles dispositions sont prises contre les agents supposés de l'étranger et de l'émigration. Dans le moment, cette opinion d'une influence étrangère s'accréditait de toutes parts. La veille, on avait ordonné de nouvelles visites domiciliaires dans toute la France, pour arrêter les émigrés et les voyageurs suspects; ce même jour, on renouvela l'obligation des passe-ports, on enjoignit à tous les aubergistes ou logeurs de déclarer les étrangers logés chez eux; on ordonna enfin un nouveau recensement de tous les citoyens des sections.

<small>Février 1793.</small>

Marat devait être enfin accusé, et le lendemain il écrivit dans sa feuille les lignes suivantes :

<small>Article publié par Marat pour sa justification.</small>

« Indigné de voir les ennemis de la chose pu-
« blique machiner éternellement contre le peuple;
« révolté de voir les accapareurs en tout genre se
« coaliser pour le réduire au désespoir par la dé-
« tresse et la faim; désolé de voir que les mesures
« prises par la Convention pour arrêter ces conju-
« rations n'atteignaient pas le but; excédé des
« gémissements des infortunés qui viennent chaque
« matin me demander du pain, en accusant la
« Convention de les laisser périr de misère, je
« prends la plume pour ventiler les meilleurs
« moyens de mettre enfin un terme aux conspira-
« tions des ennemis publics et aux souffrances
« du peuple. Les idées les plus simples sont celles
« qui se présentent les premières à un esprit bien

« fait, qui ne veut que le bonheur général sans
« aucun retour sur lui-même : je me demande donc
« pourquoi nous ne ferions pas tourner contre des
« brigands publics les moyens qu'ils emploient
« pour ruiner le peuple et détruire la liberté. En
« conséquence, j'observe que dans un pays où les
« droits du peuple ne seraient pas de vains titres,
« consignés fastueusement dans une simple déclara-
« tion, le pillage de quelques magasins à la porte
« desquels on pendrait les accapareurs mettrait
« bientôt fin à leurs malversations. Que font les
« meneurs de la faction des hommes d'État? ils
« saisissent avidement cette phrase, puis ils se hâ-
« tent d'envoyer des émissaires parmi les femmes
« attroupées devant les boutiques de boulangers,
« pour les pousser à enlever, à prix coûtant, du
« savon, des chandelles et du sucre, de la boutique
« des épiciers détaillistes, tandis que ces émissaires
« pillent eux-mêmes les boutiques des pauvres
« épiciers patriotes : puis ces scélérats gardent le
« silence tout le jour, ils se concertent la nuit dans
« un conciliabule nocturne, tenu rue de Rohan,
« chez la catin du contre-révolutionnaire Valazé,
« et ils viennent le lendemain me dénoncer à la
« tribune comme provocateur des excès dont ils
« sont les premiers auteurs. »

La querelle devenait chaque jour plus acharnée.
On se menaçait déjà ouvertement; beaucoup de

députés ne marchaient qu'avec des armes, et l'on commençait à dire, avec autant de liberté que dans les mois de juillet et août de l'année précédente, qu'il fallait se sauver par l'insurrection, et supprimer la partie *gangrenée* de la représentation nationale. Les girondins se réunissaient le soir en grand nombre chez l'un d'eux, Valazé, et là ils étaient fort incertains sur ce qu'ils avaient à faire. Les uns croyaient, les autres ne croyaient pas à des périls prochains. Certains d'entre eux, comme Salles et Louvet, supposaient des conspirations imaginaires, et, appelant l'attention sur des chimères, la détournaient du danger véritable. Errant de projets en projets, placés au milieu de Paris sans aucune force à leur disposition, et ne comptant que sur l'opinion des départements, immense, il est vrai, mais inerte, ils pouvaient tous les jours succomber sous un coup de main. Ils n'avaient pas réussi à composer une force départementale; les troupes des fédérés, spontanément arrivées à Paris depuis la réunion de la Convention, étaient en partie gagnées, en partie rendues aux armées, et ils ne pouvaient guère compter que sur quatre cents Brestois, dont la ferme contenance avait arrêté les pillages. A défaut de garde départementale, ils avaient essayé en vain de transporter la direction de la force publique de la commune au ministère de l'intérieur. La Montagne, furieuse, avait intimidé la majorité, et l'a-

Février 1793.

Continuation de la lutte des girondins et des montagnards.

Hésitations et impuissance des girondins.

vait empêchée de voter une pareille mesure. Déjà même on ne comptait plus que sur quatre-vingts députés inaccessibles à la crainte et fermes dans les délibérations. Dans cet état de choses, il ne restait aux girondins qu'un moyen, aussi impraticable que tous les autres, celui de dissoudre la Convention. Ici encore les fureurs de la Montagne les empêchaient d'obtenir une majorité. Dans ces incertitudes, qui provenaient non pas de faiblesse mais d'impuissance, ils se reposaient sur la Constitution. Par le besoin d'espérer quelque chose, ils se flattaient que le joug des lois enchaînerait les passions, et mettrait fin à tous les orages. Les esprits spéculatifs aimaient surtout à se reposer sur cette idée. Condorcet avait lu son rapport au nom du comité de Constitution, et il avait excité un soulèvement général. Condorcet, Pétion, Sieyès, furent chargés d'imprécations aux Jacobins. On ne vit dans leur république qu'une aristocratie toute faite pour quelques talents orgueilleux et despotiques. Aussi les montagnards ne voulaient plus qu'on s'en occupât, et beaucoup de membres de la Convention, sentant déjà que leur occupation ne serait pas de constituer, mais de défendre la révolution, disaient hardiment qu'il fallait renvoyer la Constitution à l'année suivante, et pour le moment ne songer qu'à gouverner et se battre. Ainsi le long règne de cette orageuse Assemblée commençait à s'annoncer; elle cessait déjà de croire à la brièveté de sa mission législative; et les girondins voyaient s'évanouir leur dernière espérance, celle d'enchaîner promptement les factions avec des lois.

Février 1795.

Leurs adversaires n'étaient, au reste, pas moins embarrassés. Ils avaient bien pour eux les passions violentes; ils avaient les jacobins, la commune, la majorité des sections; mais ils ne possédaient pas les ministères, ils redoutaient les départements, où les deux opinions s'agitaient avec une extrême fureur, et où la leur avait un désavantage évident; ils craignaient enfin l'étranger, et quoique les lois ordinaires des révolutions assurassent la victoire aux passions violentes, ces lois, à eux inconnues, ne pouvaient les rassurer. Leurs projets étaient aussi vagues que ceux de leurs adversaires. Attaquer la représentation nationale était un acte d'audace difficile, et ils ne s'étaient pas encore habitués à cette idée. Il y avait bien une trentaine d'agitateurs qui osaient et proposaient tout dans les sections; mais ces projets étaient désapprouvés par les jacobins, par la commune, par les montagnards, qui, tous les jours accusés de conspirer, s'en justifiant tous les jours, sentaient que des propositions de cette espèce les compromettaient aux yeux de leurs adversaires et des départements. Danton, qui avait pris peu de part aux querelles des partis, ne songeait qu'à deux choses : à se garantir de toute

Embarras des montagnards.

poursuite pour ses actes révolutionnaires, et à empêcher la révolution de rétrograder et de succomber sous les coups de l'ennemi. Marat lui-même, si léger et si atroce quand il s'agissait des moyens, Marat hésitait; et Robespierre, malgré sa haine contre les girondins, contre Brissot, Roland, Guadet, Vergniaud, n'osait songer à une attaque contre la représentation nationale; il ne savait à quel moyen s'arrêter, il était découragé, il doutait du salut de la révolution, et disait à Garat qu'il en était fatigué, malade, et qu'il croyait qu'on tramait la perte de tous les défenseurs de la république [1].

Les jacobins de Marseille proposent d'exclure les appelants *de la Convention.* Tandis qu'à Marseille, à Lyon, à Bordeaux, les deux partis s'agitaient avec violence, la proposition de se défaire des *appelants* et de les exclure de la Convention partit des Jacobins de Marseille luttant avec les partisans des girondins. Cette proposition, portée aux Jacobins de Paris, y fut discutée. Desfieux soutint que cette demande était appuyée par assez de sociétés affiliées pour être convertie en pétition et présentée à la Convention nationale. Robespierre, qui craignait qu'une demande pareille n'entraînât tout le renouvellement de l'Assemblée, et que dans la lutte des élections la Montagne ne fût battue, s'y opposa fortement, et réussit à l'écarter par les raisons ordinairement données contre tous les projets de dissolution.

1. Voyez la note 6 à la fin du volume.

Nos revers militaires vinrent précipiter les événements. Nous avons laissé Dumouriez campant sur les bords du Bielbos, et préparant un débarquement hasardeux, mais possible, en Hollande. Tandis qu'il faisait les préparatifs de son expédition, deux cent soixante mille combattants marchaient contre la France, depuis le haut Rhin jusqu'en Hollande. Cinquante-six mille Prussiens, vingt-quatre mille Autrichiens, vingt-cinq mille Hessois, Saxons, Bavarois, menaçaient le Rhin depuis Bâle jusqu'à Mayence et Coblentz. De ce point jusqu'à la Meuse, trente mille hommes occupaient le Luxembourg. Soixante mille Autrichiens et dix mille Prussiens marchaient vers nos quartiers de la Meuse, pour interrompre les siéges de Maëstricht et de Venloo. Enfin quarante mille Anglais, Hanovriens et Hollandais, demeurés encore en arrière, s'avançaient du fond de la Hollande sur notre ligne d'opération. Le projet de l'ennemi était de nous ramener de la Hollande sur l'Escaut, de nous faire repasser la Meuse, et ensuite de s'arrêter sur cette rivière en attendant que la place de Mayence eût été reprise. Son plan était de marcher ainsi peu à peu, de s'avancer également sur tous les points à la fois, et de ne pénétrer vivement sur aucun, afin de ne pas exposer ses flancs. Ce plan timide et méthodique aurait pu nous permettre de pousser beaucoup plus loin et plus activement l'entreprise offensive

Mars 1793.

Forces des coalisés.

Plan de la coalition.

de la Hollande, si des fautes ou des accidents malheureux ou trop de précipitation à s'alarmer, ne nous eussent obligés d'y renoncer. Le prince de Cobourg, qui s'était distingué dans la dernière campagne contre les Turcs, commandait les Autrichiens qui se dirigeaient sur la Meuse. Le désordre régnait dans nos quartiers, dispersés entre Maëstricht, Aix-la-Chapelle, Liége et Tongres (*Voir la carte n° 1*). Dans les premiers jours de mars, le prince de Cobourg passa la Roër, et s'avança par Duren et Aldenhoven sur Aix-la Chapelle. Nos troupes, attaquées subitement, se retirèrent en désordre vers Aix-la-Chapelle, et en abandonnèrent même les portes à l'ennemi. Miacsinsky résista quelque temps; mais, après un combat assez meurtrier dans les rues de la ville, il fut obligé de céder, et de faire retraite vers Liége. Dans ce moment Stengel et Neuilly, séparés par ce mouvement, étaient rejetés dans le Limbourg. Miranda, qui assiégeait Maëstricht et qui pouvait être encore isolé du principal corps d'armée retiré à Liége, abandonna même la rive gauche, et se retira sur Tongres. Les Impériaux entrèrent aussitôt dans Maëstricht, et l'archiduc Charles, poussant hardiment les poursuites au delà de la Meuse, se porta jusqu'à Tongres, et y obtint un avantage. Alors Valence, Dampierre et Miacsinsky, réunis à Liége, pensèrent qu'il fallait se hâter de rejoindre Miranda, et marchèrent sur Saint-Tron, où Miranda se rendait de son côté. La retraite fut si précipitée, qu'on perdit une partie du matériel. Cependant, après de grands dangers, on parvint à se rejoindre à Saint-Tron. Lamarlière et Champmorin, placés à Ruremonde, eurent le temps de se rendre par Dietz au même point. Stengel et Neuilly, tout à fait séparés de l'armée et rejetés vers le Limbourg, furent recueillis à Namur par la division du général d'Harville. Enfin, ralliées à Tirlemont, nos troupes reprirent un peu de calme et d'assurance, et attendirent l'arrivée de Dumouriez, qu'on redemandait à grands cris.

Mars 1793.

A peine avait-il appris cette première déroute, qu'il avait ordonné à Miranda de rallier tout son monde à Maëstricht, et d'en continuer tranquillement le siége avec soixante-dix mille hommes. Il était persuadé que les Autrichiens n'oseraient pas livrer bataille, et que l'invasion de la Hollande ramènerait bientôt les coalisés en arrière. Cette opinion était juste, et fondée sur cette idée vraie, que, dans le cas d'une offensive réciproque, la victoire reste à celui qui sait attendre davantage. Le plan si timide des Impériaux, qui ne voulaient percer sur aucun point, justifiait pleinement cette manière de voir; mais l'insouciance des généraux, qui ne s'étaient pas concentrés assez tôt, leur trouble après l'attaque, l'impossibilité où ils étaient de se rallier en présence de l'ennemi, et surtout l'absence d'un homme supérieur en autorité et en influence, rendaient impossible l'exécution de l'ordre donné par Dumouriez. On lui écrivit donc lettres sur lettres pour le faire revenir de Hollande. La terreur était devenue générale; plus de dix mille déserteurs avaient déjà abandonné l'armée, et s'étaient répandus vers l'intérieur. Les commissaires de la Convention coururent à Paris, et firent intimer à Dumouriez l'ordre de laisser à un autre l'expédition tentée sur la Hollande, et de revenir au plus tôt se mettre à la tête de la grande armée de la Meuse. Il reçut cet ordre le 8 mars, et partit le 9, avec la douleur de voir tous ses projets renversés. Il revint plus disposé que jamais à tout critiquer dans le système révolutionnaire introduit en Belgique, et à s'en prendre aux jacobins du mauvais succès de ses plans de campagne. Il trouva en effet matière à se plaindre et à blâmer. Les agents du pouvoir exécutif en Belgique exerçaient une autorité despotique et vexatoire. Ils avaient partout soulevé la populace, et souvent employé la violence dans les assemblées où se décidait la réunion à la France. Ils s'étaient emparés de l'argenterie des églises; ils avaient séquestré les revenus du clergé, confisqué les biens nobles, et avaient excité la plus vive indignation chez toutes les classes de la nation belge. Déjà une insurrection contre les Français commençait à éclater du côté de Grammont.

Il n'était pas besoin de faits aussi graves pour

disposer Dumouriez à traiter sévèrement les commissaires du gouvernement. Il commença par en faire arrêter deux, et par les faire traduire sous escorte à Paris. Il parla aux autres avec la plus grande hauteur, les fit rentrer dans leurs fonctions, leur défendit de s'immiscer dans les dispositions militaires des généraux, et de donner des ordres aux troupes qui étaient dans l'étendue de leur commissariat. Il destitua le général Moreton, qui avait fait cause commune avec eux. Il ferma les clubs, il fit rendre aux Belges une partie du mobilier pris dans les églises, et joignit à ces mesures une proclamation pour désavouer, au nom de la France, les vexations qu'on venait de commettre. Il qualifia du nom de *brigands* ceux qui en étaient les auteurs, et déploya une dictature qui, tout en lui rattachant la Belgique, et rendant le séjour du pays plus sûr pour l'armée française, excita au plus haut point la colère des jacobins. Il eut en effet avec Camus une discussion fort vive, s'exprima avec mépris sur le gouvernement du jour; et, oubliant le sort de Lafayette, comptant trop légèrement sur la puissance militaire, il se conduisit en général certain de pouvoir, s'il le voulait, ramener la révolution en arrière, et disposé à le vouloir, si on le poussait à bout. Le même esprit s'était communiqué à son état-major : on y parlait avec dédain de cette populace qui gouvernait Paris, des imbéciles con-

Mars 1793.
Conduite de Dumouriez.

ventionnels qui se laissaient opprimer par elle; on maltraitait, on éloignait tous ceux qui étaient soupçonnés de jacobinisme; et les soldats, joyeux de revoir leur général au milieu d'eux, affectaient, en présence des commissaires de la Convention, d'arrêter son cheval, et de baiser ses bottes en l'appelant leur père.

Ces nouvelles excitèrent à Paris le plus grand tumulte, provoquèrent de nouveaux cris contre les traîtres et les contre-révolutionnaires. Sur-le-champ le député Choudieu en profita pour réclamer, comme on l'avait fait souvent, le renvoi des fédérés séjournant à Paris. A chaque nouvelle fâcheuse des armées, on redemandait la même chose. Barbaroux voulut prendre la parole sur ce sujet. Mais sa présence excita un soulèvement encore inconnu. Buzot voulut en vain faire valoir la fermeté des Brestois pendant les pillages; Boyer Fonfrède obtint seul, par une espèce d'accommodement, que les fédérés des départements maritimes iraient compléter l'armée encore trop faible des côtes de l'Océan. Les autres conservèrent la faculté de rester à Paris.

Le lendemain, 8 mars, la Convention ordonna à tous les officiers de rejoindre leurs corps sur-le-champ. Danton proposa de fournir encore aux Parisiens l'occasion de sauver la France. « Deman-
« dez-leur trente mille hommes, dit-il, envoyez-les
« à Dumouriez, et la Belgique nous est assurée,

« la Hollande est conquise. » Trente mille hommes en effet n'étaient pas difficiles à trouver à Paris, ils étaient d'un grand secours à l'armée du Nord, et donnaient une nouvelle importance à la capitale. Danton proposa en outre d'envoyer des commissaires de la Convention dans les départements et les sections, pour accélérer le recrutement par tous les moyens possibles. Toutes ces propositions furent adoptées. Les sections eurent ordre de se réunir dans la soirée ; des commissaires furent nommés pour s'y rendre, on ferma les spectacles pour empêcher toute distraction, et le drapeau noir fut arboré à l'Hôtel de Ville en signe de détresse.

Le soir en effet la réunion eut lieu, les commissaires furent parfaitement reçus dans les sections. Les imaginations étaient ébranlées, et la proposition de se rendre sur-le-champ aux armées fut partout bien accueillie. Mais il arriva ici ce qui était arrivé déjà aux 2 et 3 septembre, on demanda avant de partir que les traîtres fussent punis. On avait adopté, depuis cette époque, une phrase toute faite : « On ne voulait pas, disait-on, laisser derrière soi des conspirateurs prêts à égorger les familles des absents. » Il fallait donc, si l'on voulait éviter de nouvelles exécutions populaires, organiser des exécutions légales et terribles, qui atteignissent sans lenteur, sans appel, les contre-révolutionnaires, les conspirateurs cachés, qui me-

Mars 1793.

Nécessité de recourir aux mesures de rigueur.

naçaient au dedans la révolution déjà menacée au dehors. Il fallait suspendre le glaive sur la tête des généraux, des ministres, des députés infidèles, qui compromettaient le salut public. Il n'était pas juste en outre que les riches égoïstes qui n'aimaient pas le régime de l'égalité, à qui peu importait d'appartenir à la Convention ou à Brunswick, et qui par conséquent ne se présentaient pas pour remplir les cadres de l'armée, il n'était pas juste qu'ils restassent étrangers à la chose publique, et ne fissent rien pour elle. En conséquence, tous ceux qui avaient au-dessus de quinze cents livres de rente devaient payer une taxe proportionnée à leurs moyens, et suffisante pour dédommager ceux qui se dévoueraient, de tous les frais de la campagne. Ce double vœu d'un nouveau tribunal érigé contre le parti ennemi, et d'une contribution des riches en faveur des pauvres qui allaient se battre, fut presque général dans les sections. Plusieurs d'entre elles vinrent l'exprimer à la commune; les jacobins l'émirent de leur côté, et le lendemain la Convention se trouva en présence d'une opinion universelle et irrésistible.

Le jour suivant en effet (le 9 mars), tous les députés montagnards étaient présents à la séance. Les jacobins remplissaient les tribunes. Ils en avaient chassé toutes les femmes, *parce qu'il fallait,* disaient-ils, *faire une expédition.* Plusieurs d'entre eux portaient des pistolets. Le député Gamon voulut s'en plaindre, mais il ne fut pas écouté. La Montagne et les tribunes, fortement résolues, intimidaient la majorité, et paraissaient décidées à ne souffrir aucune résistance. Le maire se présente avec le conseil de la commune, confirme le rapport des commissaires de la Convention sur le dévouement des sections, mais répète leur vœu d'un tribunal extraordinaire et d'une taxe sur les riches. Une foule de sections succèdent à la commune, et demandent encore le tribunal et la taxe. Quelques-unes y ajoutent la demande d'une loi contre les accapareurs, d'un *maximum* dans le prix des denrées, et de l'abrogation du décret qui qualifiait marchandise la monnaie métallique, et permettait qu'elle circulât à un prix différent du papier. Après toutes ces pétitions, on insiste pour la mise aux voix des mesures proposées. On veut d'abord voter sur-le-champ le principe de l'établissement d'un tribunal extraordinaire. Quelques députés s'y opposent. Lanjuinais prend la parole, et demande au moins que, si l'on veut absolument consacrer l'iniquité d'un tribunal sans appel, on borne cette calamité au seul département de Paris. Guadet, Valazé, font de vains efforts pour appuyer Lanjuinais : ils sont brutalement interrompus par la Montagne. Quelques députés demandent même que ce tribunal porte le nom de *révolutionnaire*. Mais

Mars 1795.
La Convention décrète l'établissement d'un tribunal criminel extraordinaire.

la Convention, sans souffrir une plus longue discussion, « décrète l'établissement d'un tribunal « *criminel extraordinaire*, pour juger sans appel, « et sans recours au tribunal de cassation, les « conspirateurs et les contre-révolutionnaires, et « charge son comité de législation de lui présenter « demain un projet d'organisation. »

Autres décrets révolutionnaires pour la défense du pays.

Immédiatement après ce décret, on en rend un second, qui frappe les riches d'une taxe extraordinaire de guerre ; un troisième, qui organise quarante-une commissions, de deux députés chacune, chargées de se rendre dans les départements, pour y accélérer le recrutement par tous les moyens possibles, pour y désarmer ceux qui ne partent pas, pour faire arrêter les suspects, pour s'emparer des chevaux de luxe, pour y exercer enfin la dictature la plus absolue. A ces mesures on en ajouta d'autres encore : les bourses des colléges n'appartiendront à l'avenir qu'aux fils de ceux qui seront partis pour les armées ; tous les célibataires travaillant dans les bureaux seront remplacés par des pères de famille ; la contrainte par corps sera abolie. Le droit de tester l'avait été quelques jours auparavant. Toutes ces mesures furent prises sur la proposition de Danton, qui connaissait parfaitement l'art de rattacher les intérêts à la cause de la révolution.

Les jacobins, satisfaits de cette journée, coururent s'applaudir chez eux du zèle qu'ils avaient montré, de la manière dont ils avaient composé les tribunes, et de l'imposante réunion que présentaient les rangs serrés de la Montagne. Ils se recommandèrent de continuer, et d'être tous présents à la séance du lendemain, où devait s'organiser le tribunal extraordinaire. Robespierre, se disaient-ils, nous l'a bien recommandé. Cependant ils n'étaient pas satisfaits encore de ce qu'ils avaient obtenu; l'un d'eux proposa de rédiger une pétition où ils demanderaient le renouvellement des comités et du ministère, l'arrestation de tous les fonctionnaires à l'instant même de leur destitution, et celle de tous les administrateurs des postes et des journalistes contre-révolutionnaires. Sur-le-champ on veut faire la pétition; cependant le président objecte que la société ne peut pas faire un acte collectif, et l'on convient d'aller chercher un autre local, pour s'y réunir en qualité de simples pétitionnaires. On se répand alors dans Paris. Le tumulte y régnait. Une centaine d'individus, promoteurs ordinaires de tous les désordres, conduits par Lasouski, s'étaient rendus chez le journaliste Gorsas, armés de pistolets et de sabres, et avaient brisé ses presses. Gorsas s'était enfui, et n'était parvenu à se sauver qu'en se défendant avec beaucoup de courage et de présence d'esprit. Ils avaient fait de même chez l'éditeur de la *Chronique,* dont ils avaient aussi ravagé l'imprimerie.

La journée du lendemain 10 menaçait d'être encore plus orageuse. C'était un dimanche. Un repas était préparé à la section de la Halle aux Blés, pour y fêter les enrôlés qui devaient partir pour l'armée; l'oisiveté du peuple, jointe à l'agitation d'un festin, pouvait conduire aux plus mauvais projets. La salle de la Convention fut aussi remplie que la veille. Dans les tribunes, à la Montagne, les rangs étaient aussi serrés et aussi menaçants. La discussion s'ouvre sur plusieurs objets de détail. On s'occupe d'une lettre de Dumouriez. Robespierre appuie les propositions du général, et demande la mise en accusation de Lanoue et de Stengel, tous deux commandants à l'avant-garde lors de la dernière déroute. L'accusation est aussitôt portée. Il s'agit ensuite de faire partir les députés commissaires pour le recrutement. Cependant leur vote étant nécessaire pour assurer l'établissement du tribunal extraordinaire, on décide de l'organiser dans la journée, et de dépêcher les commissaires le lendemain. Cambacérès demande aussitôt et l'organisation du tribunal extraordinaire, et celle du ministère. Buzot s'élance alors à la tribune, et il est interrompu par des murmures violents. « Ces « murmures, s'écrie-t-il, m'apprennent ce que je « savais déjà, qu'il y a du courage à s'opposer « au despotisme qu'on nous prépare. » Nouvelle rumeur. Il continue : « Je vous abandonne ma

« vie ; mais je veux sauver ma mémoire du déshon-
« neur en m'opposant au despotisme de la Con-
« vention nationale. On veut que vous confondiez
« dans vos mains tous les pouvoirs. — Il faut agir
« et non bavarder, s'écrie une voix. — Vous avez
« raison, reprend Buzot ; les publicistes de la mo-
« narchie ont dit aussi qu'il fallait agir, et que par
« conséquent le gouvernement despotique d'un seul
« était le meilleur..... » Un nouveau bruit s'élève,
la confusion règne dans l'Assemblée ; enfin on convient d'ajourner l'organisation du ministère, et de
ne s'occuper actuellement que du tribunal extraordinaire. On demande le rapport du comité. Ce
rapport n'est pas fait, mais à défaut on demande
le projet dont on est convenu. Robert Lindet en
fait la lecture tout en déplorant sa sévérité. Voici
ce qu'il propose du ton de la douleur la plus vive :
le tribunal sera composé de neuf juges, nommés
par la Convention, indépendants de toute forme,
acquérant la conviction par tous les moyens,
divisés en deux sections toujours permanentes,
poursuivant à la requête de la Convention ou directement ceux qui, par leur conduite ou la mani-
festation de leurs opinions, auraient tenté d'égarer
le peuple, ceux qui, par les places qu'ils occupaient sous l'ancien régime, rappellent des prérogatives usurpées par les despotes.

A la lecture de ce projet épouvantable, des ap-

Mars 1793

plaudissements éclatent à gauche, une violente agitation se manifeste à droite. Plutôt mourir s'écrie « Vergniaud, que de consentir à l'établissement de « cette inquisition vénitienne ! — Il faut au peuple, « répond Amar, ou cette mesure de salut, ou « l'insurrection ! — Mon goût pour le pouvoir révo- « lutionnaire, dit Cambon, est assez connu ; mais « si le peuple s'est trompé dans les élections, nous « pourrions nous tromper dans le choix de ces neuf « juges, et ce seraient alors d'insupportables tyrans « que nous nous serions imposés à nous-mêmes ! « — Ce tribunal, s'écrie Duhem, est encore trop « bon pour des scélérats et des contre-révolution- « naires ! » Le tumulte se prolonge, et le temps se consume en menaces, en outrages, en cris de toute espèce. « Nous le voulons ! s'écrient les uns. — Nous ne le voulons pas ! » répondent les autres. Barère demande des jurés, et en soutient la nécessité avec force. Turreau demande qu'ils soient pris à Paris ; Boyer-Fonfrède, dans toute la république, parce que le nouveau tribunal aura à juger des crimes commis dans les départements, les armées et partout. La journée s'écoule, et déjà la nuit s'approche. Le président Gensonné résume les diverses propositions, et se dispose à les mettre aux voix. L'Assemblée, accablée de fatigue, semble près de céder à tant de violence. Les membres de la Plaine commencent à se retirer, et la Montagne, pour achever de les intimider, demande qu'on vote à haute voix. « Oui, s'écrie Féraud indigné, oui, votons à « haute voix, pour faire connaître au monde les « hommes qui veulent assassiner l'innocence, à « l'ombre de la loi ! » Cette véhémente apostrophe ranime le côté droit et le centre, et, contre toute apparence, la majorité déclare, 1° qu'il y aura des jurés ; 2° que ces jurés seront pris en nombre égal dans les départements ; 3° qu'ils seront nommés par la Convention.

Après l'admission de ces trois propositions, Gensonné croit devoir accorder une heure de répit à l'Assemblée, qui était accablée de fatigue. Les députés se lèvent pour se retirer. « Je somme, « s'écrie Danton, les bons citoyens de rester à « leurs places ! » Chacun se rassied aux éclats de cette voix terrible. « Quoi ! reprend Danton, c'est « à l'instant où Miranda peut être battu, et Dumou- « riez pris par derrière, obligé de mettre bas les « armes, que vous songeriez à délaisser votre « poste[1] ! Il faut terminer l'établissement de ces lois « extraordinaires destinées à épouvanter vos enne- « mis intérieurs. Il les faut arbitraires, parce qu'il « est impossible de les rendre précises ; parce que, « si terribles qu'elles soient, elles seront préfé- « rables encore aux exécutions populaires, qui,

1. Dans ce moment on ne savait pas encore que Dumouriez avait quitté la Hollande pour revenir sur la Meuse.

Mars 1793.

« aujourd'hui comme en septembre, seraient la
« suite des lenteurs de la justice. Après ce tribunal,
« il faut organiser un pouvoir exécutif énergique,
« qui soit en contact immédiat avec vous, et qui
« puisse mettre en mouvement tous vos moyens
« en hommes et en argent. Aujourd'hui donc le tri-
« bunal extraordinaire, demain le pouvoir exécutif,
« et après-demain le départ de vos commissaires
« pour les départements. Qu'on me calomnie, si
« l'on veut, et que ma mémoire périsse, mais que
« la république soit sauvée ! »

Agitation dans Paris.

Malgré cette violente exhortation, la suspension
d'une heure est accordée, et les députés vont prendre un repos indispensable. Il était environ sept
heures du soir. L'oisiveté du dimanche, les repas
donnés dans la journée, la question qui s'agitait
dans l'Assemblée, tout contribuait à augmenter
l'agitation populaire. Sans qu'il y eût de complot
formé d'avance, comme le crurent les girondins,
on était amené par la seule disposition des esprits
à une scène éclatante. On était assemblé aux Jacobins; Bentabole était accouru pour y faire le rapport sur la séance de la Convention, et se plaindre
des patriotes, qui n'avaient pas été aussi énergiques ce jour-là que la veille. Le conseil général
de la commune siégeait pareillement. Les sections,
abandonnées par les citoyens paisibles, étaient li-
vrées à quelques furieux, qui prenaient des arrêtés

incendiaires. Dans celle des Quatre-Nations, dix-huit forcenés avaient décidé que le département de la Seine devait en ce moment exercer la souveraineté, et que le corps électoral de Paris devait s'assembler sur-le-champ pour retrancher de la Convention nationale les députés infidèles, qui conspiraient avec les ennemis de la révolution. Ce même arrêté fut pris par le club des Cordeliers, et une députation de la section et du club se rendait en ce moment à la commune pour lui en donner communication. Des perturbateurs, suivant l'usage ordinaire dans tous les mouvements, couraient pour faire fermer les barrières.

Dans ce même instant, les cris d'une populace furieuse retentissaient dans les rues; les enrôlés qui avaient dîné à la Halle aux Blés, remplis de fureur et de vin, munis de pistolets et de sabres, s'avançaient vers la salle des Jacobins, en faisant entendre des chants épouvantables. Ils y arrivaient à l'instant même où Bentabole achevait son rapport sur la séance de la journée. Parvenus à la porte, ils demandent à défiler dans la salle. Ils la traversent au milieu des applaudissements. L'un d'eux prend la parole et dit : « Citoyens, au moment du danger de « la patrie, les vainqueurs du 10 août se lèvent « pour exterminer les ennemis de l'extérieur et de « l'intérieur. — Oui, leur répond le président Collot- « d'Herbois, malgré les intrigants, nous sauverons

Mars 1793.

Motions sanguinaires faites aux Jacobins.

« avec vous la liberté. » Desfieux prend alors la parole, dit que Miranda est la créature de Pétion, et qu'il trahit; que Brissot a fait déclarer la guerre à l'Angleterre pour perdre la France. Il n'y a qu'un moyen, ajoute-t-il, de se sauver, c'est de se débarrasser de tous ces traîtres, de mettre tous les *appelants* en état d'arrestation chez eux, et de faire nommer d'autres députés par le peuple. Un homme vêtu d'un habit militaire, et sorti de la foule qui venait de défiler, soutient que ce n'est pas assez que l'arrestation, et qu'il faut des vengeances. « Qu'est-ce que l'inviolabilité? dit-il. Je la mets sous les pieds..... » A ces mots, Dubois de Crancé arrive et veut s'opposer à ces propositions. Sa résistance cause un tumulte affreux. On propose de se diviser en deux colonnes, dont l'une ira chercher les frères cordeliers, et l'autre se rendra à la Convention pour défiler dans la salle, et lui faire entendre tout ce qu'on exige d'elle. On hésite à décider le départ; mais les tribunes envahissent la salle, on éteint les lumières, les agitateurs l'emportent, et l'on se divise en deux corps pour se rendre à la Convention et aux Cordeliers.

Dans ce moment, l'épouse de Louvet, logée avec lui dans la rue Saint-Honoré, près des Jacobins, avait entendu les vociférations partant de cette salle, et s'y était rendue pour s'instruire de ce qui s'y passait. Elle assiste à cette scène; elle accourt en avertir Louvet, qui, avec beaucoup d'autres membres du côté droit, avait quitté la séance de la Convention, où l'on disait qu'ils devaient être assassinés. Louvet, armé comme on l'était ordinairement, profite de l'obscurité de la nuit, court de porte en porte avertir ses amis, et leur assigne un rendez-vous dans un lieu caché où ils pourront se soustraire aux coups des assassins. Il les trouve chez Pétion, délibérant paisiblement sur des décrets à rendre. Il s'efforce de leur communiquer ses alarmes, et ne réussit pas à troubler l'impassible Pétion, qui, regardant le ciel et voyant tomber la pluie, dit froidement : *Il n'y aura rien cette nuit.* Cependant un rendez-vous est fixé, et l'un d'eux, nommé Kervélégan, se rend en toute hâte à la caserne du bataillon de Brest, pour le faire mettre sous les armes. Pendant ce temps les ministres, réunis chez Lebrun, n'ayant aucune force à leur disposition, ne savaient quel moyen prendre pour défendre la Convention et eux-mêmes, car ils étaient aussi menacés. L'Assemblée, plongée dans l'effroi, attendait un dénouement terrible ; et à chaque bruit, à chaque cri, se croyait au moment d'être envahie par des assassins. Quarante membres seulement étaient restés au côté droit, et s'attendaient à voir leur vie attaquée ; ils avaient des armes, et tenaient leurs pistolets préparés. Ils étaient convenus entre eux de se précipiter sur la Montagne au premier mouvement, et d'en égorger le plus de membres qu'ils pourraient. Les tribunes et la Montagne étaient dans la même attitude, et des deux côtés on s'attendait à une scène sanglante et terrible.

Opposition de la commune aux projets des jacobins.

Mais il n'y avait pas encore assez d'audace pour qu'un 10 août contre la Convention fût exécuté : ce n'était ici qu'une scène préliminaire, ce n'était qu'un 20 juin. La commune n'osa pas favoriser un mouvement auquel les esprits n'étaient pas assez préparés, elle s'en indigna même très-sincèrement. Le maire, à l'instant où les deux députations des Cordeliers et des Quatre-Nations se présentèrent, les repoussa sans vouloir les entendre. Complaisant des jacobins, il n'aimait pas les girondins sans doute, peut-être même il désirait leur chute, mais il pouvait croire un mouvement dangereux; il était d'ailleurs, comme Pétion au 20 juin et au 10 août, arrêté par l'illégalité, et voulait qu'on lui fît violence pour céder. Il repoussa donc les deux députations. Hébert et Chaumette, procureurs de la commune, le soutinrent. On envoya des ordres pour tenir les barrières ouvertes, on rédigea une adresse aux sections, une autre aux jacobins, pour les ramener à l'ordre. Santerre fit le discours le plus énergique à la commune, et se leva contre ceux qui demandaient une nouvelle insurrection. Il dit que, le tyran étant renversé, cette seconde insurrection ne pouvait se diriger que contre le peuple, qui actuellement régnait seul ; que, s'il y avait de mauvais députés, il fallait les souffrir, comme on avait souffert Maury et Cazalès ; que Paris n'était pas toute la France, et devait accepter les députés des départements ; que, quant au ministre de la guerre, s'il avait fait des destitutions, il en avait le droit, puisqu'il était responsable pour ses agents ;.... qu'à Paris, quelques hommes ineptes et égarés, croyaient pouvoir gouverner, et désorganisaient tout ; qu'enfin il allait mettre la force sur pied, et ramener les malveillants à l'ordre.

Mars 1793.

De son côté Beurnonville, dont l'hôtel était cerné, franchit les murailles de son jardin, réunit le plus de monde qu'il put, se mit à la tête du bataillon de Brest, et imposa aux agitateurs. La section des Quatre-Nations, les cordeliers, les jacobins, rentrèrent chez eux. Ainsi la résistance de la commune, la conduite de Santerre, le courage de Beurnonville et des Brestois, peut-être aussi la pluie qui tombait avec abondance, empêchèrent les progrès de l'insurrection. D'ailleurs la passion n'était pas encore assez forte contre ce qu'il y avait de plus noble, de plus généreux dans la république naissante. Pétion, Condorcet, Vergniaud, allaient montrer quelque temps encore dans la Convention leur courage, leurs talents et leur entraînante éloquence. Tout se calma. Le maire, appelé à la barre de la

Le tumulte est apaisé.

Convention, la rassura, et dans cette nuit même on acheva paisiblement le décret qui organisait le tribunal révolutionnaire. Ce tribunal était composé d'un jury, de cinq juges, d'un accusateur public et de deux adjoints, tous nommés par la Convention. Les jurés devaient être choisis avant le mois de mai, et provisoirement ils pouvaient être pris dans le département de Paris et les quatre départements voisins. Les jurés devaient opiner à haute voix.

La conséquence de l'événement du 10 mars fut de réveiller l'indignation des membres du côté droit, et de causer de l'embarras à ceux du côté gauche, compromis par ces démonstrations prématurées. De toutes parts on désavouait ce mouvement comme illégal, comme attentatoire à la représentation nationale. Ceux même qui ne désapprouvaient pas l'idée d'une nouvelle insurrection, condamnaient celle-ci comme mal conduite, et recommandaient de se garder des désorganisateurs payés par l'émigration et l'Angleterre pour provoquer des désordres. Les deux côtés de l'Assemblée semblaient conspirer pour établir cette opinion; tous deux supposaient une influence secrète et s'accusaient réciproquement d'en être complices. Une scène étrange confirma encore cette opinion générale. La section Poissonnière, en présentant des volontaires, demanda un acte d'accusation contre Dumouriez, le général sur qui reposait dans le moment toute l'espérance de l'armée

PREMIÈRE COALITION.

française. A cette pétition, lue par le président de la section, un cri général d'indignation s'élève. C'est un aristocrate, s'écrie-t-on, payé par les Anglais! » Au même instant on regarde le drapeau que portait la section, et l'on s'aperçoit avec étonnement que la cravate en est blanche, et qu'il est surmonté par des fleurs de lis. Des cris de fureur éclatent à cette vue, on déchire les fleurs de lis et la cravate, et on les remplace par un ruban tricolore qu'une femme jette des tribunes. Isnard prend aussitôt la parole pour demander un acte d'accusation contre le président de cette section; plus de cent voix appuient cette motion, et, dans le nombre, celle qui fixe le plus l'attention est celle de Marat. » Cette pétition, « dit-il, est un complot, il faut la lire tout entière; « on verra qu'on y demande la tête de Vergniaud, « Guadet, Gensonné..... et autres; vous sentez, « ajoute-t-il, quel triomphe ce serait pour nos en-« nemis qu'un tel massacre, ce serait la désolation « de la Convention..... » Ici des applaudissements universels interrompent Marat; il reprend, dénonce lui-même l'un des principaux agitateurs, nommé Fournier, et demande son arrestation. Sur-le-champ elle est ordonnée; toute l'affaire est renvoyée au comité de sûreté générale; et l'Assemblée ordonne qu'il soit envoyé à Dumouriez copie du procès-verbal, pour lui prouver qu'elle ne partage pas à son égard les torts des calomniateurs.

Mars 1793.

Arrestation du président de la section Poissonnière.

Mars 1793.
Le projet d'attaque contre la Convention échoue.

Le jeune Varlet, ami et compagnon de Fournier, accourt aux Jacobins pour demander justice de son arrestation et proposer d'aller le délivrer. « Fournier, dit-il, n'est pas le seul menacé; Lasouski, Desfieux, moi-même enfin, le sommes encore. Le tribunal révolutionnaire qu'on vient d'établir va tourner contre les patriotes comme celui du 10 août, et les frères qui m'entendent ne sont plus jacobins s'ils ne me suivent. » Il veut ensuite accuser Dumouriez, et ici un trouble extraordinaire éclate dans la société; le président se couvre, et dit qu'on veut perdre les jacobins. Billaud-Varennes lui-même monte à la tribune, se plaint de ces propositions incendiaires, justifie Dumouriez, qu'il n'aime pas, dit-il, mais qui fait maintenant son devoir, et qui a prouvé qu'il voulait se battre vigoureusement. Il se plaint d'un projet tendant à désorganiser la Convention nationale par des attentats; il déclare comme très-suspects Varlet, Fournier, Desfieux, et appuie le projet d'un scrutin épuratoire pour délivrer la société de tous les ennemis secrets qui veulent la compromettre. La voix de Billaud-Varennes est écoutée; des nouvelles satisfaisantes, telles que le ralliement de l'armée par Dumouriez, et la reconnaissance de la république par la Porte, achèvent de ramener le calme. Ainsi Marat, Billaud-Varennes et Robespierre, qui parla aussi dans le même sens, se prononçaient tous contre les agitateurs, et semblaient s'accorder à croire qu'ils étaient payés par l'ennemi. C'est là une incontestable preuve qu'il n'existait pas, comme le crurent les girondins, un complot secrètement formé. Si ce complot eût existé, assurément Billaud-Varennes, Marat et Robespierre en auraient plus ou moins fait partie, ils auraient été obligés de se taire, comme le côté gauche de l'Assemblée législative après le 20 juin, et certainement ils n'auraient pas pu demander l'arrestation de l'un de leurs complices. Mais ici le mouvement n'était que l'effet d'une effervescence populaire, et l'on pouvait le désavouer s'il était trop précoce ou trop mal combiné. D'ailleurs Marat, Robespierre, Billaud-Varennes, quoique désirant la chute des girondins, craignaient sincèrement les intrigues de l'étranger, redoutaient une désorganisation en présence de l'ennemi victorieux, appréhendaient l'opinion des départements, étaient embarrassés des accusations auxquelles ces mouvements les exposaient, et probablement ne songeaient encore qu'à s'emparer de tous les ministères, de tous les comités, et à chasser les girondins du gouvernement, sans les exclure violemment de la législature. Un seul homme, Danton, aurait pu être soupçonné, quoiqu'il fût le moins acharné des ennemis des girondins. Il avait toute influence sur les cordeliers, auteurs du mouvement; il n'en voulait pas aux membres du côté droit, mais à leur système de modération, qui, à son gré, ralentissait l'action du gouvernement; il exigeait à tout prix un tribunal extraordinaire et un comité suprême, investi d'une dictature irrésistible, parce qu'il voulait par-dessus tout le succès de la révolution; et il est possible qu'il eût conduit secrètement les agitateurs du 10 mars, pour intimider les girondins et vaincre leur résistance. Il est certain du moins qu'il ne s'empressa pas de désavouer les auteurs du trouble, et qu'on le vit au contraire renouveler ses instances pour qu'on organisât le gouvernement d'une manière prompte et terrible.

Quoi qu'il en soit, il fut convenu que les aristocrates étaient les provocateurs secrets de ces mouvements; tout le monde le crut ou feignit de le croire. Vergniaud, dans un discours d'une entraînante éloquence, où il dénonça toute la conspiration, le supposa ainsi : il fut blâmé, à la vérité, par Louvet, qui aurait voulu qu'on attaquât plus directement les jacobins; mais il obtint que le premier soin du tribunal extraordinaire serait de poursuivre les auteurs du 10 mars. Le ministre de la justice, chargé de faire un rapport sur les événements, déclara qu'il n'avait trouvé nulle part le comité révolutionnaire auquel on les attribuait, qu'il n'avait aperçu que des emportements de clubs et des propositions faites dans un mouvement d'enthousiasme; tout ce qu'il avait découvert de plus précis était une réunion, au café Corrazza, de quelques membres des Cordeliers. Ces membres des Cordeliers étaient Lasouski, Fournier, Gusman, Desfieux, Varlet, agitateurs ordinaires des sections. Ils se réunissaient après les séances, pour s'entretenir de sujets politiques. Personne n'attacha d'importance à cette révélation ; et, comme on supposait des trames bien plus profondes, la réunion au café Corrazza, de quelques individus aussi subalternes, ne parut que ridicule.

Mars 1793.

FIN DU LIVRE DOUZIÈME.

NOTES
ET
PIÈCES JUSTIFICATIVES[1]
DU TOME TROISIÈME.

NOTE 1, PAGE 46.

(Extrait des *Mémoires de Garat*.)

Voici le tableau que le ministre Garat, l'homme qui a le mieux observé les personnages de la révolution, a tracé des deux côtés de la Convention.

« C'est dans le côté droit de la Convention qu'étaient presque tous les hommes dont je viens de parler ; je ne pouvais y voir un autre génie que celui que je leur avais

---

1. J'ai cru devoir ajouter des notes qui me semblent utiles, soit comme éclaircissements de faits peu connus et mal appréciés, soit comme monuments d'un style et d'un langage aujourd'hui tout à fait oubliés, et cependant très-caractéristiques. Ces morceaux sont empruntés pour la plupart à des sources entièrement négligées, et surtout aux discussions des Jacobins, monument politique très-rare et très-curieux.

connu. Là, je voyais donc et ce républicanisme de sentiment qui ne consent à obéir à un homme que lorsque cet homme parle *au nom* de la nation et *comme* la loi ; et ce républicanisme, bien plus rare, de la pensée qui a décomposé et recomposé tous les ressorts de l'organisation d'une société d'hommes semblables en droits comme en nature, qui a démêlé par quel heureux et profond artifice on peut associer dans une grande république ce qui paraît inassociable, l'égalité et la soumission aux magistrats, l'agitation féconde des esprits et des âmes, et un ordre constant, immuable, un gouvernement dont la puissance soit toujours absolue sur les individus et sur la multitude, et toujours soumise à la nation; un pouvoir exécutif dont l'appareil et les formes, d'une splendeur utile, réveillent toujours les idées de la splendeur de la république, et jamais les idées de la grandeur d'une personne.

« Dans ce même côté, je voyais s'asseoir les hommes qui possédaient le mieux ces doctrines de l'économie politique qui enseignent à ouvrir et à élargir tous les canaux des richesses particulières et de la richesse nationale ; à composer le trésor public avec scrupule des portions que lui doit la fortune de chaque citoyen, à créer de nouvelles sources et de nouveaux fleuves aux fortunes particulières par un bon usage de ce qu'elles ont versé dans les caisses de la république; à protéger, à laisser sans limites tous les genres d'industrie, sans en favoriser aucune ; à regarder les grandes propriétés non comme ces lacs stériles qui absorbent et gardent toutes les eaux que les montagnes versent dans leur sein, mais comme des réservoirs nécessaires pour multiplier et pour accroître les germes de la fécondité universelle, pour les épancher de proche en proche sur tous les lieux qui seraient restés dans le dessèchement et dans la stérilité : doctrines admirables qui ont porté la liberté dans les arts et dans le commerce avant qu'elle fût dans les gouvernements, mais particulièrement propres par leur essence à l'essence des républiques ; seules capables de donner un fondement solide à *l'égalité ;* non dans une *frugalité* générale toujours violée, et qui enchaîne bien moins les désirs que l'industrie, mais dans une aisance universelle, mais dans ces travaux dont la variété ingénieuse et la renaissance continuelle peuvent seules absorber, heureusement pour la liberté, cette activité turbulente des démocraties qui, après les avoir longtemps tourmentées, a fait disparaître les républiques anciennes au milieu des orages et des tempêtes dont leur atmosphère était toujours enveloppée.

« Dans le côté droit étaient cinq à six hommes dont le génie pouvait concevoir ces grandes théories de l'ordre social et de l'ordre économique, et un grand nombre d'hommes dont l'intelligence pouvait les comprendre et les répandre : c'est là encore qu'étaient allés se ranger un certain nombre d'esprits naguère très-impétueux, très-violents, mais qui, après avoir parcouru et épuisé le cercle entier de leurs emportements démagogiques, n'aspiraient qu'à désavouer et à combattre les folies qu'ils avaient propagées ; c'est là enfin que s'asseyaient, comme les hommes pieux s'agenouillent au pied des autels, ces hommes que des passions douces, une fortune honnête et une éducation qui n'avait pas été négligée, disposaient à honorer de toutes les vertus privées la république, qui les laisserait jouir de leur repos, de leur bienveillance facile et de leur bonheur.

« En détournant mes regards de ce côté droit sur le côté gauche, en les portant sur la Montagne, quel contraste me frappait ! Là, je vois s'agiter avec le plus de tumulte un homme à qui la face couverte d'un jaune cuivré donnait l'air de sortir des cavernes sanglantes des anthropophages, ou du seuil embrasé des enfers ; qu'à sa marche convulsive, brusque, coupée, on reconnaissait pour un de ces assassins échappés aux bourreaux, mais non aux furies, et qui semblent vouloir anéantir le genre humain pour se dérober à l'effroi que la vue de chaque homme leur inspire. Sous le despotisme, qu'il n'avait pas couvert de sang comme la liberté, cet homme avait eu l'ambition de faire une révolution dans les sciences; et on l'avait vu attaquer, par des systèmes audacieux et plats, les plus grandes découvertes des temps modernes et de l'esprit humain. Ses yeux errants sur l'histoire des siècles, s'étaient arrêtés sur la vie de quatre ou cinq grands exterminateurs qui ont changé les cités en déserts, pour repeupler ensuite les déserts d'une race formée à leur image ou à celle des tigres; c'était là tout ce qu'il avait retenu des annales des peuples, tout ce qu'il en savait et qu'il voulait imiter. Par un instinct semblable à celui des bêtes féroces, plutôt que par une vue profonde de la perversité, il avait aperçu à combien de folies et de forfaits il est possible d'entraîner un peuple immense dont on vient de briser les chaînes religieuses et les chaînes politiques : c'est l'idée qui a dicté toutes ses feuilles, toutes ses paroles, toutes ses actions. Et il n'est tombé que sous le poignard d'une femme! et plus de cinquante mille de ses images ont été érigées sur le sein même de la république !

« A ses côtés se plaçaient des hommes qui n'auraient pas conçu eux-mêmes de pareilles atrocités, mais qui, jetés avec lui, par un acte d'une extrême audace, dans des événements dont la hauteur les étourdissait, dont les dangers les faisaient frémir, en désavouant les maximes du monstre, les avaient peut-être déjà suivies, et n'étaient pas fâchés qu'on craignît qu'ils pussent les suivre encore. Ils avaient horreur de Marat, mais ils n'avaient pas horreur de s'en servir. Ils le plaçaient au milieu d'eux, ils le mettaient en avant, ils le portaient en quelque sorte sur leur poitrine comme une tête de Méduse. Comme l'effroi que répandait un pareil homme était partout, on croyait le voir partout lui-même, on croyait en quelque sorte qu'il était toute la Montagne, ou plutôt que toute la Montagne était comme lui. Parmi les chefs, en effet, il y en avait plusieurs qui ne reprochaient aux forfaits de Marat que d'être un peu trop sans voile.

« Mais parmi les chefs mêmes (et c'est ici que la vérité me sépare de l'opinion de beaucoup d'honnêtes gens), parmi les chefs mêmes étaient un grand nombre d'hommes qui, liés aux autres par les événements beaucoup plus que par leurs sentiments, tournaient des regards et des regrets vers la sagesse et l'humanité ; qui auraient eu beaucoup de vertus, et auraient rendu beaucoup de services, à l'instant où on aurait commencé à les en croire capables. Sur la Montagne se rendaient, comme à des postes militaires, ceux qui avaient beaucoup la passion de la liberté et peu la théorie ; ceux qui croyaient l'égalité menacée ou même rompue par la grandeur des idées et par l'élégance du langage ; ceux qui, élus dans les hameaux et dans les ateliers, ne pouvaient reconnaître un républicain que sous le costume qu'ils portaient eux-mêmes ; ceux qui, entrant pour la première fois dans la carrière de la révolution, avaient à signaler cette impétuosité et cette violence par laquelle avait commencé la gloire de presque tous les grands révolutionnaires ; ceux qui, jeunes encore et plus faits pour servir la république dans les armées que dans le sanctuaire des lois, ayant vu naître la république au bruit de la foudre, croyaient que c'était toujours au bruit de la foudre qu'il fallait la conserver et promulguer ses décrets. A ce côté gauche allaient encore chercher un asile plutôt qu'une place plusieurs de ces députés qui, ayant été élevés dans les castes proscrites de la noblesse et du sacerdoce, quoique toujours purs, étaient toujours exposés aux soupçons, et fuyaient au haut de la Montagne l'accusation de ne pas atteindre à la hauteur des principes : là, allaient se nourrir de leurs soupçons, et vivre au milieu des fantômes, ces caractères graves et mélancoliques qui, ayant aperçu trop souvent la fausseté unie à la politesse, ne croient à la vérité que lorsqu'elle est sombre, et à la liberté que lorsqu'elle est farouche : là siégeaient quelques esprits qui avaient pris dans les sciences exactes de la raideur en même temps que de la rectitude ; qui, fiers de posséder des lumières immédiatement applicables aux arts mécaniques, étaient bien aises de se séparer par leur place, comme par leur dédain, de ces hommes de lettres, de ces philosophes dont les lumières ne sont pas si promptement utiles aux tisserands et aux forgerons, et n'arrivent aux individus qu'après avoir éclairé la société tout entière : là enfin devaient aimer à voter, quels que fussent d'ailleurs leur esprit et leurs talents, tous ceux qui, par les ressorts trop tendus de leur caractère, étaient disposés à aller au delà plutôt qu'à rester en deçà de la borne qu'il fallait marquer à l'énergie et à l'élan révolutionnaire.

« Telle était l'idée que je me formais des *éléments* des deux côtés de la Convention nationale.

« A juger chaque côté par la majorité de ses éléments, tous les deux, dans des genres et dans des degrés différents, devaient me paraître capables de rendre de grands services à la république : le côté droit pour organiser l'intérieur avec sagesse et avec grandeur, le côté gauche pour faire passer de leurs âmes dans l'âme de tous les Français, ces passions républicaines et populaires si nécessaires à une nation assaillie de toutes parts par la meute des rois et par la soldatesque de l'Europe. »

NOTE 2, PAGE 73.

DISCOURS
DE COLLOT-D'HERBOIS A DUMOURIEZ
Après la campagne de l'Argonne.

Extrait du Journal des Jacobins (*Séance du dimanche 14 octobre, l'an 1er de la république*).

« Je voulais parler de nos armées, et je me félicitais d'en parler en présence du soldat que vous venez d'entendre. Je voulais blâmer la réponse du président : déjà j'ai dit plusieurs fois que le président ne doit jamais répondre aux membres de la société ; mais il a répondu à tous les soldats de l'armée. Cette réponse donne à tous un témoignage éclatant de votre satisfaction ; Dumouriez la partage avec tous ses frères d'armes, car il sait que sans eux sa gloire ne serait rien. Il faut nous accoutumer à ce langage. Dumouriez a fait son devoir ; c'est là sa plus belle récompense... Ce n'est pas parce qu'il est général que je le loue, mais parce qu'il est soldat français.

« N'est-il pas vrai, général, qu'il est beau de commander une armée républicaine ? que tu as trouvé une grande différence entre cette armée et celle du despotisme ? Ils n'ont pas seulement de la bravoure, les Français ; ils ne se contentent pas de mépriser la mort ; car qui est-ce qui craint la mort ? Mais ces habitants de Lille et de Thionville, qui attendent de sang-froid les boulets rouges, qui restent immobiles au milieu des éclats des bombes et de la destruction de leurs maisons, n'est-ce pas là le développement de toutes les vertus? Ah! oui, ces vertus sont au-dessus de tous les triomphes... Une nouvelle manière de faire la guerre aujourd'hui est inventée; et nos ennemis ne la trouveront pas; les tyrans ne pourront rien, tant qu'il y aura des hommes libres qui voudront se défendre.

« Un grand nombre de nos frères sont morts pour la défense de la liberté; ils sont morts, mais leur mémoire nous est chère, mais ils ont laissé des exemples qui vivent dans nos cœurs; mais vivent-ils ceux qui nous ont attaqués? Non, ils ont succombé, et leurs cohortes ne sont plus que des monceaux de cadavres qui pourrissent où ils ont combattu : elles ne sont plus qu'un fumier infect que le soleil de la liberté ne purifiera qu'avec peine...... Cette nuée de squelettes ambulants ressemble bien au squelette de la tyrannie; et, comme lui, ils ne tarderont pas à succomber.... Que sont devenus ces anciens généraux à grande renommée? leur ombre s'évanouit devant le génie tout-puissant de la liberté; ils fuient, et n'ont plus que des cachots pour retraite; car les cachots ne seront plus bientôt que les palais des despotes : ils fuient, parce que les peuples se lèvent.

« Ce n'est pas un roi qui t'a nommé, Dumouriez, ce sont tes concitoyens : souviens-toi qu'un général de la république ne doit jamais transiger avec les tyrans; souviens-toi que les généraux comme toi ne doivent jamais servir que la liberté. Tu as entendu parler de Thémistocle; il venait de sauver les Grecs par la bataille de Salamine; il fut calomnié (tu as des ennemis, Dumouriez, tu seras calomnié, c'est pourquoi je te parle); Thémistocle fut calomnié; il fut puni injustement par ses concitoyens; il trouva un asile chez les tyrans, mais il fut toujours Thémistocle. On lui proposa de porter les armes contre sa patrie : *Mon épée ne servira jamais les tyrans*, dit-il, et il se l'enfonça dans le cœur. Je te rappellerai aussi Scipion. Antiochus tenta de séduire ce grand homme en offrant de lui rendre un otage précieux, son propre fils. Scipion répondit : « Tu n'as pas assez de richesses pour acheter ma « conscience, et la nature n'a rien au-dessus de l'amour « de la patrie. »

« Des peuples gémissent esclaves ; bientôt tu les délivreras. Quelle glorieuse mission ! Le succès n'est pas douteux : les citoyens qui t'attendent t'espèrent ; et ceux qui sont ici te poussent..... Il faut cependant te reprocher quelque excès de générosité envers tes ennemis ; tu as reconduit le roi de Prusse un peu trop à la manière française, à l'ancienne manière française s'entend (*applaudi*). Mais, nous l'espérons, l'Autriche paiera double ; elle est en fonds; ne la ménage pas; tu ne peux trop lui faire payer les outrages que sa race a faits au genre humain.

« Tu vas à Bruxelles, Dumouriez (*applaudi*); tu vas passer à Courtrai. Là le nom français a été profané; un général a abusé l'espoir des peuples; le traître Jarry a incendié les maisons. Je n'ai jusqu'ici parlé qu'à ton courage, je parle à ton cœur. Souviens-toi de ces malheureux habitants de Courtrai; ne trompe pas leur espoir cette fois-ci; promets-leur la justice de la nation, la nation ne te démentira pas.

« Quand tu seras à Bruxelles...., je n'ai rien à te dire sur la conduite que tu as à tenir...., si tu y trouves une femme exécrable qui, sous les murs de Lille, est venue repaître sa férocité du spectacle des boulets rouges... mais cette femme ne t'attend pas.... Si tu la trouvais, elle serait ta prisonnière : nous en avons d'autres aussi qui sont de sa famille....; tu l'enverrais ici; fais-la raser au moins de manière qu'elle ne puisse jamais porter perruque.

« A Bruxelles la liberté va renaître sous t s auspices. Un peuple entier va se livrer à l'allégresse, tu rendras les enfants à leurs pères, les épouses à leurs époux ; le spectacle de leur bonheur te délassera de tes travaux. Enfants, citoyens, filles, femmes, tous se presseront autour de toi; tous t'embrasseront comme leur père.... De quelle félicité tu vas jouir, Dumouriez!.... Ma femme....., elle est de Bruxelles; elle t'embrassera aussi. »

Ce discours a été souvent interrompu par de vifs applaudissements.

NOTE 3, PAGE 78

RÉCIT
DE LA VISITE QUE MARAT FIT A DUMOURIEZ
Chez mademoiselle Candeille.

Extrait du Journal de la République française, *et écrit par Marat lui-même dans son numéro du mercredi* 17 *octobre* 1792.

Déclaration de l'Ami du Peuple.

« Moins étonné qu'indigné de voir d'anciens valets de la cour, placés par suite des événements à la tête de nos armées, et depuis le 10 août maintenus en place par l'influence, l'intrigue et la sottise, pousser l'audace jusqu'à dégrader et traiter en criminels deux bataillons patriotes, sous le prétexte ridicule, et très-probablement faux, que quelques individus avaient massacré quatre déserteurs prussiens, je me présentai à la tribune des Jacobins pour dévoiler cette trame odieuse, et demander deux commissaires distingués par leur civisme pour m'accompagner chez Dumouriez, et être témoins de ses réponses à mes interpellations. Je me rendis chez lui avec les citoyens Bentabole et Monteau, deux de mes collègues à la Convention. On nous répondit qu'il était au spectacle et qu'il soupait en ville.

« Nous le savions de retour des Variétés; nous allâmes

le chercher au club du D. Cypher, où l'on nous dit qu'il devait se rendre : peine perdue. Enfin nous apprîmes qu'il devait souper rue Chantereine, dans la petite maison de Talma. Une file de voitures et de brillantes illuminations nous indiquèrent le temple où le fils de Thalie fêtait un enfant de Mars. Nous sommes surpris de trouver la garde nationale parisienne en dedans et en dehors. Après avoir traversé une antichambre pleine de domestiques mêlés à des heiduques, nous arrivâmes dans un salon rempli d'une nombreuse société.

« A la porte était Santerre, général de l'armée parisienne, faisant les fonctions de laquais ou d'introducteur. Il m'annonce tout haut dès l'instant qu'il m'aperçoit, indiscrétion qui me déplut très-fort, en ce qu'elle pouvait faire éclipser quelques masques intéressants à connaître. Cependant j'en vis assez pour tenir le fil des intrigues. Je ne parlerai pas d'une dizaine de fées destinées à parer la fête. Probablement la politique n'était pas l'objet de leur réunion. Je ne dirai rien non plus des officiers nationaux qui faisaient leur cour au grand général, ni des anciens valets de la cour qui formaient son cortége, sous l'habit d'aides de camp. Enfin je ne dirai rien du maître du logis, qui était au milieu d'eux en costume d'histrion. Mais je ne puis me dispenser de déclarer, pour l'intelligence des opérations de la Convention et la connaissance des escamoteurs de décrets, que dans l'auguste compagnie étaient Kersaint, le grand faiseur de Lebrun, et Roland, Lasource.... Chénier, tous suppôts de la faction de la république fédérative ; Dulaure et Gorsas, leurs galopins libellistes. Comme il y avait cohue, je n'ai distingué que ces conjurés ; peut-être étaient-ils en plus grand nombre : et comme il était de bonne heure encore, il est probable qu'ils n'étaient pas tous rendus ; car les Vergniaud, les Buzot, les Camus, les Rabaud, les Lacroix, les Guadet, les Barbaroux et autres meneurs, étaient sans doute de la fête, puisqu'ils sont du conciliabule.

« Avant de rendre compte de notre entretien avec Dumouriez, je m'arrête ici un instant pour faire, avec le lecteur judicieux, quelques observations qui ne seront pas déplacées. Conçoit-on que ce généralissime de la république, qui a laissé échapper le roi de Prusse à Verdun, et qui a capitulé avec l'ennemi, qu'il pouvait forcer dans ses camps et réduire à mettre bas les armes, au lieu de favoriser sa retraite, ait choisi un moment aussi critique pour abandonner les armées sous ses ordres, courir les spectacles, s'y faire applaudir, et se livrer à des orgies chez un acteur avec des nymphes de l'Opéra ?

« Dumouriez a couvert les motifs secrets qui l'appellent à Paris du prétexte de concerter avec les ministres le plan des opérations de la campagne. Quoi ! avec un Roland, frère coupe-choux et petit intrigant qui ne connaît que les basses menées du mensonge et de l'astuce ! avec un Lepage, digne acolyte de Roland son protecteur ! avec un Clavière, qui ne connaît que les rubriques de l'agiotage ! avec un Garat, qui ne connaît que les phrases précieuses et le manége d'un flagorneur académique ! Je ne dirai rien de Monge ; on le croit patriote ; mais il est aussi ignorant des opérations militaires que ses collègues, qui n'y entendent rien. Dumouriez est venu se concerter avec les meneurs de la clique qui cabale pour établir la république fédérative ; voilà l'objet de son équipée.

En entrant dans le salon où le festin était préparé, je m'aperçus très-bien que ma présence troublait la gaieté ; ce qu'on n'a pas de peine à concevoir quand on considère que je suis l'épouvantail des ennemis de la patrie. Dumouriez surtout paraissait déconcerté ; je le priai de passer avec nous dans une autre pièce, pour l'entretenir quelques moments en particulier. Je portai la parole, et voici notre

entretien mot pour mot : « Nous sommes membres de la
« Convention nationale, et nous venons, monsieur, vous
« prier de nous donner des éclaircissements sur le fond de
« l'affaire des deux bataillons, le Mauconseil et le Répu-
« blicain, accusés par vous d'avoir assassiné de sang-froid
« quatre déserteurs prussiens. Nous avons parcouru les
« bureaux du comité militaire et ceux du département de
« la guerre ; nous n'y avons pas trouvé la moindre preuve
« du délit, et personne ne peut mieux nous instruire de
« toutes ces circonstances que vous. — Messieurs, j'ai
« envoyé toutes les pièces au ministre.— Nous vous assu-
« rons, monsieur, que nous avons entre les mains un mé-
« moire fait dans ses bureaux et en son nom, portant qu'il
« manque absolument de faits pour prononcer sur ce pré-
« tendu délit, et qu'il faut s'adresser à vous pour en avoir.
« — Mais, messieurs, j'ai informé la Convention, et je
« me réfère à elle. — Permettez-nous, monsieur, de vous
« observer que les informations données ne suffisent pas,
« puisque les comités de la Convention, auxquels cette
« affaire a été renvoyée, ont déclaré dans leur rapport
« qu'ils étaient dans l'impossibilité de prononcer, faute de
« renseignements et de preuves du délit dénoncé. Nous
« vous prions de nous dire si vous êtes instruit du fond de
« l'affaire. — Certainement, par moi-même. — Et ce
« n'est pas par une dénonciation de confiance faite par
« vous sur la foi de M. Duchaseau ? — Mais, messieurs,
« quand je dis quelque chose, je crois devoir être cru. —
« Monsieur, si nous pensions là-dessus comme vous,
« nous ne ferions pas la démarche qui nous amène.
« Nous avons de grandes raisons pour douter ; plusieurs
« membres du comité militaire nous annoncent que ces
« prétendus Prussiens sont quatre Français émigrés.
« — Eh bien, messieurs, quand cela serait..... — Mon-
« sieur, cela changerait absolument l'état de la chose,

« et sans approuver d'avance la conduite des bataillons,
« peut-être sont-ils absolument innocents; ce sont les
« circonstances qui ont provoqué le massacre qu'il im-
« porte de connaître; or, des lettres venues de l'armée
« annoncent que ces émigrés ont été reconnus pour es-
« pions envoyés par l'ennemi, et qu'ils se sont même ré-
« voltés contre les gardes nationaux. — Comment, mon-
« sieur, vous approuvez donc l'insubordination des soldats !
« — Non, monsieur, je n'approuve point l'insubordination
« des soldats, mais je déteste la tyrannie des chefs : j'ai
« trop lieu de croire que c'est ici une machination de
« Duchaseau contre les bataillons patriotes, et la manière
« dont vous les avez traités est révoltante. — Monsieur
« Marat, vous êtes trop vif; et je ne puis m'expliquer
« avec vous. » Ici Dumouriez, se sentant trop vivement
pressé, s'est tiré d'embarras en nous quittant : mes deux
collègues l'ont suivi, et dans l'entretien qu'ils ont eu avec
lui, il s'est borné à dire qu'il avait envoyé les pièces au
ministre. Pendant leur entretien, je me suis vu entouré par
tous les aides de camp de Dumouriez et par les officiers
de la garde parisienne. Santerre cherchait à m'apaiser;
il me parlait de la nécessité de la subordination dans les
troupes. « Je sais cela comme vous, lui répondis-je; mais
« je suis révolté de la manière dont on traite les soldats
« de la patrie; j'ai encore sur le cœur les massacres de
« Nancy et du Champ-de-Mars. » Ici quelques aides de
camp de Dumouriez se mirent à déclamer contre les agitateurs. « Cessez ces ridicules déclamations, m'écriai-je;
« il n'y a d'agitateurs dans nos armées que les infâmes
« officiers, leurs mouchards et leurs perfides courtisans,
« que nous avons eu la sottise de laisser à la tête de nos
« troupes. » Je parlais à Moreton Chabrillant et à Bour-
doin, dont l'un est un ancien valet de la cour, et l'autre
un mouchard de Lafayette.

« J'étais indigné de tout ce que j'avais entendu, de tout ce que je pressentais d'atroce dans l'odieuse conduite de nos généraux. Ne pouvant plus y tenir, je quittai la partie, et je vis avec étonnement dans la pièce voisine, dont les portes étaient béantes, plusieurs heiduques de Dumouriez le sabre nu à l'épaule. J'ignore quel pouvait être le but de cette farce ridicule : si elle avait été imaginée pour m'intimider, il faut convenir que les valets de Dumouriez ont de grandes idées de liberté. Prenez patience, messieurs, nous vous apprendrons à la connaître. En attendant, croyez que votre maître redoute bien plus le bout de ma plume que je n'ai peur des sabres de ses chenapans. »

NOTE 4, PAGE 90.

Parmi les esprits les plus froids et les plus impartiaux de la révolution, il faut citer Pétion. Personne n'a jugé d'une manière plus sensée les deux partis qui divisaient la Convention. Son équité était si connue, que des deux côtés on consentait à s'en remettre à son jugement. Les accusations qui eurent lieu dès l'ouverture de l'Assemblée provoquèrent de grandes disputes aux Jacobins. Fabre d'Églantine proposa de s'en référer à Pétion du jugement à rendre. Voici la manière dont il s'exprima :

Séance du 29 octobre 1792.

« Il est un autre moyen que je crois utile et qui produira un plus grand effet : presque toujours, lorsqu'une vaste intrigue a voulu se nouer, elle a eu besoin de puissance ; elle a dû faire de grands efforts pour s'attacher un grand crédit personnel. S'il existait un homme qui eût tout vu, tout apprécié dans l'un et l'autre parti, vous ne pourriez douter que cet homme, ami de la vérité, ne fût très-propre à la faire connaître : eh bien ! je propose que vous invitiez cet homme, membre de votre société, à prononcer sur les crimes qu'on impute aux patriotes ; forcez sa vertu à dire tout ce qu'il a vu : cet homme, c'est Pétion. Quelques condescendances que l'homme puisse avoir pour ses amis, j'ose dire que les intrigants n'ont point corrompu Pétion ; il est toujours pur, il est sincère : je le dis ici, je vais lui parler souvent à la Convention, dans les moments d'explosion, et s'il ne me dit pas toujours qu'il gémit, je vois qu'il gémit intérieurement : ce matin, il voulait monter à la tribune. Il ne peut pas vous refuser d'écrire ce qu'il pense, et nous verrons si, malgré que j'évente ce moyen-là, les intrigants peuvent le détourner. Observez, citoyens, que cette démarche seule prouvera que vous ne voulez que la vérité ; c'est un hommage que vous rendez à la vertu d'un bon patriote, avec d'autant plus de motifs, que les meneurs se sont enveloppés de sa vertu pour être quelque chose. Je demande que la motion soit mise aux voix. » (*Applaudi*.)

Legendre. « Le coup était monté, il était clair : la distribution du discours de Brissot, le rapport du ministre de l'intérieur, le discours de Louvet dans la poche, tout cela prouve que la partie était faite. Le discours de Brissot sur la radiation contient tout ce qu'a dit Louvet : le rapport de Roland était pour fournir à Louvet une occasion de parler. J'approuve la motion de Fabre : la Convention va prononcer, Robespierre a la parole pour lundi : je demande que la société suspende sa décision; il est impossible que dans un pays libre la vertu succombe sous le crime. »

Après cette citation, je crois devoir placer le morceau que Pétion écrivit relativement à la dispute engagée entre Louvet et Robespierre; c'est, avec les morceaux extraits de Garat, celui qui renferme les renseignements les plus précieux sur la conduite et le caractère des hommes de ce temps, et ce sont ceux que l'histoire doit conserver comme les plus capables de répandre des idées justes sur cette époque.

« Citoyens, je m'étais promis de garder le silence le plus absolu sur les événements qui se sont passés depuis le

10 août : des motifs de délicatesse et de bien public me déterminaient à user de cette réserve.

« Mais il est impossible de me taire plus longtemps : de l'une et de l'autre part on invoque mon témoignage ; chacun me presse de dire mon opinion ; je vais dire avec franchise ce que je sais sur quelques hommes, ce que je pense sur les choses.

« J'ai vu de près les scènes de la révolution, j'ai vu les cabales, les intrigues, les luttes orageuses entre la tyrannie et la liberté, entre le vice et la vertu.

« Quand le jeu des passions humaines paraît à découvert, quand on aperçoit les ressorts secrets qui ont dirigé les opérations les plus importantes, quand on rapproche les événements de leurs causes, quand on connaît tous les périls que la liberté a courus, quand on pénètre dans l'abîme de corruption qui menaçait à chaque instant de nous engloutir, on se demande avec étonnement par quelle suite de prodiges nous sommes arrivés au point où nous nous trouvons aujourd'hui !

« Les révolutions veulent être vues de loin : ce prestige leur est bien nécessaire ; les siècles effacent les taches qui les obscurcissent ; la postérité n'aperçoit que les résultats. Nos neveux nous croiront grands ; rendons-les meilleurs que nous.

« Je laisse en arrière les faits antérieurs à cette journée à jamais mémorable, qui a élevé la liberté sur les ruines de la tyrannie, et qui a changé la monarchie en république.

« Les hommes qui se sont attribué la gloire de cette journée sont les hommes à qui elle appartient le moins : elle est due à ceux qui l'ont préparée ; elle est due à la nature impérieuse des choses ; elle est due aux braves fédérés et à leur directoire secret, qui concertait depuis longtemps le plan de l'insurrection ; elle est due au peuple ; elle est due enfin au génie tutélaire qui préside constamment aux destins de la France depuis la première assemblée de ses représentants !

« Il faut le dire, un moment le succès fut incertain ; et ceux qui sont vraiment instruits des détails de cette journée savent quels furent les intrépides défenseurs de la patrie qui empêchèrent les Suisses et tous les satellites du despotisme de demeurer maîtres du champ de bataille, quels furent ceux qui rallièrent nos phalanges citoyennes, un instant ébranlées.

« Cette journée avait également lieu sans le concours des commissaires de plusieurs sections réunies à la maison commune : les membres de l'ancienne municipalité, qui n'avaient pas désemparé pendant la nuit, étaient encore en séance à neuf heures et demie du matin.

« Ces commissaires conçurent néanmoins une grande idée, et prirent une mesure hardie en s'emparant de tous les pouvoirs municipaux, et en se mettant à la place d'un conseil général dont ils redoutaient la faiblesse et la corruption; ils exposèrent courageusement leur vie dans le cas où le succès ne justifierait pas l'entreprise.

« Si ces commissaires eussent eu la sagesse de savoir déposer à temps leur autorité, de rentrer au rang de simples citoyens après la belle action qu'ils avaient faite, ils se seraient couverts de gloire ; mais ils ne surent pas résister à l'attrait du pouvoir, et l'envie de dominer s'empara d'eux.

« Dans les premiers moments d'ivresse de la conquête de la liberté, et après une commotion aussi violente, il était impossible que tout rentrât à l'instant dans le calme et dans l'ordre accoutumé ; il eût été injuste de l'exiger : on fit alors au nouveau conseil de la commune des reproches qui n'étaient pas fondés; ce n'était connaître ni sa position ni les circonstances ; mais ces commissaires commencèrent à les mériter lorsqu'ils prolongèrent eux-mêmes le mouvement révolutionnaire au delà du terme.

« L'Assemblée nationale s'était prononcée ; elle avait pris un grand caractère, elle avait rendu les décrets qui sauvaient l'empire, elle avait suspendu le roi ; elle avait effacé la ligne de démarcation qui séparait les citoyens en deux classes, elle avait appelé la Convention ! le parti royaliste était abattu : il fallait dès lors se rallier à elle, la fortifier de l'opinion, l'environner de la confiance : le devoir et la saine politique le voulaient ainsi !

« La commune trouva plus grand de rivaliser avec l'Assemblée ; elle établit une lutte qui n'était propre qu'à jeter de la défaveur sur tout ce qui s'était passé, qu'à faire croire que l'Assemblée était sous le joug irrésistible des circonstances ; elle obéissait ou résistait aux décrets, suivant qu'ils favorisaient ou contrariaient ses vues ; elle prenait, dans ses représentations au corps législatif, des formes impérieuses et irritantes, elle affectait la puissance, et ne savait ni jouir de ses triomphes, ni se les faire pardonner.

« On était parvenu à persuader aux uns que tant que l'état révolutionnaire durait, le pouvoir était remonté à sa source, que l'Assemblée nationale était sans caractère, que son existence était précaire, et que les assemblées des communes étaient les seules autorités légales et puissantes.

« On avait insinué aux autres que les chefs d'opinion dans l'Assemblée nationale avaient des projets perfides, voulaient renverser la liberté et livrer la république aux étrangers.

« De sorte qu'un grand nombre de membres du conseil croyaient user d'un droit légitime lorsqu'ils usurpaient l'autorité, croyaient résister à l'oppression lorsqu'ils s'opposaient à la loi, croyaient faire un acte de civisme lorsqu'ils manquaient à leurs devoirs de citoyens ; néanmoins, au milieu de cette anarchie, la commune prenait de temps en temps des arrêtés salutaires.

« J'avais été conservé dans ma place ; mais elle n'était plus qu'un vain titre ; j'en cherchais inutilement les fonctions, elles étaient éparses entre toutes les mains, et chacun les exerçait.

« Je me rendis les premiers jours au conseil ; je fus effrayé du désordre qui régnait dans cette assemblée, et surtout de l'esprit qui la dominait : ce n'était plus un corps administratif délibérant sur les affaires communales ; c'était une assemblée politique se croyant investie de pleins pouvoirs, discutant les grands intérêts de l'État, examinant les lois faites et en promulguant de nouvelles ; on n'y parlait que de complots contre la liberté publique ; on y dénonçait des citoyens ; on les appelait à la barre ; on les entendait publiquement ; on les jugeait, on les renvoyait absous ou on les retenait ; les règles ordinaires avaient disparu ; l'effervescence des esprits était telle, qu'il était impossible de retenir ce torrent ; toutes les délibérations s'emportaient avec l'impétuosité de l'enthousiasme ; elles se succédaient avec une rapidité effrayante ; le jour, la nuit, sans aucune interruption, le conseil était toujours en séance.

« Je ne voulus pas que mon nom fût attaché à une multitude d'actes aussi irréguliers, aussi contraires aux principes.

« Je sentis également combien il était sage et utile de ne pas approuver, de ne pas fortifier par ma présence tout ce qui se passait. Ceux qui dans le conseil craignaient de m'y voir, ceux que mon aspect gênait, désiraient fortement que le peuple, dont je conservais la confiance, crût que je présidais à ses opérations, et que rien ne se faisait que de concert avec moi : ma réserve à cet égard accrut leur inimitié ; mais ils n'osèrent pas la manifester trop ouvertement, crainte de déplaire à ce peuple dont ils briguaient la faveur.

« Je parus rarement ; et la conduite que je tins dans cette position très-délicate entre l'ancienne municipalité, qui réclamait contre sa destitution, et la nouvelle, qui se prétendait légalement instituée, ne fut pas inutile à la tranquillité publique ; car, si alors je me fusse prononcé fortement pour ou contre, j'occasionnais un déchirement qui aurait pu avoir des suites funestes : en tout il est un point de maturité qu'il faut savoir saisir.

« L'administration fut négligée, le maire ne fut plus un centre d'unité ; tous les fils furent coupés entre mes mains ; le pouvoir fut dispersé ; l'action de surveillance fut sans force ; l'action réprimante le fut également.

« Robespierre prit donc l'ascendant dans le conseil, et il était difficile que cela ne fût pas ainsi dans les circonstances où nous nous trouvions, et avec la trempe de son esprit. Je lui entendis prononcer un discours qui me contrista l'âme : il s'agissait du décret qui ouvrait les barrières, et à ce sujet il se livra à des déclamations extrêmement animées, aux écarts d'une imagination sombre ; il aperçut des précipices sous ses pas, des complots liberticides ; il signala les prétendus conspirateurs ; il s'adressa au peuple, échauffa les esprits, et occasionna, parmi ceux qui l'entendaient, la plus vive fermentation.

« Je répondis à ce discours pour rétablir le calme, pour dissiper ces noires illusions, et ramener la discussion au seul point qui dût occuper l'Assemblée.

« Robespierre et ses partisans entraînaient ainsi la commune dans des démarches inconsidérées, dans les partis extrêmes.

« Je ne suspectais pas pour cela les intentions de Robespierre; j'accusais sa tête plus que son cœur; mais les suites de ces noires visions ne m'en causaient pas moins d'alarmes.

« Chaque jour les tribunes du conseil retentissaient de diatribes violentes; les membres ne pouvaient pas se persuader qu'ils étaient des magistrats chargés de veiller à l'exécution des lois et au maintien de l'ordre; ils s'envisageaient toujours comme formant une association révolutionnaire.

« Les sections assemblées recevaient cette influence, la communiquaient à leur tour, de sorte qu'en même temps tout Paris fut en fermentation.

« Le comité de surveillance de la commune remplissait les prisons; on ne peut pas se dissimuler que si plusieurs de ces arrestations furent justes et nécessaires, d'autres furent légalement hasardées. Il faut moins en accuser les chefs que leurs agents : la police était mal entourée; un homme entre autres, dont le nom seul est devenu une injure, dont le nom seul jette l'épouvante dans l'âme de tous les citoyens paisibles, semblait s'être emparé de sa direction et de ses mouvements; assidu à toutes les conférences, il s'immisçait dans toutes les affaires; il parlait, il ordonnait en maître; je m'en plaignis hautement à la commune, et je terminai mon opinion par ces mots : *Marat est ou le plus insensé ou le plus scélérat des hommes.* Depuis je n'ai jamais parlé de lui.

« La justice était lente à prononcer sur le sort des détenus, et ils s'entassaient de plus en plus dans les prisons. Une section vint en députation au conseil de la commune le 23 août, et déclara formellement que les citoyens, fatigués, indignés des retards que l'on apportait dans les jugements, forceraient les portes de ces asiles, et immoleraient à leur vengeance les coupables qui y étaient renfermés..... Cette pétition, conçue dans les termes les plus délirants, n'éprouva aucune censure ; elle reçut même des applaudissements !

« Le 25, mille à douze cents citoyens armés sortirent de Paris pour enlever les prisonniers d'État détenus à Orléans, et les transférer ailleurs.

« Des nouvelles fâcheuses vinrent encore augmenter l'agitation des esprits : on annonça la trahison de Longwy, et, quelques jours après, le siége de Verdun.

« Le 27, l'Assemblée nationale invita le département de Paris et ceux environnants à fournir trente mille hommes armés pour voler aux frontières : ce décret imprima un nouveau mouvement qui se combina avec ceux qui existaient déjà.

« Le 31, l'absolution de Montmorin souleva le peuple ; le bruit se répandit qu'il avait été sauvé par la perfidie d'un commissaire du roi, qui avait induit les jurés en erreur.

« Dans le même moment on publia la révélation d'un complot, faite par un condamné, complot tendant à faire évader tous les prisonniers, qui devaient ensuite se répandre dans la ville, s'y livrer à tous les excès et enlever le roi.

« L'effervescence était à son comble. La commune, pour exciter l'enthousiasme des citoyens, pour les porter en foule aux enrôlements civiques, avait arrêté de les réunir avec appareil au Champ-de-Mars au bruit du canon.

« Le 2 septembre arrive : le canon d'alarme tire ; le tocsin sonne..... O jour de deuil ! A ce son lugubre et alarmant, on se rassemble, on se précipite dans les prisons, on égorge, on assassine ! Manuel, plusieurs députés de l'Assemblée nationale, se rendent dans ces lieux de carnage : leurs efforts sont inutiles ; on immole les victimes jusque dans leurs bras! Eh bien! j'étais dans une fausse sécurité, j'ignorais ces cruautés; depuis quelque temps on ne me parlait de rien. Je les apprends enfin, et comment? d'une manière vague, indirecte, défigurée; on m'ajoute en même temps que tout est fini. Les détails les plus déchirants me parviennent ensuite; mais j'étais dans la conviction la plus intime que le jour qui avait éclairé ces scènes affreuses ne reparaîtrait plus. Cependant elles continuent; j'écris au commandant général, je le requiers de porter des forces aux prisons, il ne me répond pas d'abord. J'écris de nouveau : il me dit qu'il a donné des ordres ; rien n'annonce que ces ordres s'exécutent. Cependant elles continuent encore. Je vais au conseil de la commune ; je me rends de là à l'hôtel de la Force avec plusieurs de mes collègues. Des citoyens assez paisibles obstruaient la rue qui conduit à cette prison; une très-faible garde était à la porte : j'entre..... Non, jamais ce spectacle ne s'effacera de mon cœur! Je vois deux officiers municipaux revêtus de leur écharpe ; je vois trois hommes tranquillement assis devant une table, les registres d'écrous ouverts et sous leurs yeux, faisant l'appel des prisonniers; d'autres hommes les interrogeant; d'autres hommes faisant fonctions de jurés et de juges ; une douzaine de bourreaux, les bras nus, couverts de sang; les uns avec des massues, les autres avec des sabres et des coutelas qui en dégouttaient, exécutant à l'instant les jugements; des citoyens attendant au dehors ces jugements avec impatience, gardant le plus morne silence aux arrêts de mort, jetant des cris de joie aux arrêts d'absolution.

« Et les hommes qui jugeaient, et les hommes qui exécutaient avaient la même sécurité que si la loi les eût appelés à remplir ces fonctions ! Ils me vantaient leur justice, leur attention à distinguer les innocents des coupables, les services qu'ils avaient rendus ; ils demandaient, pourrait-on le croire ! ils demandaient à être payés du temps qu'ils avaient passé !.... J'étais réellement confondu de les entendre !

« Je leur parlai le langage austère de la loi ; je leur parlai avec le sentiment de l'indignation profonde dont j'étais pénétré : je les fis sortir tous devant moi. J'étais à peine sorti moi-même qu'ils y rentrèrent : je fus de nouveau sur les lieux pour les en chasser ; la nuit ils achevèrent leur horrible boucherie.

« Ces assassinats furent-ils commandés, furent-ils dirigés par quelques hommes ? J'ai eu des listes sous les yeux, j'ai reçu des rapports, j'ai recueilli quelques faits ; si j'avais à prononcer comme juge, je ne pourrais pas dire : Voilà le coupable.

« Je pense que ces crimes n'eussent pas eu un aussi libre cours, qu'ils eussent été arrêtés si tous ceux qui avaient en main le pouvoir et la force les eussent vus avec horreur ; mais je dois le dire, parce que cela est vrai, plusieurs de ces hommes publics, de ces défenseurs de la patrie, croyaient que ces journées désastreuses et déshonorantes étaient nécessaires, qu'elles purgeaient l'empire d'hommes dangereux, qu'elles portaient l'épouvante dans l'âme des conspirateurs, et que ces crimes, odieux en morale, étaient utiles en politique.

« Oui, voilà ce qui a ralenti le zèle de ceux à qui la loi avait confié le maintien de l'ordre, de ceux à qui elle avait remis la défense des personnes et des propriétés.

« On voit comment on peut lier les journées des 2, 3 4 et 5 septembre à l'immortelle journée du 10 août ; comment on peut en faire une suite du mouvement révolutionnaire imprimé dans ce jour, le premier des annales de la république; mais je ne puis me résoudre à confondre la gloire avec l'infamie, et à souiller le 10 août des excès du 2 septembre.

« Le comité de surveillance lança en effet un mandat d'arrêt contre le ministre Roland; c'était le 4, et les massacres duraient encore. Danton en fut instruit; il vint à la mairie : il était avec Robespierre. Il s'emporta avec chaleur contre cet acte arbitraire et de démence : il aurait perdu non pas Roland, mais ceux qui l'avaient décerné. Danton en provoqua la révocation : il fut enseveli dans l'oubli.

« J'eus une explication avec Robespierre, elle fut très-vive : je lui ai toujours fait en face des reproches que l'amitié a tempérés en son absence; je lui dis : « Robespierre, vous faites bien du mal ! Vos dénonciations, vos alarmes, vos haines, vos soupçons, agitent le peuple. Mais, enfin, expliquez-vous : avez-vous des faits? avez-vous des preuves? Je combats avec vous, je n'aime que la vérité, je ne veux que la liberté.

« — Vous vous laissez entourer, vous vous laissez prévenir, me répondit-il, on vous indispose contre moi ; vous voyez tous les jours mes ennemis; vous voyez Brissot et son parti.

« — Vous vous trompez, Robespierre; personne plus que moi n'est en garde contre les préventions, et ne juge avec plus de sang-froid les hommes et les choses.

« Vous avez raison, je vois Brissot; néanmoins rarement; mais vous ne le connaissez pas, et moi je le connais dès son enfance. Je l'ai vu dans ces moments où l'âme se montre tout entière, où l'on s'abandonne sans réserve à l'amitié, à la confiance : je connais son désintéressement; je connais ses principes, je vous proteste qu'ils sont purs. Ceux qui en font un chef de parti n'ont pas la plus légère idée de son caractère ; il a des lumières et des connaissances, mais il n'a ni la réserve, ni la dissimulation, ni ces formes entraînantes, ni cet esprit de suite, qui constituent un chef de parti, et ce qui vous surprendra, c'est que, loin de mener les autres, il est très-facile à abuser. »

« Robespierre insista, mais en se renfermant dans des généralités. « De grâce, lui dis-je, expliquons-nous : dites-moi franchement ce que vous avez sur le cœur, ce que vous savez.

« — Eh bien ! me répondit-il, je crois que Brissot est à Brunswick !

« — Quelle erreur est la vôtre ! m'écriai-je ; c'est véritablement une folie ; voilà comme votre imagination vous égare : Brunswick ne serait-il pas le premier à lui couper la tête ? Brissot n'est pas assez fou pour en douter. Qui de nous sérieusement peut capituler ? qui de nous ne risque sa vie ? Bannissons d'injustes défiances. »

« Je reviens aux événements dont je vous ai tracé une faible esquisse. Ces événements, et quelques-uns de ceux qui ont précédé la célèbre journée du 10 août, le rapprochement des faits et d'une foule de circonstances, ont porté à croire que des intrigants avaient voulu s'emparer du peuple, pour, avec le peuple, s'emparer de l'autorité ; on a désigné hautement Robespierre : on a examiné ses liaisons, on a analysé sa conduite, on a recueilli les paroles qui, dit-on, ont échappé à un de ses amis, et l'on a conclu que Robespierre avait eu l'ambition insensée de devenir le dictateur de son pays.

« Le caractère de Robespierre explique ce qu'il a fait. Robespierre est extrêmement ombrageux et défiant : il aperçoit partout des complots, des trahisons, des précipices ; son tempérament bilieux, son imagination atrabilaire, lui présentent tous les objets sous de sombres couleurs. Impérieux dans son avis, n'écoutant que lui, ne supportant pas la contrariété, ne pardonnant jamais à celui qui a pu blesser son amour-propre, et ne reconnaissant jamais ses torts, dénonçant avec légèreté, s'irritant du plus léger soupçon ; croyant toujours qu'on s'occupe de lui, et pour le persécuter ; vantant ses services, et parlant de lui avec peu de réserve ; ne connaissant point les convenances, et nuisant par cela même aux causes qu'il défend ; voulant par-dessus tout les faveurs du peuple, lui faisant sans cesse la cour, et cherchant avec affectation ses applaudissements : c'est là, c'est surtout cette dernière faiblesse qui, perçant dans les actes de sa vie publique, a pu faire croire que Robespierre aspirait à de hautes destinées, et qu'il voulait usurper le pouvoir dictatorial.

« Quant à moi, je ne puis me persuader que cette chimère ait sérieusement occupé ses pensées, qu'elle ait été l'objet de ses désirs et le but de son ambition.

« Il est un homme cependant qui s'est enivré de cette idée fantastique, qui n'a cessé d'appeler la dictature sur la France comme un bienfait, comme la seule domination qui pût nous sauver de l'anarchie qu'il prêchait, qui pût nous conduire à la liberté et au bonheur ! Il sollicitait ce pouvoir tyranique, pour qui ? Vous ne voudrez jamais le croire ; vous ne connaissez pas assez tout le délire de sa vanité ; il le sollicitait pour lui ! oui, pour lui Marat ! Si sa folie n'était pas féroce, il n'y aurait rien d'aussi ridicule que cet être, que la nature semble avoir marqué tout exprès du sceau de la réprobation. »

NOTE 5, PAGE 205.

Parmi les opinions les plus curieuses exprimées sur Marat et Robespierre, il ne faut pas omettre celle qui fut émise par la société des Jacobins dans la séance du dimanche 23 décembre 1792. Je ne connais rien qui peigne mieux l'esprit et les dispositions du moment que la discussion qui s'éleva sur le caractère de ces deux personnages. En voici un extrait :

« Desfieux donne lecture de la correspondance. Une lettre d'une société dont le nom nous a échappé, donne lieu à une grande discussion propre à faire naître des réflexions bien importantes. Cette société annonce à la société-mère qu'elle est invariablement attachée aux principes des jacobins; elle observe qu'elle ne s'est point laissé aveugler par les calomnies répandues avec profusion contre Marat et Robespierre, et qu'elle conserve toute son estime et toute sa vénération pour ces deux incorruptibles amis du peuple.

« Cette lettre a été vivement applaudie, mais elle a été suivie d'une discussion que Brissot et Gorsas, qui sont aussi sûrement des prophètes, avaient annoncée la veille.

« *Robert.* Il est bien étonnant que l'on confonde toujours les noms de Marat et de Robespierre. Combien l'esprit public est-il corrompu dans les départements, puisque l'on n'y met aucune différence entre ces deux défenseurs du peuple! Ils ont tous deux des vertus, il est vrai ; Marat est patriote, il a des qualités estimables, j'en conviens; mais il est différent de Robespierre ! Celui-ci est sage, modéré dans ses moyens, au lieu que Marat est exagéré, n'a pas cette sagesse qui caractérise Robespierre. Il ne suffit pas d'être patriote; il faut, pour servir le peuple utilement, être réservé dans les moyens d'exécution, et Robespierre l'emporte à coup sûr sur Marat dans les moyens d'exécution.

« Il est temps, citoyens, de déchirer le voile qui cache la vérité aux yeux des départements; il est temps qu'ils sachent que nous savons distinguer Robespierre de Marat. Écrivons aux sociétés affiliées ce que nous pensons de ces deux citoyens; car, je vous l'avoue, je suis un grand partisan de Robespierre. » (*Murmures dans les tribunes et dans une partie de la salle.*)

« *Bourdon*. Il y a longtemps que nous aurions dû manifester aux sociétés affiliées ce que nous pensons de Marat. Comment ont-elles jamais pu confondre Marat et Robespierre ! Robespierre est un homme vraiment vertueux, auquel, depuis la révolution, nous n'avons aucun reproche à faire; Robespierre est modéré dans ses moyens, au lieu que Marat est un écrivain fougueux qui nuit beaucoup aux jacobins (*murmures*); et d'ailleurs il est bon d'observer que Marat nous fait beaucoup de tort à la Convention nationale.

« Les députés s'imaginent que nous sommes partisans de Marat; on nous appelle des maratistes; si l'on s'aperçoit que nous savons apprécier Marat, alors vous verrez les députés se rapprocher de la Montagne où nous siégeons, vous les verrez venir dans le sein de cette société, vous verrez les sociétés affiliées revenir de leur égarement et se rallier de nouveau au berceau de la liberté. Si Marat est patriote, il doit accéder à la motion que je vais faire. Marat doit se sacrifier à la cause de la liberté. Je demande qu'il soit rayé du tableau des membres de la société. »

« Cette motion excite quelques applaudissements, de violents murmures dans une partie de la salle, et une violente agitation dans les tribunes.

« On se rappelle que huit jours avant cette scène d'un nouveau genre, Marat avait été couvert d'applaudissements dans la société; le peuple des tribunes, qui a de la mémoire, se le rappelle fort bien; il ne pouvait pas croire qu'il se fût opéré un si prompt changement dans les esprits; et, comme l'instinct moral du peuple est toujours juste, il a été vivement indigné de la proposition de Bourdon; le peuple a défendu son *vertueux ami*; il n'a pas cru que dans huit jours il ait pu démériter de la société, car, quoiqu'on ait dit que l'ingratitude était une vertu des républiques, on aura beaucoup de peine à familiariser le peuple français avec ces sortes de vertus.

« La jonction des noms de Marat et de Robespierre n'a pas révolté le peuple; les oreilles étaient accoutumées depuis longtemps à les voir réunis dans la correspondance; et après avoir vu plusieurs fois la société indignée, lorsque les clubs des autres départements demandaient la radiation de Marat, il n'a pas cru devoir aujourd'hui appuyer la motion de Bourdon.

« Un citoyen d'une société affiliée a fait observer à la société combien il était dangereux en effet de joindre ensemble les noms de Marat et de Robespierre. « Dans les départements, dit-il, on fait une grande différence de Marat et de Robespierre, et l'on est surpris de voir la société se taire sur les différences qui existent entre ces deux patriotes. Je propose à la société, après avoir prononcé sur le sort de Marat, de ne plus parler d'affiliation (ce mot ne doit pas être prononcé dans une république), mais de se servir du terme de *fraternisation*. »

Dufourny. Je m'oppose à la motion de rayer Marat de la société. (*Applaudissements très-vifs.*) Je ne disconviendrai pas de la différence qui existe entre Marat et Robespierre. Ces deux écrivains, qui peuvent se ressembler par le patriotisme, ont des différences bien remarquables; ils ont tous deux servi la cause du peuple, mais par des moyens bien différents. Robespierre a défendu les vrais principes avec méthode, avec fermeté, et avec toute la sagesse qui convient; Marat, au contraire, a souvent outre-passé les bornes de la saine raison et de la prudence. Cependant, en convenant de la différence qui existe entre Marat et Robespierre, je ne suis pas d'avis de la radiation : ou peut être juste sans être ingrat envers Marat. Marat nous a été utile, il a servi la révolution avec courage. (*Applaudissements très-vifs de la société et des tribunes.*) Il y aurait de l'ingratitude à le rayer. (*Oui! oui! s'écrie-t-on de toutes parts.*) Marat a été un homme nécessaire, il faut dans les révolutions de ces têtes fortes, capables de réunir les États, et Marat est du nombre de ces hommes rares qui sont nécessaires pour renverser le despotisme. (*Applaudi.*)

« Je conclus à ce que la motion de Bourdon soit rejetée et que l'on se contente d'écrire aux sociétés affiliées pour leur apprendre la différence que nous mettons entre Marat et Robespierre. » (*Applaudi.*)

« La société arrête qu'elle ne se servira plus du terme d'affiliation, le regardant comme injurieux à l'égalité républicaine; elle y substitue le mot fraternisation. La société arrête ensuite que Marat ne sera point rayé du tableau de ses membres, mais qu'il sera fait une circulaire à toutes les sociétés qui ont le droit de fraternisation, une circulaire dans laquelle on détaillera les rapports, ressemblances, dissemblances, conformités et difformités qui peuvent se trouver entre Marat et Robespierre : afin que tous ceux qui fraternisent avec les jacobins puissent prononcer avec connaissance de cause sur ces deux défenseurs du peuple, et qu'ils apprennent enfin à séparer deux noms qu'à tort ils croient devoir être éternellement unis. »

NOTE 6, PAGE 314.

Voici un extrait des Mémoires de Garat, non moins curieux que le précédent, et qui est la peinture la plus juste qu'on ait faite de Robespierre, et des soupçons qui le tourmentaient. C'est un entretien :

« A peine Robespierre eut compris que j'allais lui parler des querelles de la Convention : « Tous ces députés de la Gironde, me dit-il, ce Brissot, ce Louvet, ce Barbaroux, ce sont des contre-révolutionnaires, des conspirateurs. » Je ne pus m'empêcher de rire, et le rire qui m'échappa lui donna tout de suite de l'aigreur. — « Vous avez toujours été *comme cela*. Dans l'Assemblée constituante, vous étiez disposé à croire que les aristocrates aimaient la révolution. — Je n'ai pas été tout à fait *comme cela*. J'ai pu croire tout au plus que quelques nobles n'étaient pas aristocrates. Je l'ai pensé de plusieurs, et vous-même vous le pensez encore de quelques-uns. J'ai pu croire encore que nous aurions fait quelques conversions parmi les aristocrates mêmes, si des deux moyens qui étaient à notre disposition, la raison et la force, nous avions employé plus souvent la raison, qui était pour nous seuls, et moins souvent la force, qui peut être pour les tyrans. Croyez-moi, oublions ces dangers que nous avons vaincus, et qui n'ont rien de commun avec ceux qui nous menacent aujourd'hui. La guerre se faisait alors entre les amis et les ennemis de la liberté; elle se fait aujourd'hui entre les amis et les ennemis de la république. Si l'occasion s'en présentait, je dirais à Louvet qu'il est par trop fort qu'il vous croie un royaliste; mais à vous je crois devoir vous dire que Louvet n'est pas plus royaliste que vous. Vous ressemblez dans vos querelles aux molinistes et aux jansénistes, dont toute la dispute roulait sur la manière dont la grâce divine opère dans nos âmes, et qui s'accusaient réciproquement de ne pas croire en Dieu. — S'ils ne sont pas royalistes, pourquoi donc ont-ils tant travaillé à sauver la vie d'un roi? Je parie que vous étiez aussi, vous, pour la grâce, pour la clémence.

. . . , ...

Eh! qu'importe quel principe rendait la mort du tyran juste et nécessaire? vos girondins, votre Brissot et vos appelants au peuple ne la voulaient pas. Ils voulaient donc laisser à la tyrannie tous les moyens de se relever! — J'ignore si l'intention des *appelants au peuple* était d'épargner la peine de mort à Capet : l'*appel au peuple* m'a toujours paru imprudent et dangereux, mais je conçois comment ceux qui l'ont voté ont pu croire que la vie de Capet prisonnier pourrait être, au milieu des événements, plus utile que sa mort; je conçois comment ils ont pu penser que l'appel au peuple était un grand moyen d'honorer une nation républicaine aux yeux du monde entier, en lui donnant l'occasion d'exercer elle-même un grand acte de générosité par un acte de souveraineté. — C'est assurément prêter de belles intentions à des mesures que vous n'approuvez pas, et à des hommes qui conspirent de toutes parts. — Et où donc conspirent-ils? — Partout. Dans Paris, dans toute la France, dans toute l'Europe. A Paris, Gensonné conspire dans le faubourg Saint-Antoine, en allant, de boutique en boutique, persuader aux marchands que nous autres patriotes nous voulons piller leurs magasins; la Gironde a formé depuis longtemps le projet de se séparer de la France pour se réunir à l'Angleterre, et les chefs de sa députation sont eux-mêmes les auteurs de ce plan, qu'ils veulent exécuter à tout prix : Gensonné ne le cache pas; il dit à qui veut l'entendre qu'ils ne sont pas ici des représentants de la nation, mais les plénipotentiaires de la Gironde. Brissot conspire dans son journal, qui est un tocsin de guerre civile : on sait qu'il est allé en Angleterre, et l'on sait aussi pourquoi il y est allé; nous n'ignorons pas ses liaisons intimes avec le ministre des affaires étrangères, avec ce Lebrun, qui est Liégeois et une créature de la maison d'Autriche. Le meilleur ami de Brissot, c'est Clavière, et Clavière a conspiré partout où il a respiré. Rabaut, traître comme un protestant et comme un philosophe qu'il est, n'a pas été assez habile pour nous cacher sa correspondance avec le courtisan et le traître Montesquiou : il y a six mois qu'ils travaillent ensemble à ouvrir la Savoie et la France aux Piémontais. Servan n'a été nommé général de l'armée des Pyrénées que pour livrer les clefs de la France aux Espagnols. Enfin, voilà Dumouriez qui ne menace plus la Hollande, mais Paris; et quand ce charlatan d'héroïsme est venu ici, *où je voulais le faire arrêter*, ce n'est pas avec la Montagne qu'il a dîné tous les jours, mais bien avec les ministres et avec les girondins. — Trois ou quatre fois chez moi, par exemple. — Je suis *bien las de la révolution*, je suis malade : jamais la patrie ne fut dans de plus grands dangers, et je doute qu'elle s'en tire. Eh bien! avez-vous encore envie de rire et de croire que ce sont là d'honnêtes gens, de bons républicains?' — Non, je ne suis plus tenté de rire, mais j'ai peine à retenir les larmes qu'il faut verser sur la patrie, lorsqu'on voit ses législateurs en proie à des soupçons si affreux sur des fondements si misérables. Je suis sûr que rien de ce que vous soupçonnez n'est réel; mais je suis plus sûr encore que vos soupçons sont un danger très-réel et très-grand. Tous ces hommes à peu près sont vos ennemis, mais aucun, excepté Dumouriez, n'est l'ennemi de la république; et si de toutes parts vous pouviez étouffer vos haines, la république ne courrait plus aucun danger. — N'allez-vous pas me proposer de refaire la motion de l'évêque Lamourette? — Non; j'ai assez profité des leçons au moins que vous m'avez données, et les trois Assemblées nationales ont pris la peine de m'apprendre que les meilleurs patriotes haïssent encore plus leurs ennemis qu'ils n'aiment leur patrie. Mais j'ai une question à vous faire, et je vous prie de vous recueillir avant de me répondre : N'avez-vous aucun doute sur tout ce que vous venez de me dire? — Aucun. » Je le quittai, et me retirai dans un long étonnement et dans une grande épouvante de ce que je venais d'entendre.

« Quelques jours après, je sortais du conseil exécutif; je rencontre Salles qui sortait de la Convention nationale. Les circonstances devenaient de plus en plus menaçantes. Tous ceux qui avaient quelque estime les uns pour les autres ne pouvaient se voir sans se sentir pressés du besoin de s'entretenir de la chose publique.

« — Eh bien ! dis-je à Salles en l'abordant, n'y a-t-il aucun moyen de terminer ces horribles querelles? — Oh ! oui, je l'espère; j'espère que bientôt je lèverai tous les voiles qui couvrent encore ces affreux scélérats et leurs affreuses conspirations. Mais, vous, je sais que vous avez toujours une confiance aveugle; je sais que votre manie est de ne rien croire. — Vous vous trompez : je crois comme un autre; mais sur des présomptions, et non sur des soupçons, sur des faits attestés, non pas sur des faits imaginés. Pourquoi me supposez-vous donc si incrédule? Est-ce parce qu'en 1789 je ne voulus pas vous croire, lorsque vous m'assuriez que Necker pillait le trésor, et qu'on avait vu les mules chargées d'or et d'argent sur lesquelles il faisait passer des millions à Genève? Cette incrédulité, je l'avoue, a été en moi bien incorrigible; car aujourd'hui encore, je suis persuadé que Necker a laissé ici plus de millions à lui qu'il n'a emporté de millions de nous à Genève. — Necker était un coquin, mais ce n'était rien auprès des scélérats dont nous sommes entourés; et c'est de ceux-ci que je veux vous parler si vous voulez m'entendre. Je veux tout vous dire, car je sais tout : j'ai deviné toutes leurs trames. Tous les complots, tous les crimes de la Montagne ont commencé avec la révolution : c'est d'Orléans qui est le chef de cette bande de brigands; et c'est l'auteur du roman infernal des *Liaisons dangereuses* qui a dressé le plan de tous les forfaits qu'ils commettent depuis cinq ans. Le traître Lafayette était leur complice, et c'est lui qui, en faisant semblant de déjouer le complot dès son origine, envoya d'Orléans en Angleterre pour tout arranger avec Pitt, le prince de Galles et le cabinet de Saint-James. Mirabeau était aussi là-dedans : il recevait de l'argent du roi pour cacher ses liaisons avec d'Orléans, mais il en recevait plus encore de d'Orléans pour le servir. La grande affaire pour le parti de d'Orléans, c'était de faire entrer les jacobins dans ses desseins. Ils n'ont pas osé l'entreprendre directement; c'est d'abord aux cordeliers qu'ils se sont adressés. Dans les Cordeliers à l'instant tout leur a été vendu et dévoué. Observez bien que les cordeliers ont toujours été moins nombreux que les jacobins, ont toujours fait moins de bruit : c'est qu'ils veulent bien que tout le monde soit leur instrument, mais qu'ils ne veulent pas que tout le monde soit dans leur secret. Les cordeliers ont toujours été la pépinière des conspirateurs : c'est là que le plus dangereux de tous, Danton, les forme et les élève à l'audace et au mensonge, tandis que Marat les façonne au meurtre et aux massacres : c'est là qu'ils s'exercent au rôle qu'ils doivent jouer ensuite dans les Jacobins, et les jacobins, qui ont l'air de mener la France, sont menés eux-mêmes, sans s'en douter, par les cordeliers. Les cordeliers, qui ont l'air d'être cachés dans un trou de Paris, négocient avec l'Europe, et ont des envoyés dans toutes les cours, qui ont juré la ruine de notre liberté : le fait est certain ; j'en ai la preuve. Enfin ce sont les cordeliers qui ont englouti un trône dans les flots de sang pour en faire sortir un nouveau trône. Ils savent bien que le côté droit, où sont toutes les vertus, est aussi le côté où sont tous les vrais républicains, et s'ils nous accusent de royalisme, c'est parce qu'il leur faut ce prétexte pour déchaîner sur nous les fureurs de la multitude : c'est parce que des poignards sont plus faciles à trouver contre nous que des raisons. Dans une seule conjuration, il y en a trois ou quatre. Quand le côté droit tout entier sera égorgé, le duc d'York arrivera pour s'asseoir sur le trône, et d'Orléans, qui le lui a promis, l'assassinera ; d'Orléans sera assassiné lui-même par Marat, Danton et Robespierre, qui lui ont fait la même promesse, et les triumvirs se partageront la France, couverte de cendres et de sang, jusqu'à ce que le plus habile de tous, et ce sera Danton, assassine les deux autres et règne seul, d'abord sous le titre de dictateur, ensuite, sans déguisement, sous celui de roi. Voilà leur plan, n'en doutez pas ; à force d'y rêver, je l'ai trouvé ; tout le prouve et le rend évident : voyez comme toutes les circonstances se lient et se tiennent : il n'y a pas un fait dans la révolution qui ne soit une partie et une preuve de ces horribles complots. Vous êtes étonné, je le vois : serez-vous encore incrédule ? — Je suis étonné en effet : mais dites-moi, y en a-t-il beaucoup parmi vous, c'est-à-dire de votre côté, qui pensent comme vous sur tout cela ? — Tous ou presque tous. Condorcet m'a fait une fois quelques objections; Sieyès communique peu avec nous; Rabaut, lui, a un autre plan, qui quelquefois se rapproche, et quelquefois s'éloigne du mien : mais tous les autres n'ont pas plus de doute que moi sur ce que je viens de vous dire ; tous sentent la nécessité d'agir promptement, *de mettre promptement les fers au feu,* pour prévenir tant de crimes et de malheurs, pour ne pas perdre tout le fruit d'une révolution qui nous a tant coûté. Dans le côté droit, il y a des membres qui n'ont pas assez de confiance en vous; mais moi, qui ai été votre collègue, qui vous connais pour un honnête homme, pour un ami de la liberté, je leur assure que vous serez pour nous, que vous nous aiderez de tous les moyens que votre place met à votre disposition. Est-ce qu'il peut vous rester la plus légère incertitude sur tout ce que je vous ai dit de ces scélérats? — Je serais trop indigne de l'estime que vous me témoignez, si je vous laissais penser que je crois à la vérité de tout ce plan, que vous croyez être celui de vos ennemis. Plus vous y mettez de faits, de choses et d'hommes, plus il vous paraît vraisemblable à vous, et moins il me le paraît à moi. La plupart des faits dont vous composez le tissu de ce plan ont eu un but qu'on n'a pas besoin de leur prêter, qui se présente de lui-même, et vous leur donnez un but qui ne se présente pas de lui-même, et qu'il faut leur prêter. Or, il faut des preuves d'abord pour écarter une explication naturelle, et il faut d'autres preuves ensuite pour faire adopter une explication qui ne se présente pas naturellement. Par exemple, tout le monde croit que Lafayette et d'Orléans étaient ennemis, et que c'était pour délivrer Paris, la France et l'Assemblée nationale de beaucoup d'inquiétudes que d'Orléans fut engagé ou obligé par Lafayette à s'éloigner quelque temps de la France; il faut établir, non par assertion, mais par preuve, 1° qu'ils n'étaient pas ennemis ; 2° qu'ils étaient complices; 3° que le voyage de d'Orléans en Angleterre eut pour objet l'exécution de leurs complots. Je sais qu'avec une manière de raisonner si rigoureuse on s'expose à laisser courir les crimes et les malheurs devant soi sans les atteindre, et sans les arrêter par la prévoyance : mais je sais aussi qu'en se livrant à son imagination, on fait des systèmes sur les événements passés et sur les événements futurs; on perd tous les moyens de bien discerner et apprécier les événements actuels; et rêvant des milliers de forfaits que personne ne trame, on s'ôte la faculté de voir avec certitude ceux qui nous menacent : on force des ennemis qui ont peu de scrupule à la tentation d'en commettre, auxquels ils n'auraient jamais pensé. Je ne doute pas qu'il n'y ait autour de nous beaucoup de scélérats : le déchaînement de toutes les passions les fait naître; et l'or de l'étranger les soudoie. Mais, croyez-moi, si leurs projets sont affreux, ils ne sont ni si vastes, ni si grands, ni si compliqués, ni conçus et menés de si loin. Il y a dans tout cela beaucoup plus de voleurs et d'assassins que de profonds conspirateurs. Les véritables conspirateurs contre la république, ce sont les rois de l'Europe et les passions des républicains. Pour repousser les rois de l'Europe et leurs régiments, nos armées suffisent, et de reste : pour empêcher nos passions de nous dévorer, il y a un moyen, mais il est unique; hâtez-vous d'organiser un gouvernement qui ait de la force et qui mérite de la confiance. Dans l'état où vos querelles laissent le gouvernement, une démocratie même de vingt-cinq millions d'anges serait bientôt en proie à toutes les fureurs et à toutes les dissensions de l'orgueil; comme l'a dit Jean-Jacques, il faudrait vingt-cinq millions de dieux, et personne ne s'est avisé d'en imaginer tant. Mon cher Salles, les hommes et les grandes assemblées ne sont pas faits de manière que d'un côté il n'y ait que des dieux, et de l'autre que des diables.

Partout où il y a des hommes en conflit d'intérêts et d'opinions, les bons mêmes ont des passions méchantes, et les mauvais mêmes, si l'on cherche à pénétrer dans leurs âmes avec douceur et patience, sont susceptibles d'impressions droites et bonnes. Je trouve au fond de mon âme la preuve évidente et invincible de la moitié au moins de cette vérité : je suis bon, moi, et aussi bon, à coup sûr, qu'aucun d'entre vous ; mais quand, au lieu de réfuter mes opinions avec de la logique et de la bienveillance, on les repousse avec soupçon et injure, je suis prêt à laisser là le raisonnement et à regarder si mes pistolets sont bien chargés. Vous m'avez fait deux fois ministre, et deux fois vous m'avez rendu un très-mauvais service : ce sont les dangers qui vous environnent, et qui m'environnent, qui peuvent seuls me faire rester au poste où je suis. Un brave homme ne demande pas son congé la veille des batailles. La bataille, je le vois, n'est pas loin ; en prévoyant que des deux côtés vous tirerez sur moi, je suis résolu à rester. Je vous dirai à chaque instant ce que je croirai vrai dans ma raison et dans ma conscience, mais soyez bien averti que je prendrai pour guides ma conscience et ma raison, et non celles d'aucun homme sur la terre. Je n'aurai pas travaillé trente ans de ma vie à me faire une lanterne, pour laisser ensuite éclairer mon chemin par la lanterne des autres. »

« Salles et moi, nous nous séparâmes en nous serrant la main, en nous embrassant comme si nous avions été encore collègues de l'Assemblée constituante. »

FIN DES NOTES ET DU TOME TROISIÈME.

TABLE

DU TOME TROISIÈME.

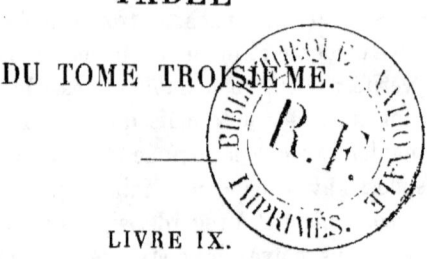

LIVRE IX.

CONVENTION NATIONALE.

Nouveaux massacres des prisonniers à Versailles. — Abus de pouvoir et dilapidations de la commune. — Élection des députés à la Convention. — Composition de la députation de Paris. — Position et projets des girondins; caractère des chefs de ce parti; du fédéralisme. — État du parti parisien et de la commune. — Ouverture de la Convention nationale le 20 septembre 1792; abolition de la royauté; établissement de la république. — Première lutte des girondins et des montagnards; dénonciations de Robespierre et de Marat. — Déclaration de l'unité et de l'indivisibilité de la république. — Distribution et force des partis dans la Convention. — Changements dans le pouvoir exécutif. — Danton quitte le ministère. — Création de divers comités administratifs et du comité de Constitution....................................... 1

LIVRE X.

JEMMAPES.

Situation militaire à la fin d'octobre 1792. — Bombardement de Lille par les Autrichiens; prise de Worms et de Mayence par Custine. — Faute de nos généraux. — Mauvaises opérations de Custine. — Armée des Alpes. — Conquête de la Savoie et de Nice. — Dumouriez se rend à Paris; sa position à l'égard des partis. — Influence et organisation du club des Jacobins. — État de la société française; salons de Paris. — Entrevue de Marat et de Dumouriez. — Anecdote. — Seconde lutte des girondins avec les montagnards; Louvet dénonce Robespierre; réponse de Robespierre; l'Assemblée ne donne pas suite à son accusation. — Première proposition sur le procès de Louis XVI. — Suite des opérations militaires de Dumouriez. — Modification dans le ministère. Pache ministre de la guerre. — Victoire de Jemmapes. — Situation morale et politique de la Belgique; conduite politique de Dumouriez. — Prise de Gand, de Mons, de Bruxelles, de Namur, d'Anvers; conquête de la Belgique jusqu'à la Meuse. — Changements dans l'administration militaire; mésintelligence de Dumouriez avec la Convention et les ministres. — Notre position aux Alpes et aux Pyrénées.. 54

LIVRE XI.

MORT DE LOUIS XVI.

État des partis au moment du procès de Louis XVI. — Caractère et opinions des membres du ministère à cette époque, Roland, Pache, Lebrun, Garat, Monge et Clavière. — Détails sur la vie intérieure de la famille royale dans la tour du Temple. — Commencement de la discussion sur la mise en jugement de Louis XVI; résumé des débats; opinion de Saint Just. — État fâcheux des subsistances; détails et questions d'économie politique. — Discours de Robespierre sur le jugement du roi. — La Convention décrète que le roi sera jugé par elle. — Papiers trouvés dans *l'armoire de fer*. — Premier interrogatoire de Louis XVI à la Convention. — Choc des opinions et des intérêts pendant le procès; inquiétude des jacobins. — Position du duc d'Orléans; on propose son bannissement. — Continuation du procès de Louis XVI. Sa défense. — Débats tumultueux à la Convention. — Les girondins proposent l'appel au peuple; opinion du député Salles; discours de Robespierre; discours de Vergniaud. — Position des questions. Louis XVI est déclaré coupable et condamné à mort, sans appel au peuple et sans sursis à l'exécution. Détails sur les débats et les votes émis. — Assassinat du député Lepelletier-Saint-Fargeau. Agitation dans Paris. — Louis XVI fait ses adieux à sa famille; ses derniers moments dans la prison et sur l'échafaud..................................... 144

LIVRE XII.

PREMIÈRE COALITION.

Position des partis après la mort de Louis XVI. — Changement dans le pouvoir exécutif. Retraite de Roland; Beurnonville est nommé ministre de la guerre, en remplacement de Pache. — Situation de la France à l'égard des puissances étrangères; rôle de l'Angleterre; politique de Pitt. — État de nos armées dans le Nord; anarchie dans la Belgique par suite du gouvernement révolutionnaire. — Dumouriez vient encore à Paris; son opposition aux jacobins. — Première coalition contre la France; plans de défense générale proposés par Dumouriez. — Levée de trois cent mille hommes. — Invasion de la Hollande par Dumouriez; détails des plans et des opérations militaires. — Pache est nommé maire de Paris. — Agitation des partis dans la capitale; leur physionomie, leur langage et leurs idées dans la commune, dans les Jacobins et dans les sections. — Troubles à Paris à l'occasion des subsistances; pillage des boutiques des épiciers. — Continuation de la lutte des girondins et des montagnards; leurs forces, leurs moyens. — Revers de nos armées dans le Nord. Décrets révolutionnaires pour la défense du pays. — Établissement du *tribunal criminel extraordinaire*; orageuses discussions dans l'Assemblée à ce sujet; événement de la soirée du 10 mars; le projet d'attaque contre la Convention échoue. 263

NOTES ET PIÈCES JUSTIFICATIVES... 343

FIN DE LA TABLE.

www.ingramcontent.com/pod-product-compliance
Lightning Source LLC
Chambersburg PA
CBHW071947220426
43662CB00009B/1034